沥青混凝土桥面铺装层层间接触响应分析

王勋涛　著

中国石化出版社

内 容 提 要

本书主要讲述沥青混凝土桥面铺装层在层间接触状况下的力学响应规律。第一章介绍桥面铺装的背景知识、当前研究状况等内容。第二章阐述桥面铺装层的层间接触理论及相关理论。第三章建立桥面铺装层结构的层间接触黏结模型。第四章研究铺装层材料参数变化时的力学响应。第五章分析铺装层层间接触状况改变时的力学行为。第六章探讨动力荷载对铺装层应力的影响规律。第七章基于正交实验采用多元回归方法分析铺装层的应力变化规律。

本书是一本关于沥青混凝土桥面铺装层研究和设计的专著，适合道路工程和桥梁工程专业的科研工作者与高校在读学生阅读。

图书在版编目(CIP)数据

沥青混凝土桥面铺装层层间接触响应分析 / 王勋涛著. — 北京：中国石化出版社，2020.6

ISBN 978-7-5114-5868-1

Ⅰ. ①沥… Ⅱ. ①王… Ⅲ. ①沥青混凝土路面-钢筋混凝土桥-桥面铺装-工程分析 Ⅳ. ①U448.333.33

中国版本图书馆 CIP 数据核字(2020)第 099798 号

中国石化出版社出版发行

地址：北京市东城区安定门外大街 58 号

邮编：100011　电话：(010)57512500

发行部电话：(010)57512575

http://www.sinopec-press.com

E-mail:press@sinopec.com

北京艾普海德印刷有限公司印刷

全国各地新华书店经销

*

710×1000 毫米 16 开本 11 印张 194 千字

2020 年 6 月第 1 版　2020 年 6 月第 1 次印刷

定价：66.00 元

前　言

随着我国国民经济的快速发展，我国的公路交通运输事业，特别是高等级公路建设得到了迅猛发展。桥梁作为公路建设项目中的重要组成部分，其结构的耐久性及桥面的使用功能也越来越受到重视。桥面铺装作为桥梁直接承受汽车荷载及桥面板的主要防护层，不但应具有抵抗和传递汽车荷载的能力，还需要具有良好的平整性，以及抗滑耐磨耗性能，为汽车提供安全、舒适、快速的行驶道面。合理、可靠、安全的桥面铺装体系，不仅能使桥梁具备行驶性能和耐久性能良好的桥面，而且能作为桥面板的有效防护体系有效保证桥梁结构的耐久性。

沥青混凝土桥面铺装层作为主要的桥面铺装形式，以其优良的路用性能在国内外都有着非常广泛的应用。进而，沥青混凝土桥面铺装层病害的形成原因和预防整治也就成为道路工程和桥梁工程的热点课题之一。沥青混凝土桥面铺装层具有多层结构，铺装层层间黏结方式影响铺装层内应力的传递和能量耗散。目前的研究主要集中在沥青混凝土材料及其性能和弹性/黏弹性力学响应上，缺乏能够反映铺装层结构层间真实传力方式及层间黏结状态的力学模型。

本书通过构建沥青混凝土桥面铺装层层间应力传递模型，客观、准确地描述车辆荷载作用下沥青混凝土铺装层层间的受力、变形和黏结特征；结合沥青混凝土材料的黏弹性特征，利用建立的传力模型分析荷载作用下沥青混凝土桥面铺装层的响应规律，并揭示铺装层层间黏结失效时沥青混凝土桥面铺装层应力和变形的发展演变规律。

本书是一本关于沥青混凝土桥面铺装层研究和设计的专著，是笔者在道路工程和桥梁工程研究领域的一些新的研究成果的总结。主要研究内容包括以下几个方面：

（1）概述了桥面铺装层的研究背景及意义、材料与结构，沥青混凝土桥面铺装层病害的种类和形成原因等。

（2）介绍了本书将采用的基础理论及计算方法，包括温度场理论、材料黏弹性理论、层间接触滑动摩擦理论及结构动力学理论。

（3）根据假设条件建立箱梁桥及其上铺装层的有限元模型，依据温度场边界条件计算沥青混凝土铺装层的稳态温度场分布规律，获得沥青混凝土的黏弹性参数，对比分析材料属性和层间黏结条件对铺装层响应的影响。

（4）分析了车辆荷载作用下沥青混凝土为黏弹性材料及铺装层层间为接触状态时，沥青混凝土铺装层材料参数变化对铺装层响应的影响规律。

（5）研究了车辆荷载作用下沥青混凝土为黏弹性材料及铺装层层间为接触状态时，铺装层层间参数变化及层间黏结失效对铺装层响应的影响规律。

（6）分别探讨了移动车辆荷载和随机动荷载作用下沥青混凝土为黏弹性材料及铺装层层间为接触状态时，车辆行驶速度变化和层间黏结失效时的沥青混凝土铺装层应力的变化规律。

（7）在车辆荷载作用下，铺装层层间为接触黏结状态时，利用正交实验方案对铺装层应力进行计算，并对其应力进行多元线性回归分析和假设检验。

本书得到西安石油大学博士助推计划项目的资助，在此表示感谢！限于笔者水平，书中不妥之处在所难免，诚望读者批评指正。

目　　录

第一章 概 述

第一节 引 言

改革开放以来，我国以经济建设为中心，各行各业迅速发展，且取得了许多优秀成果。与此同时，我国公路交通建设行业也得到了很大的进步，截至2017年底，全国公路桥梁总数已达83.25万座，高等级公路和城市道路中桥梁类结构物的密度大量增加，各等级公路也在不断地修建和完善中。这些道路不但逐渐满足了人们的日常出行和货物的流通，还使得我国公路桥梁的理论研究、设计水平和施工技术都得到了大幅提升，取得了大量的自主创新性成果；各种类型的桥梁结构如雨后春笋一般不断涌现，这些桥梁不仅满足结构的刚度、强度以及稳定性的要求，而且造型也越来越美观且富有深意，与此同时，全寿命设计理念也在逐渐渗入现代桥梁建设，从结构设计、材料选用、建设施工、运营管理、维修加固，以及服役到期后的拆除回收等都考虑在内，桥梁建设从安全、经济、环保和美观等多个方面都得到长足的发展。

桥面铺装层作为桥梁结构的重要组成部分，其主要作用是防止车轮或履带直接磨耗桥面板，保护主梁免受雨水侵蚀，并借以分散车辆的轮载，但桥面铺装层结构设计和材料选用却不像桥梁设计和选材那样受到重视，比较而言相对薄弱。国内外都发生过桥面铺装层出现病害需要维修的案例：苏格兰拉斯哥市的京斯敦大桥被认为是整个欧洲交通量最大的桥，1990年桥面铺装层出现大量的破坏，在无法禁止车辆通行的情况下进行维修加固，维修费用总投资大约为12750万美元，然而原来建设的费用只有2250万美元，比原造价多出4倍多；我国广东省的虎门大桥于1997年香港回归前建成通车，是中国第一座大型悬索桥，被誉为“世界第一跨”，车辆通行不到两个月，铺装层就出现了比较严重的车辙和推挤等变形破坏，1998年对虎门大桥桥面铺装层进行了全面翻修；广东省佛开高速公路中特大桥10座，大桥13座，中桥32座，小桥89座，涵洞316座，桥梁总长 17.79km，占全线里程的22%，在通车不到两年的时间里，其中有 14 座桥梁的桥面铺装破损严重，需要返工重新修建，总共耗费了 3700 多万元；黄石长江公路大桥是中国交通系统在长江中下游建造的第一座 5 跨预应力混凝土连续钢构公路桥，在世界同类桥梁中，它以连续主跨位居榜首，单跨亚洲第一，但在通车不久后桥面铺装层也出现了不同程度的损坏。

导致桥面铺装层损坏的直接原因是铺装层受到的外荷载。随着社会的进步和经济的持续发展，我国公路交通的交通量也在持续攀升，重载车辆越来越多，超载现象屡有发生，这些都使得道路桥梁的负荷进一步在加重，正在逐渐逼近或者已经超过某些道路桥梁铺装层的承载极限，长此以往，尚未达到服役年限的桥面铺装层出现了提前破坏现象，导致多种类型的铺装层病害接连发生。如果这些病害没有及时采取有效的补救措施，便会在车辆荷载和环境因素的作用下继续扩展增大，造成桥面铺装层作用逐渐减弱，当雨水沿铺装层破损处渗入面层之下的主梁时，可能会造成主梁钢筋腐蚀，这样既不利于桥梁结构安全，对桥梁梁体构成威胁，又会给行车安全增加风险，容易造成国民财产损失。近年来，个别公路桥梁的施工和材料质量存在缺陷，加之车辆超载超速，造成一些人员伤亡和财产损失，网络媒体夸大报道，多数网上评论者不明缘由，肆意揣测和妄加评论，使得民众对我国公路桥梁事业产生一定的质疑，在社会中造成了一定的负面影响。

桥面铺装层病害所产生的行车风险、经济损失以及社会不良影响不容忽视。桥面铺装层病害的形成不只是外荷载作用的结果，与桥面铺装层的材料属性、铺装层结构以及铺装层层间黏结方式等密切相关。截至目前，水泥混凝土桥梁沥青混凝土铺装层的研究还是多采用多层弹性理论进行分析，采用黏弹性理论研究沥青混凝土桥面铺装层的很少，有待进一步研究和探索；而且桥面铺装层所受桥梁上部支承条件约束与路面沥青混凝土结构路基约束有很大差异，不能照搬沥青混凝土路面结构分析模型和方法用于研究沥青混凝土桥梁铺装层变形。沥青混凝土桥面铺装层的力学特性非常复杂，在车辆荷载和环境因素的共同作用下，实际工作范围内主要表现为非弹性体，受载变形后具有一定的黏弹性特征，尤其是在高温条件下，其黏弹性更为显著。然而，目前在对沥青混凝土铺装层进行受力分析研究时，基本上多将沥青混凝土材料视为线弹性材料，这种假设在常温下近似成立，但在高温条件下就与沥青混凝土实际工作时的性能不甚相符。

沥青混凝土铺装层为多层结构，在修筑完成初期，层与层之间连接紧密，黏结应力比较大，层间关系常被研究人员假设为完全连续，认为层与层之间的受力和变形完全一致，事实上铺装层层间连接并非完全连续，在环境因素和外荷载的作用下，层与层之间的连接没有那么紧密，层间黏结强度逐渐降低，铺装层层内应力也将逐渐发生变化，当层间没有黏结应力或者黏结失效(黏结作用受到破坏)存在时，层间将存在分离缺陷；也有可能会在铺筑铺装层的过程中，铺装层层间清洁不好，设备操作不当等使得层间黏结不足，可能会致使层间存在分离缺陷。对铺装层层间黏结性能估计不足，将导致人们对沥青混凝土铺装层受力变形规律把握失准。

许多学者从不同角度研究沥青混凝土桥面铺装层结构，但由于多数学者在研究过程中将沥青混凝土材料视为常温下的线弹性材料，主要研究常温下沥青混凝土的受力变形规律，尚未考虑温度对沥青混凝土的受力变形规律的影响，另外铺装层层间多被假设为完全连续，忽略了层间并非完全连续也非完全光滑这一事实，故此相关研究具有一定的局限性，虽然也得出了一些可供参考的结论，但与实际工程还有很大差异。

在进行桥梁结构设计时，桥面铺装层一直被视为桥梁结构的附属设施，桥梁结构设计者很少重视和研究，国家规范中关于桥面铺装层的设计和施工技术还有待完善。为方便施工，桥面铺装层常常套用路面铺装层的施工方式进行。由于事先没有充分考虑沥青混凝土黏弹性特征以及铺装层为多层结构的特点，这就为日后桥面铺装层的破坏埋下了隐患。为了更贴近实际工程，防止铺装层早期破坏，完善现行规范，减少桥梁工程结构经济损失，降低行车风险，消除因桥梁安全事故造成的不良社会影响，提高我国公路桥梁工程建设水平和质量，深层次地研究沥青混凝土桥面铺装层的材料及其结构受力特点，开展沥青混凝土铺装层结构受力研究和分析无疑有重要的理论意义和重大的工程实用价值。

第二节 桥面铺装层材料与结构

桥面铺装层一般选用沥青混凝土或者水泥混凝土，其中沥青混凝土桥面铺装层以其重量轻、行驶舒适性好等诸多优势在实际工程中有着广泛的应用，因此也成为我国高等级公路桥梁采用的主要铺装层形式。就目前来说，常用的沥青混凝土材料有浇筑式沥青混凝土、环氧沥青混凝土、沥青玛蹄脂碎石(Stone Mastic Asphalt，SMA)混合料和纤维增强沥青混凝土四种。

浇筑式沥青混凝土起源于德国，我国于20世纪90年代引进并开始研究浇筑式沥青混凝土，其抗裂缝、抗疲劳、抗渗水性、耐磨性以及变形随从性都良好，通常用作桥面铺装的下层。在重交通条件下，浇筑式沥青混凝土可以作为基层，上面加铺改性沥青混凝土面层。浇筑式沥青混凝土在我国以及很多其他国家被广泛使用于实际桥面铺装工程，我国江阴长江大桥铺装工程和安庆长江大桥铺装工程均采用此类铺装层材料。但是，浇筑式沥青混凝土的高温稳定性比较差，在车辆荷载作用后易形成车辙导致铺装层过早破坏。

环氧沥青是将环氧树脂、基质沥青和固化剂按一定的比例混合，然后进行加工处理得到的沥青胶结料，将环氧沥青进行相应级配加工就可以得到环氧沥青混凝土。环氧沥青混凝土具备路用性能好、高稳定性、防水性能高，以及变性协调性强等优点，但对施工温度和成型时间要求严格，在美国和日本经过研究改进后，得到一定的应用。国内几家研究机构和东南大学对环氧沥青混凝土进行了深入的研究，并研制成功具有自主知识产权的环氧沥青材料，这种铺装材料后来被应用在武汉天兴洲公铁两用长江大桥以及天津国泰桥等大桥的桥面铺装工程中。由于环氧沥青混凝土造价高昂以及施工工艺复杂等原因，未能得到广泛推广应用。

沥青玛蹄脂碎石混合料是一种以沥青、矿粉及纤维稳定剂组成的沥青玛蹄脂结合料，填充于间断级配的矿料骨架中所形成的混合料。沥青玛蹄脂碎石混合料是当前使用较多的一种抗变形能力强、耐久性较好的沥青面层混合料。由于粗集料的良好嵌挤，混合料有非常好的高温抗车辙能力，同时，由于沥青玛蹄脂的黏结作用，低温变形性能和水稳定性也有较多的改善。添加纤维稳定剂，使沥青结合料保持高黏度，其摊铺和压实效果较好。间断级配在表面形成大孔隙，构造深度大，抗滑性能好。同时，混合料的空隙又很小，耐老化性能及耐久性都很好，从而全面提高了沥青混合料的路用性能。

将沥青混合料和一定量的纤维混合就得到了纤维增强沥青混凝土，由于加入了纤维，增强了沥青混凝土的高温稳定性、低温抗裂性。纤维增强沥青混凝土多用在重载和交通量大的路段。

为提高桥梁和桥面铺装层的使用年限，防水层是必不可少的，而且各个国家都很重视桥面防水材料。防水材料应具有不透水性，良好的黏结性能以及耐腐蚀性，并且还要能够承受水平荷载和垂直荷载的反复作用。经过对沥青混凝土桥面铺装层防水的研究和工程实践，多数欧美国家都设立了桥面防水材料的选择标准以及防水系统的设计施工规范；同时，为了防止防水层破坏，防水层应该增设合适的保护层。我国在桥面铺装层防水黏结方面发展较欧美国家晚些，国内的防水材料厂家各自研发了自己的防水材料，没有统一标准，防水性能和材料质量参差不齐，目前市场上以防水涂料和防水卷材应用最为广泛。

第三节　沥青混凝土铺装层病害种类及形成原因

对于不同的梁体结构而言，沥青混凝土铺装层在结构设计、环境气候、施工水平以及交通荷载等因素的共同的作用下，会出现不同类型的破坏形式，这些破坏形式基本上可以分为裂缝类、变形类、耗损类以及表面缺陷类等。沥青混凝土铺装层裂缝类破坏形式包括横向裂缝、纵向裂缝、网裂和龟裂；沥青混凝土铺装层变形类破坏形式包括车辙、推移和壅包；沥青混凝土铺装层耗损类破坏形式包括松散、剥落、坑槽和唧浆；沥青混凝土铺装层表面缺陷类破坏形式包括泛油和磨光；在桥梁的伸缩缝处，沥青混凝土铺装层还因为挤压而造成破坏。经过调查和研究发现，最常见的破坏形式为裂缝、车辙、推移、剥落和坑槽，部分沥青混凝土铺装层病害如图 1-1 所示。

(a) 纵缝　(b) 横缝

(c) 推移　(d) 车辙

图 1-1　沥青混凝土桥面铺装层病害

(e) 壅包

(f) 剥落

(g) 坑槽

(h) 松散

图 1-1　沥青混凝土桥面铺装层病害(续)

沥青混凝土桥面铺装层产生病害的原因是多方面的，从表象上看，其中最主要的原因就是车辆荷载与沥青混凝土铺装层内温度共同作用效应。沥青混凝土铺装层内部高温时刚度减小、受热膨胀，大车重车经常超载超限，以及渠化交通使得沥青混凝土铺装层受力变形增大，容易造成铺装层推拥车辙破坏，沥青混凝土铺装层内部低温时，开始收缩变形，刚度增加，铺装层容易产生裂缝。

导致沥青混凝土铺装层产生病害的内在原因有很多，主要原因有：

(1) 沥青混凝土铺装层的厚度及其材料的属性是桥面铺装层病害产生的重要原因。当沥青混凝土层厚度不足时，受重载车辆和超载车辆的作用，沥青混凝土铺装层容易被压碎，产生网裂，当沥青混凝土层厚度太大时，又会造成沥青混凝土材料的浪费，增加材料成本；普通沥青混凝土铺装层的热稳定性能差，高温时沥青混凝土的刚度降低，黏弹性特征显现出来，受车辆荷载作用时铺装层表面容易产生变形，形成推移、车辙和壅包；当沥青混凝土中沥青含量过多、集料级配不良时，会造成表面泛油，车辆行驶时会产生黏轮，当沥青混凝土中沥青含量过少，沥青混凝土面层细集料容易松散、脱离，形成坑槽；当沥青混凝土的疲劳耐久性能差时，容易在铺装层面层形成裂缝。

（2）沥青混凝土桥面铺装层层间接触状态影响层与层之间内力的传递和能量的耗散。桥面铺装层结构和路面铺装层的类似之处在于二者都是由多层结构构成，层与层之间以及桥面板之间相互黏结构成一个统一的受力系统。当荷载作用于面层时，荷载产生的内力将引起铺装层层内变形，层内此处的变形再引起层内彼处的变形，能量以变形的方式累积，内力和变形将由荷载作用位置处向铺装层内各个方向扩散；当铺装层的层与层之间相互黏结在一起，桥面铺装层的上层发生变形时，铺装层下层将会产生相适应的变形，铺装层下层的变形与相邻层传递给它的内力有关，而铺装层上层和下层之间内力的传递方式又与铺装层上层和下层之间的黏结状态有关。当层间黏结状态被假设为完全连续时，意味着沥青混凝土上层和沥青混凝土下层接触面上各个方向的变形是完全相同的，这种假设方式是目前分析桥面铺装层应力应变时最常用的方式，这种方式偏于理想化，低估了铺装层层间的复杂的黏结方式，从而导致实际工程中的沥青混凝土铺装层面层过早产生各种病害；当层间接触状态被假设为完全光滑时，沥青混凝土上层和沥青混凝土下层间接触面上水平方向的剪应力将失去作用，此种假设与实际不符；当层间黏结状态被假设为既非完全连续、又非完全光滑时，大量学者和研究人员都认同这种接触状态，并且认为此种假设与沥青混凝土的实际工作状态最相吻合，此时层间压力和剪应力的传递将受到某些因素的制约和影响，不同学者在分析时对剪应力的传递方式和剪应力传递的量值上存在不同认识。

（3）现行的《公路桥涵设计通用规范》（JTD 60—2015）只给出沥青混凝土厚度的推荐值作为指导参考，没有给出一套系统且实用的方法供不同环境因素和不同交通荷载作用时计算使用，规范中对铺装层认知的不足是影响沥青混凝土铺装层寿命的又一个原因。

（4）桥梁结构形式对沥青混凝土桥面铺装层的受力变形也有影响，不同形式的桥梁结构有不同的应力分布规律，连续梁桥、悬臂梁桥以及拱桥等结构的负弯矩区由于受到拉力作用，位于该区域上面的沥青混凝土铺装层也会受到层内拉应力的作用，容易产生裂缝。

（5）施工工艺是影响沥青混凝土桥面铺装层的另一个因素，施工过程中没有按照规定在铺筑沥青混凝土前对桥面板进行认真清洁处理或者处理不到位，铺筑时砂石级配差，水灰比不当，混凝土搅拌不均匀等，易造成沥青混凝土强度降低，沥青混凝土铺装层与桥面板黏结不紧密，在荷载反复作用下，导致层间黏结失效，使得铺装层易于剥落，形成坑槽。

第四节　沥青混凝土铺装层国内外研究现状

目前，国内外对水泥混凝土桥梁沥青混凝土铺装层的研究实际上仍处于探索阶段，在材料设计、结构组合、整体设计和运营养护等方面都未形成一个类似于沥青路面设计的完整体系。鉴于本书主要研究内容是建立在沥青混凝土黏弹性和桥面沥青铺装层层间黏结状态的基础之上，并对沥青混凝土桥面铺装层响应规律进行分析，所以下面着重阐述沥青混凝土黏弹性和沥青桥面铺装层层间黏结状态方面的国内外研究现状。

一、国外研究现状

1. 国外沥青混凝土黏弹性研究现状

国外对沥青混凝土非线性弹性行为的研究比较早，相关文献给出了多种沥青混凝土的非弹性材料模型，这些模型通常都是基于非线性弹性、黏弹性、弹塑性、黏塑性等理论或它们的组合，研究发现沥青混凝土的变形规律与温度有密切关系；国外研究人员运用黏弹性理论和室内实验模拟手段研究沥青混凝土路面的黏弹性机理，对沥青混凝土路面的黏弹性行为做了大量研究，分析了沥青混凝土路面铺装层结构的受力情况，相关文献通过模拟仿真分析了循环荷载和温度荷载作用下道路结构非弹性变形和车辙形成机理；相关文献利用 X 线计算机断层扫描的车辙图像系统地分析了路面沥青混凝土的微观结构的变化，运用黏弹性力学有限元模型研究沥青胶浆和集料骨架的抗剪性能；相关文献提出了一种黏弹-黏塑性沥青混合料非线性模型，通过重复加载的蠕变实验确定模型的黏弹性和黏塑性的参数；相关文献通过实验室动态模量试验来模拟沥青混凝土的黏弹性行为的特征，采用 ABAQUS 中有限元动力学模型和落锤式弯沉仪加载方法模拟了沥青混凝土路面的应力应变响应；相关文献基于线黏弹性模型和考虑重复垂直动载荷作用条件，提出了一种在沥青混凝土路面结构层中预测车辙形成的方法，并于 2016 初开发出相应的应用程序；相关文献采用非线性黏弹性的方法研究了路面沥青混合料的损伤模型，利用 Schapery 模型的本构方程描述材料的非线性黏弹性特征，利用基于广义 Maxwell 模型的 Prony 级数描述沥青混合料的黏弹性特征，并在不同应力水平和温度条件下，对沥青混合料进行了一系列的蠕变恢复实验，获取了材料的相关黏弹性特征；相关文献结合非线性黏弹性和黏塑性的方法对沥青混合料进行了数值分析，使用 Schapery 的非线性黏弹性模型表示黏弹性应变，并在计算中对非线性黏弹性进行了迭代计算，使用扩展的非关联流动准则的 Drucker-Prager 模型去模拟黏塑性应变，使用 Perzyna 的模型描述黏塑性应变率分量，并在计算中对黏塑性模型使用径向返回算法，以模拟沥青混合料的非线性行为，使用该模型分析沥青混合料在不同应力和温度水平下单轴蠕变恢复行为；相关文献提出一种方法以确定多层沥青路面的黏弹性响应，首先根据层状弹性理论，得到沥青路面在均匀循环压力下的弹性响应。通过使用复模量模型表示沥青混凝土的黏弹性行为，通过将复模量模型中的相应变量替换为弹性结果，以获取在转换域中的阶跃响应函数的方式，从而得到松弛系数，利用弹性-黏弹性对应准则和拉普拉斯数值反演，从弹性结果中获取黏弹性的阶跃响应函数，并使用比起 Prony 级数处理法参数更少的 Havriliak-Negami（HN）模型处理黏弹性数据；相关文献使用弹塑性断裂力学的方法分析了沥青路面的疲劳裂纹发展，并使用帕里斯定律分析沥青路面中沥青混凝土的裂纹扩展；相关文献使用一个两阶段的黏弹性-黏塑性损伤本构模型预测了沥青混合料的车辙，在黏弹性模型中采用 Maxwell 模型，松弛模量采用 Prony 级数表示，其沥青混合料在低温及中温时，呈现出黏弹性和损伤响应，并认为黏塑性阶段很微小，可以忽略，其使用离散积分算法表示非线性的黏塑性损伤本构模型，并在其中采用向后欧拉法确保结果的精确度，其建立黏弹性-黏塑性损伤本构模型主要是预测沥青混合料在高温时的车辙；相关文献采用沥青路面的黏弹-塑性模型模拟沥青面层在受到压实作用时表面的动力特性，其黏弹-塑性模型采用 Burgers 模型，结果表明，耦合系统的响应可以用于研究沥青路面的压实；相关文献采用非线性黏弹性和弹塑性模型模拟沥青路面的永久变形，其采用 Schapery 的非线性黏弹性理论模拟恢复应变，并使用 Prony 级数表示瞬态分量，用 Perzyna 的模型预测黏塑性偏应变；相关文献在沥青路面的基层和铺装层中都考虑黏弹性特性，将铺装层认为是在 Kelvin 黏弹性基础上的无限大量，使用 Green 函数、拉普拉斯变换和傅里叶变换，推导其瞬态特性。

2. 国外铺装层层间黏结状态研究现状

国外对沥青混凝土铺装层层间接触状态的研究也很多，尤其是对柔性路面层间接触状态对路面应力和应变的影响。相关文献研究了界面条件对柔性路面寿命的影响；相关文献分析了柔性路面面层特性对层间抗剪的影响；相关文献研究了热拌沥青与水泥混凝土之间的黏结关系；相关文献计算了层间界面黏结条件对沥青路面力学响应的影响；相关文献等对双层沥青路面试件的层间行为进行了数值模拟与试验分析；相关文献对沥青路面层间界面黏结条件进行了理论研究；相关文献通过有限元分析和现场试验的方式对沥青路面结构的层间黏结条件进行了评估；相关文献通过测量和计算的挠度预测沥青路面层间的黏结状况；相关文献采用剪切弹性柔量模拟半刚性基层与沥青层的层间黏结条件，研究了不同层间黏结条件和沥青层厚度对剪应力、拉应力的影响；相关文献通过弯曲疲劳试验测定了不同黏结油含量、温度和载荷下复合梁试样的疲劳寿命，采用测量方法研究接触对沥青路面疲劳寿命的影响，同时完善路面疲劳模型；相关文献建立三维有限元模型，模拟沥青混凝土相邻层间黏结条件，分为充分黏结和层间分离两种情况，以研究沥青混凝土的力学响应规律；相关文献针对沥青面层之间的界面污染导致的黏结不良的情况下，利用路面设计软件 BISAR3 分析典型的城市道路中的两层半刚性基层沥青路面。根据弹性柔度接触模型，分析了基底表面和面层表面黏结条件对路表弯沉的影响，并对半刚性基层的沥青面层底拉应力进行比较，测定了沥青面层之间黏结状况的重要性；相关文献从细观尺度分析了具有实际粗糙度和理想周期粗糙度界面的界面损伤模型，采用数值计算方法说明了结构粗糙度对剪切模式的影响，同时从宏观尺度提出了一个带有粗糙度参数的界面损伤模型；相关文献研究了在交通荷载作用下考虑沥青层之间实际黏结状况的路面结构力学响应，利用 ABAQUS 有限元软件建立了力学模型，分析了界面接触条件对沥青路面性能的影响，分析结果表明，在下层上铺筑黏性层可以有效地降低沥青层底部的拉应力，从而减少裂缝的产生和发展。

二、国内研究现状

1. 国内沥青混凝土黏弹性研究现状

国内对于沥青混凝土黏弹性能研究做了许多工作。郑健龙采用 Burgers 模型作为沥青混合料的黏弹性模型进行分析，提出一种根据动态试验结果确定 Burgers 参数的方法；郑健龙、黄晓明、钱国平和栗培龙通过多种途径和方法对沥青混合料黏弹性不同参数和黏弹性本构关系试验测定方法进行了实验研究；彭妙娟和许志鸿从蠕变的角度详细推导了广义的 Maxwell 模型的线性和非线性的黏弹性本构方程，建立了沥青路面永久变形的非线性黏弹-弹塑性本构模型，采用非线性有限元法对4种沥青混合料的车辙深度进行了计算，并与SHRP的有限元结果以及SWK/UN的实验结果进行了比较，说明所建立的非线性黏弹-弹塑性本构分析模型是有效的；张久鹏、黄晓明运用非线性黏弹性力学原理解释了沥青迁移的机理。丁和平、何杰、赵池航等按照黏弹性层状体系理论，采用ANSYS软件建立半刚性基层沥青路面有限元分析模型，分析了非均布动载荷下路面的力学响应；赵岩荆采用有限元分析软件，建立水泥混凝土箱梁桥与工字梁桥三维整体有限元模型，分别研究了不同厚度薄层沥青混凝土铺装层在车辆荷载和温度荷载作用下的力学响应；刘黎萍采用三维有限元方法对不同混凝土桥型桥面铺装在实测荷载作用下的受力状态进行系统的力学分析；张磊利用通用有限元ANSYS软件提供的蠕变模型，提出了钢桥面热塑性沥青混合料铺装车辙预估方法；杨军针对上面层为沥青玛蹄脂碎石(SMA)、下面层为沥青玛蹄脂(MA)的正交异性钢桥面铺装结构，建立钢桥桥面铺装层有限元模型，通过三轴重复加载试验获得铺装材料的黏弹性参数，进行车辙有限元计算。徐世法等采用修正的Burgers模拟和描述沥青混合料的应力应变规则；郑健龙等采用Maxwell模型，对沥青混合料进行了不同温度下应力松弛实验，并提出了相关黏弹性参数的测定方法和算例；封基良等采用Burgers模型对沥青混合料进行模拟，提出了确定黏弹性参数的非线性模型。葛秀萍等采用广义Maxwell模型来对玄武岩高黏沥青混合料进行黏弹性分析；并使用小梁弯曲蠕变实验获得广义Maxwell模型所需的黏弹性参数；屈吕文等采用广义Maxwell模型分析路面结构，并对其应力应变表达式进行拉普拉斯积分变换和逆变换，从而得到广义Maxwell模型的松弛模量Prony级数表达式；对该种形式的沥青路面在不同温度下的力学响应进行了黏弹性分析；张永宏等采用Burgers模型对沥青路面进行静载模式下的黏弹性应变分析。主要应用配置法而不是传统的弹性-黏弹性比拟法进行黏弹性进行分析；张肯宁和刘立新分别整理和出版了黏弹性理论在沥青混合料中应用的专著，促进了沥青路面黏弹性分析的发展。

2. 国内铺装层层间黏结状态研究现状

相关文献在进行混凝土梁桥静力分析时，桥面铺装层都采用连续性假设进行研究，或者分为完全连续和完全光滑两种极端情况；计算和对比发现，将沥青混凝土铺装层间按连续计算和真实接触状态的确存在差异；相关文献分析了层间接触状态下沥青路面结构的应力变化规律；相关文献研究了轮载作用与层间接触条件下沥青路面的力学响应；相关文献分析了沥青路面基-面层间结合状态对路面应力响应的影响，相关文献计算了黏层状况对沥青路面层间剪切疲劳性能的影响，相关文献通过试验研究了沥青路面层间黏结性能影响因素，相关文献分析了车辆在超载情况下路基和面层之间处于接触光滑状态时二者相互耦合时，路面结构内部应力的变化情况；相关文献在考虑层间接触时定义了接触系数，并给出了部分连续式双层梁在层间接触时接触系数的计算方法和双层梁的弯曲实验，对调平层界面进行多种处理，然后测定层间接触系数；相关文献分析了多层结构之间接触状态对旧水泥混凝土道路面板传力的影响，并对其受力进行研究，发现旧水泥混凝土道面板与基础层之间的接触状态对加铺层的路面弯沉影响明显，环氧沥青混凝土与旧水泥混凝土道路面板之间的接触状况对复合道面结构应力影响明显，增加界面黏结强度可以改善复合道面结构受力状态。

综上所述，在沥青混凝土材料方面，国内外研究人员大多都在研究沥青混凝土路面材料的本构关系，集中在沥青混凝土的非线性变形理论及其应用上，采用黏弹性理论并同时考虑环境温度场对沥青混凝土桥面铺装层结构受力变形规律影响的文章并不多，即使利用黏弹性理论或者其他非弹性理论分析了沥青混凝土桥面铺装层的受力变形规律，但桥面铺装层层间连接关系都被假设为完全连续方式，与实际工程存在差异。

在铺装层层间连接关系方面，国内外研究学者主要研究沥青混凝土路面层间完全连续或完全光滑状态下外荷载的受力变形规律，并将沥青混凝土视为弹性材料考虑，涉及沥青混凝土桥面层铺装层层间黏结-滑移状态对沥青混凝土各层应力影响分析的文献数量寥寥无几，并且考虑沥青混凝土桥面铺装层黏弹性的更是有限，研究层间黏结失效从而导致层间分离现象产生时沥青混凝土桥面铺装层受力变形规律的就更少了。

沥青混凝土路面的非弹性研究受到国内外广泛关注，取得了大量的成果，但是沥青混凝土桥面铺装层结构材料黏弹性分析的成果还很少，沥青混凝土桥面铺装层层间黏结关系研究需要深入分析，同时考虑沥青混凝土黏弹性和铺装层层间黏结关系对沥青混凝土铺装层响应的影响有待继续研究和发展。由于沥青混凝土桥面铺装层与路面沥青混凝土铺装层的差异，沥青混凝土桥面铺装层分析计算问题的复杂性，截至目前，还有许多问题尚未得到很好解决。

综上，沥青混凝土桥面铺装层各种病害产生的原因并非单一因素造成的，而是某些不利因素相互影响、相互叠加共同作用的结果，因而必须尽可能多地考虑这些影响因素，研究沥青混凝土桥面铺装层及其结构的受力变形规律，以减少或者延缓病害的产生和发展。

基于上述研究现状的分析，本书主要从以下几个方面展开论述：

（1）考虑沥青混凝土桥面铺装层温度对其黏弹性的影响。以箱梁桥桥面沥青混凝土铺装层为研究对象，建立其有限元实体模型，根据气象条件和热传导理论，利用 ANSYS 软件计算并分析箱梁桥和沥青混凝土铺装层结构的稳态温度场，利用 MATLAB 软件对沥青混凝土测试的黏弹性数据进行数据拟合和插值，获得特定温度下 Burgers 模型中表征沥青混凝土材料黏弹性的性能参数。

（2）构建桥面铺装层层间接触黏结模型。沥青混凝土桥面铺装层层间黏结条件并非完全连续或完全光滑这些极端假设，也不同于采用铺装层层间滑动系数来反映层间黏结状态的方法，提出铺装层层间黏结关系通过接触黏结方式描述层间接触状况，模拟层间的黏结-滑移状态，层间应力的计算和传递依靠接触算法来实现，并且当层间黏结应力不足或者黏结失效时，突破层间永不分离假设，层间会出现滑动现象。

（3）沥青混凝土桥面铺装层响应规律。将沥青混凝土视为黏弹性材料，其应力应变关系满足 Burgers 模型，利用已建立箱梁桥及其铺装层的层间接触黏结模型，计算并分析实体模型在车辆荷载作用下，沥青混凝土铺装层的材料因素变化、层间影响因素变化，以及层间黏性失效时沥青混凝土桥面铺装层的响应规律，分别研究了移动车辆荷载和随机动荷载作用下，车辆行驶速度变化和层间存在黏结失效时沥青混凝土桥面铺装层应力的变化规律。

（4）沥青混凝土桥面铺装层应力影响因素分析。将沥青混凝土铺装层的材料参数作为影响因素，沥青混凝土铺装层的计算应力作为试验指标，根据正交试验方法制定试验方案，计算常温下沥青混凝土桥面铺装层视为弹性材料时铺装层层间接触状态下多个材料因素变化时铺装层的应力值，采用多元线性回归对试验指标与影响因素进行多元回归，并对回归方程及其回归系数进行假设检验，并确定对试验指标影响显著的影响因素。

在本书中，笔者结合温度场理论、材料黏弹性理论、层间接触滑动摩擦模型、结构动力学理论以及其他现有理论和研究成果，利用 ANSYS 软件建立沥青混凝土桥面铺装层实体结构模型，依据影响因素的变化对该结构模型的沥青混凝土桥面铺装层进行静动载应力和变形分析，以用于指导实际工程，为完善桥面铺装层规范提供依据。

第二章　基础理论与分析方法

为了分析铺装层结构的温度场和沥青混凝土材料黏弹性性能以及层间接触状态下移动荷载对沥青混凝土铺装层的影响规律，本章主要阐述有关温度场理论、黏弹性理论、层间接触滑动摩擦理论和结构动力学理论。温度场理论主要探讨有限元软件中实体模型温度场的求解方法，为研究沥青混凝土桥面铺装层的温度分布规律奠定基础。材料黏弹性理论，主要从材料应力应变关系出发，分析沥青混凝土的受力变形规律。层间滑动摩擦理论，主要从沥青混凝土桥面铺装层多层结构出发，分析铺装层层间作用力的传递方式。结构动力学理论则从车辆荷载运动实际出发，分析移动荷载作用下铺装层的动态响应规律。

第一节　温度场理论

温度对材料变形性能的影响及其重要性不可忽视，特别是具有黏弹性性能的沥青混凝土，在高温条件下，由于交通渠化，重载车辆增多，容易造成路面车辙和壅包，影响路面行车舒适性，因此分析沥青混凝土桥面铺装层温度场的分布规律，选用合适的沥青混合料，采取合理有效的措施，将有助于减少或延迟桥面铺装层病害的发生。

设某一瞬间，物体内所有各点（在 Ω 域内）的温度分布，可以通过如下温度场来描述：

$$T=f(x,\ y,\ z,\ t) \tag{2-1}$$

式中，T 表示温度；x、y、z 分别表示空间直角坐标系的坐标分量；t 表示时间。

当物体内各点温度随时间变化时称为瞬态温度场问题。依据传热定律以及能量守恒定律，可以得到物体的瞬态温度场满足如下方程：

$$\rho c\frac{\partial T}{\partial t}-\rho Q-\left[\frac{\partial}{\partial x}\left(k_x\frac{\partial T}{\partial x}\right)+\frac{\partial}{\partial y}\left(k_y\frac{\partial T}{\partial y}\right)+\frac{\partial}{\partial z}\left(k_z\frac{\partial T}{\partial z}\right)\right]=0 \tag{2-2}$$

式中，ρ 表示物体密度，kg/m^3；c 表示物体比热容，$J/(kg\cdot K)$；Q 表示物体内

部单位时间单位体积发出的热量，W/kg；k_x、k_y、k_z 分别表示直角坐标系中 x、y、z三个方向的热传导系数，W/(m·K)。式(2-2)中，第一项表示微体升温所需热量，第二项表示微体内部生成的热量，括号中的三项表示从直角坐标系中三个方向传入微体的热量。在求解域 Ω 的边界 Γ 上可能存在三类边界条件：

第一类边界条件：

$$\Gamma_1:\ T=f(x,\ y,\ z,\ t) \tag{2-3}$$

第二类边界条件：

$$\Gamma_2:\ k_x\frac{\partial T}{\partial x}n_x+k_y\frac{\partial T}{\partial y}n_y+k_z\frac{\partial T}{\partial z}n_z-q=0 \tag{2-4}$$

第三类边界条件：

$$\Gamma_3:\ k_x\frac{\partial T}{\partial x}n_x+k_y\frac{\partial T}{\partial y}n_y+k_z\frac{\partial T}{\partial z}n_z-h(T_a-T)=0 \tag{2-5}$$

式(2-3)~式(2-5)中，$\Gamma=\Gamma_1+\Gamma_2+\Gamma_3$；$n_x$、$n_y$、$n_z$ 分别表示边界外法线的方向余弦；q 表示边界上给定的热流量，W/m^2；h 表示物体表面与流体之间的对流换热系数，W/(m^2·K)；T_a 表示物体周围环境温度。第一类边界条件表示物体边界上的温度是已知常数或函数，第二类边界条件表示物体边界上的热流密度是已知常数或函数，第三类边界条件表示物体边界与流体边界存在对流换热，并且对流换热是已知常数或函数。在实际计算过程中，如果边界上既有第二类边界条件也存在第三类边界条件，二者之间可以相互转化。将第三类边界条件转变为第二类边界条件时，可以表示为：

$$k_x\frac{\partial T}{\partial x}n_x+k_y\frac{\partial T}{\partial y}n_y+k_z\frac{\partial T}{\partial z}n_z=q+h(T_a-T) \tag{2-6}$$

将第二类边界条件转变为第三类边界条件时，可以表示为：

$$k_x\frac{\partial T}{\partial x}n_x+k_y\frac{\partial T}{\partial y}n_y+k_z\frac{\partial T}{\partial z}n_z=h[(T_a+q/h)-T] \tag{2-7}$$

从式(2-7)可以看出，当物体边界上存在热流密度时，相当于周围环境温度发生了变化。在给定初始温度场 $T_0=f(x,\ y,\ z,\ 0)$ 的情况下，求解满足部分边界条件或全部边界条件式的方程式(2-2)，从而可以得到物体的瞬态温度场 T。

当物体的所有边界条件不随时间变化并且无内部热源 Q 时，物体内部各个点的温度将保持不变，此时有 $\partial T/\partial t=0$，瞬态温度场就转变为稳态温度场，式(2-2)转变为：

$$\frac{\partial}{\partial x}\left(k_x\frac{\partial T}{\partial x}\right)+\frac{\partial}{\partial y}\left(k_y\frac{\partial T}{\partial y}\right)+\frac{\partial}{\partial z}\left(k_z\frac{\partial T}{\partial z}\right)=0 \tag{2-8}$$

相应的边界条件将和时间无关。本书将求解沥青混凝土铺装层结构处于特定温度条件下的稳态温度场分布规律。

现以三维稳态温度场问题为例，给出其利用有限元方法求解的过程，首先将求解空间域Ω划分为有限个求解子域，每个子域构成一个单元，设该求解空间域中共有n个节点，第i个节点的温度用T_i表示，构造近似温度场函数$\widetilde{T}$，令$\widetilde{T}=\sum_{i=1}^{n}N_i(x, y, z)T_i=T^{\mathrm{T}}N$，$N_i(x, y, z)$为第$i$个节点的插值形函数，$N$为插值函数列向量，$T$为节点温度列向量。假设近似温度场函数$\widetilde{T}$在边界$\Gamma_1$上满足强制边界条件，将函数$\widetilde{T}$代入式(2-8)、式(2-4)和式(2-5)时，会产生余量，其余量方程分别表示如下：

$$O_{\Omega}=\frac{\partial}{\partial x}\left(k_{x}\frac{\partial \widetilde{T}}{\partial x}\right)+\frac{\partial}{\partial y}\left(k_{y}\frac{\partial \widetilde{T}}{\partial y}\right)+\frac{\partial}{\partial z}\left(k_{z}\frac{\partial \widetilde{T}}{\partial z}\right) \tag{2-9}$$

$$O_{\Gamma_2}=k_{x}\frac{\partial \widetilde{T}}{\partial x}n_{x}+k_{y}\frac{\partial \widetilde{T}}{\partial y}n_{y}+k_{z}\frac{\partial \widetilde{T}}{\partial z}n_{z}-q \tag{2-10}$$

$$O_{\Gamma_3}=k_{x}\frac{\partial \widetilde{T}}{\partial x}n_{x}+k_{y}\frac{\partial \widetilde{T}}{\partial y}n_{y}+k_{z}\frac{\partial \widetilde{T}}{\partial z}n_{z}-h(T_{a}-\widetilde{T}) \tag{2-11}$$

利用加权余量法使式(2-9)~式(2-11)的余量加权积分后和为零，即可以表示为：

$$\iiint_{\Omega}\omega_1 O_{\Omega}\mathrm{d}x\mathrm{d}y\mathrm{d}z+\iint_{\Gamma_2}\omega_2 O_{\Gamma_2}\mathrm{d}S+\iint_{\Gamma_3}\omega_3 O_{\Gamma_3}\mathrm{d}S=0 \tag{2-12}$$

式(2-12)中，ω_1、ω_2和ω_3表示加权函数，所表示的意义是使得式(2-8)、式(2-4)和式(2-5)在加权意义下成立。取$\omega_1=N_j(j=1, 2, \cdots, n)$，在边界上取$\omega_2=\omega_3=-\omega_1$，由于近似温度场函数$\widetilde{T}$在边界$\Gamma_1$上满足强制边界条件，故在此边界上不产生余量，将第三类边界条件转化为第二类边界条件，式(2-12)可以转变为：

$$\begin{aligned}&\iiint_{\Omega}N_j\left[\frac{\partial}{\partial x}\left(k_{x}\frac{\partial \widetilde{T}}{\partial x}\right)+\frac{\partial}{\partial y}\left(k_{y}\frac{\partial \widetilde{T}}{\partial y}\right)+\frac{\partial}{\partial z}\left(k_{z}\frac{\partial \widetilde{T}}{\partial z}\right)\right]\mathrm{d}x\mathrm{d}y\mathrm{d}z-\\&\iint_{\Gamma_2}N_j\left[k_{x}\frac{\partial \widetilde{T}}{\partial x}n_{x}+k_{y}\frac{\partial \widetilde{T}}{\partial y}n_{y}+k_{z}\frac{\partial \widetilde{T}}{\partial z}n_{z}-q-h(T_{a}-\widetilde{T})\right]\mathrm{d}S=0\end{aligned} \tag{2-13}$$

式(2-13)进一步可以转变为：

$$\iiint_{\Omega} N_j(\nabla \cdot k \nabla \widetilde{T})\,\mathrm{d}x\mathrm{d}y\mathrm{d}z - \iint_{\Gamma_2} N_j k \frac{\partial \widetilde{T}}{\partial n}\mathrm{d}S + \iint_{\Gamma_2} N_j [q + h(T_{\mathrm{a}} - \widetilde{T})]\,\mathrm{d}S = 0 \tag{2-14}$$

式(2-14)中 k 表示热传导系数，对等式(2-14)左端第二项采用高斯公式进行变换可得到：

$$\begin{aligned}\iint_{\Gamma_2} N_j k \frac{\partial \widetilde{T}}{\partial n}\mathrm{d}S &= \iint_{\Gamma_2} N_j k \nabla \widetilde{T} \cdot \vec{n}\,\mathrm{d}S \\ &= \iiint_{\Omega} \nabla \cdot (N_j k \nabla \widetilde{T})\,\mathrm{d}x\mathrm{d}y\mathrm{d}z \\ &= \iiint_{\Omega} [\nabla N_j \cdot k \nabla \widetilde{T} + N_j(\nabla \cdot k \nabla \widetilde{T})]\,\mathrm{d}x\mathrm{d}y\mathrm{d}z \\ &= \iiint_{\Omega} \nabla N_j \cdot k \nabla \widetilde{T}\mathrm{d}x\mathrm{d}y\mathrm{d}z + \iiint_{\Omega} N_j(\nabla \cdot k \nabla \widetilde{T})\,\mathrm{d}x\mathrm{d}y\mathrm{d}z\end{aligned} \tag{2-15}$$

将式(2-15)右端两项代入式(2-14)，整理后可得：

$$\iiint_{\Omega} \nabla N_j \cdot k \nabla \widetilde{T}\mathrm{d}x\mathrm{d}y\mathrm{d}z + \iint_{\Gamma_2} N_j h \widetilde{T}\mathrm{d}S - \iint_{\Gamma_2} N_j q\mathrm{d}S - \iint_{\Gamma_2} N_j h T_{\mathrm{a}}\mathrm{d}S = 0 \tag{2-16}$$

其中：

$$\begin{aligned}&\iiint_{\Omega} \nabla N_j \cdot k \nabla \widetilde{T}\mathrm{d}x\mathrm{d}y\mathrm{d}z \\ &= \iiint_{\Omega}\left(k_{\mathrm{x}} \frac{\partial N_j}{\partial x}\frac{\partial \widetilde{T}}{\partial x} + k_{\mathrm{y}} \frac{\partial N_j}{\partial y}\frac{\partial \widetilde{T}}{\partial y} + k_{\mathrm{z}} \frac{\partial N_j}{\partial z}\frac{\partial \widetilde{T}}{\partial z}\right)\mathrm{d}x\mathrm{d}y\mathrm{d}z \\ &= \iiint_{\Omega}\left(k_{\mathrm{x}} \frac{\partial N_j}{\partial x}\sum_{i=1}^{n}\frac{\partial N_i}{\partial x}T_i + k_{\mathrm{y}} \frac{\partial N_j}{\partial y}\sum_{i=1}^{n}\frac{\partial N_i}{\partial y}T_i + k_{\mathrm{z}} \frac{\partial N_j}{\partial z}\sum_{i=}^{n}\frac{\partial N_i}{\partial z}T_i\right)\mathrm{d}x\mathrm{d}y\mathrm{d}z \\ &= \sum_{i=1}^{n}\left[\iiint_{\Omega}\left(k_{\mathrm{x}} \frac{\partial N_j}{\partial x}\frac{\partial N_i}{\partial x} + k_{\mathrm{y}} \frac{\partial N_j}{\partial y}\frac{\partial N_i}{\partial y} + k_{\mathrm{z}} \frac{\partial N_j}{\partial z}\frac{\partial N_i}{\partial z}\right)\mathrm{d}x\mathrm{d}y\mathrm{d}z\right]T_i\end{aligned} \tag{2-17}$$

$$\iint_{\Gamma_2} N_j h \widetilde{T}\mathrm{d}S = \iint_{\Gamma_2} N_j h \sum_{i=1}^{n} N_i T_i \mathrm{d}S = \sum_{i=1}^{n}\left(\iint_{\Gamma_2} h N_j N_i \mathrm{d}S\right)T_i \tag{2-18}$$

将式(2-17)和式(2-18)中的结果代入式(2-16)可得：

$$\sum_{i=1}^{n}\left[\iiint_{\Omega}\left(k_{x}\frac{\partial N_{j}}{\partial x}\frac{\partial N_{i}}{\partial x}+k_{y}\frac{\partial N_{j}}{\partial y}\frac{\partial N_{i}}{\partial y}+k_{z}\frac{\partial N_{j}}{\partial z}\frac{\partial N_{i}}{\partial z}\right)\mathrm{d}x\mathrm{d}y\mathrm{d}z\right]T_{i}+ \sum_{i=1}^{n}\left(\iint_{\Gamma_2}hN_{j}N_{i}\mathrm{d}S\right)T_{i}-\iint_{\Gamma_2}N_{j}q\mathrm{d}S-\iint_{\Gamma_2}N_{j}hT_{a}\mathrm{d}S=0 \tag{2-19}$$

进一步有：

$$\sum_{i=1}^{n}\left[\iiint_{\Omega}\left[k_{x}\frac{\partial N_{j}}{\partial x}\frac{\partial N_{i}}{\partial x}+k_{y}\frac{\partial N_{j}}{\partial y}\frac{\partial N_{i}}{\partial y}+k_{z}\frac{\partial N_{j}}{\partial z}\frac{\partial N_{i}}{\partial z}\right)\mathrm{d}x\mathrm{d}y\mathrm{d}z+\iint_{\Gamma_2}hN_{j}N_{i}\mathrm{d}S\right]T_{i} =\iint_{\Gamma_2}N_{j}q\mathrm{d}S+\iint_{\Gamma_2}N_{j}hT_{a}\mathrm{d}S \tag{2-20}$$

将式(2-20)还可以表示为如下形式：

$$\sum_{i=1}^{n}K_{ij}T_{i}=P_{j},\quad(j=1,\ 2,\ 3,\ \cdots,\ n) \tag{2-21}$$

其中：

$$K_{ij}=\iiint_{\Omega}\left(k_{x}\frac{\partial N_{j}}{\partial x}\frac{\partial N_{i}}{\partial x}+k_{y}\frac{\partial N_{j}}{\partial y}\frac{\partial N_{i}}{\partial y}+k_{z}\frac{\partial N_{j}}{\partial z}\frac{\partial N_{i}}{\partial z}\right)\mathrm{d}x\mathrm{d}y\mathrm{d}z+\iint_{\Gamma_2}hN_{j}N_{i}\mathrm{d}S \tag{2-22}$$

$$P_{j}=\iint_{\Gamma_2}N_{j}q\mathrm{d}S+\iint_{\Gamma_2}N_{j}hT_{a}\mathrm{d}S \tag{2-23}$$

式(2-21)还可以用矩阵表示为 $KT=P$ 的形式，其中 K_{ij} 通过式(2-22)计算可以获得，P_j 通过式(2-23)获得，求解式(2-21)所表示的方程组，就可以得到各个节点的温度 T，再利用插值方法可以得到空间其他位置的温度。

第二节　材料黏弹性理论

本节探讨沥青混凝土在特定温度下的黏弹性应力应变关系。沥青混凝土材料在满足低温小变形的条件下呈现线弹性体的特性，而在满足高温大变形的条件下沥青混凝土材料呈现黏-弹-塑性特性。沥青混凝土材料的黏弹性特性可以用元件模型进行描述，黏弹性力学的元件模型是由弹性元件和黏性元件经过不同形式的串并联构成的。弹性元件反映材料的弹性性能，由弹簧来实现，服从胡克定律，即

$$\sigma = E\varepsilon \text{ 或 } \tau = G\gamma \tag{2-24}$$

式(2-24)中，σ、τ、ε 和 γ 分别表示正应力、剪应力、正应变和剪应变；E 和 G 分别表示弹性模量和剪切模量。黏性元件体现材料的黏性性能，由阻尼器来实现，又称为黏壶，服从牛顿黏性定律，即

$$\sigma = \eta\,\dot{\varepsilon} \text{ 或 } \tau = \eta_1\,\dot{\gamma} \tag{2-25}$$

式(2-25)中，η 和 η_1 分别表示黏性系数，$\dot{\varepsilon} = \mathrm{d}\varepsilon/\mathrm{d}t$ 表示正应变率，$\dot{\gamma} = \mathrm{d}\gamma/\mathrm{d}t$ 表示切应变率。弹性元件和黏性元件的不同串联和并联模式可以得到反映材料不同特性的黏弹性模型。

一、Maxwell 模型

著名的 Maxwell 模型如图 2-1 所示，既能反映材料的弹性性能又能体现材料的黏性性能，选用一个弹性元件和一个黏性元件将它们串联起来描述材料的黏弹特性。

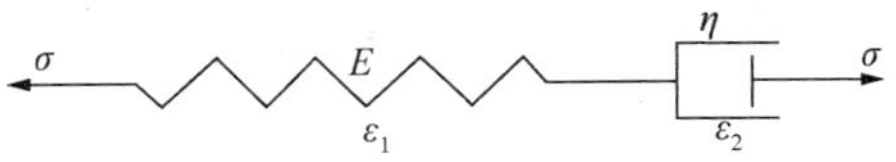

图 2-1　Maxwell 模型

该模型中弹性元件所承受的应力等于黏性元件所承受的应力，弹性元件的应变 ε_1 与黏性元件的应变 ε_2 之和表示 Maxwell 模型的总应变 ε，即

$$\varepsilon = \varepsilon_1 + \varepsilon_2 \tag{2-26}$$

对等式(2-26)两边关于时间求导后，可得 Maxwell 模型的应力应变关系为：

$$\dot{\varepsilon} = \dot{\varepsilon}_1 + \dot{\varepsilon}_2 = \frac{\dot{\sigma}}{E} + \frac{\sigma}{\eta} \tag{2-27}$$

在恒定应力 σ_0 作用下，当 $t>0$ 时，有 $\dot{\sigma}=0$，代入式(2-27)积分后可得：

$$\varepsilon(t) = \frac{\sigma_0}{\eta}t + C \tag{2-28}$$

式(2-28)中，C 为积分常数，对等式(2-27)左右两边在 $t=0$ 附近进行积分得：

$$\int_{-\ni}^{\ni} \frac{\mathrm{d}\varepsilon}{\mathrm{d}t}\mathrm{d}t = \frac{1}{E}\int_{-\ni}^{\ni} \frac{\mathrm{d}\sigma}{\mathrm{d}t}\mathrm{d}t + \frac{1}{\eta}\int_{-\ni}^{\ni} \sigma\,\mathrm{d}t \tag{2-29}$$

$$\varepsilon(\ni)-\varepsilon(-\ni)=\frac{1}{E}[\sigma(\ni)-\sigma(-\ni)]+\frac{1}{\eta}\int_{-\ni}^{\ni}\sigma \mathrm{d}t \tag{2-30}$$

考虑到在自然状态下，$t<0$ 时 $\sigma(t)=\varepsilon(t)=0$，则当 $\ni\rightarrow 0$ 时，式(2-30)变为：

$$\varepsilon(0^+)=\frac{1}{E}\sigma(0^+) \tag{2-31}$$

即

$$\varepsilon_0=\frac{\sigma_0}{E} \tag{2-32}$$

将 $t=0$ 代入式(2-28)，结合式(2-32)，整理后可得：

$$\varepsilon(t)=\frac{\sigma_0}{\eta}t+\frac{\sigma_0}{E} \tag{2-33}$$

式(2-33)就是 Maxwell 模型在恒定应力 σ_0 作用下的应变-时间关系式，又称蠕变方程，式(2-33)说明在恒定应力作用瞬间，有瞬时弹性变形，应变会随着时间的逐渐增加而增大，符合流体特征，因此，常把 Maxwell 模型所表示的材料称为 Maxwell 流体。

二、Kelvin 模型

当把弹性元件和黏性元件并联起来时就得到了 Kelvin 模型，如图 2-2 所示。

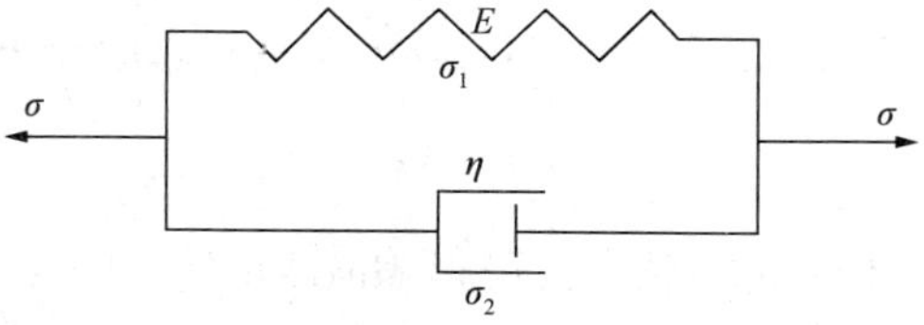

图 2-2　Kelvin 模型

在该模型中弹性元件的应变 ε_1 等于黏性元件的应变 ε_2 还等于模型的总应变 ε，弹性元件的应力与黏性元件的应力之和为模型的总应力，即：

$$\sigma=\sigma_1+\sigma_2 \tag{2-34}$$

$$\sigma=E\varepsilon+\eta\dot{\varepsilon} \tag{2-35}$$

式(2-35)就是 Kelvin 模型的应力应变关系。在恒定应力 σ_0 作用下，式(2-35)的解为：

$$\varepsilon(t)=C\mathrm{e}^{-t/\tau_\mathrm{d}}+\sigma_0/E \tag{2-36}$$

式(2-36)中，$\tau_d=\eta/E$。初始条件为当 $t=0$ 时，$\varepsilon(0)=0$，代入式(2-36)，可得 $C=-\sigma_0/E$。则 Kelvin 模型的应变-时间关系式(蠕变方程)为：

$$\varepsilon(t)=\frac{\sigma_0}{E}(1-e^{-t/\tau_d}) \tag{2-37}$$

由式(2-37)可知，在恒定应力 σ_0 作用下，随着时间增加，弹性元件应变增加，黏性元件产生黏性流动，当弹性元件达到变形极限时，应变不再增加，同时 Kelvin 模型也不能反映瞬时弹性变形；如若在 $t=t_m$ 时撤去应力 σ_0，则由式(2-35)可得：

$$0=\eta\dot{\varepsilon}+E\varepsilon,\ t\geqslant t_m \tag{2-38}$$

式(2-38)的解为：

$$\varepsilon(t)=C_1e^{-t/\tau_d},\ t\geqslant t_m \tag{2-39}$$

根据应变连续性条件，在 $t=t_m$ 时，满足：

$$\frac{\sigma_0}{E}(1-e^{-t_m/\tau_d})=\varepsilon(t_m)=C_1e^{-t_m/\tau_d} \tag{2-40}$$

将式(2-40)求解出来的 C_1 代入式(2. 39)得：

$$\varepsilon(t)=\frac{\sigma_0}{E}(e^{t_m/\tau_d}-1)e^{-t/\tau_d},\ t\geqslant t_m \tag{2-41}$$

由式(2-41)可知，撤去恒定应力 σ_0 后，当 $t\to+\infty$时，$\varepsilon\to0$，本现弹性固体特性，不能反映永久变形。

三、三参数模型

将一个黏性元件和 Maxwell 模型并联起来就得到了 Jeffrey 模型，该模型由一个弹性元件和两个黏性元件构成，如图 2-3 所示。

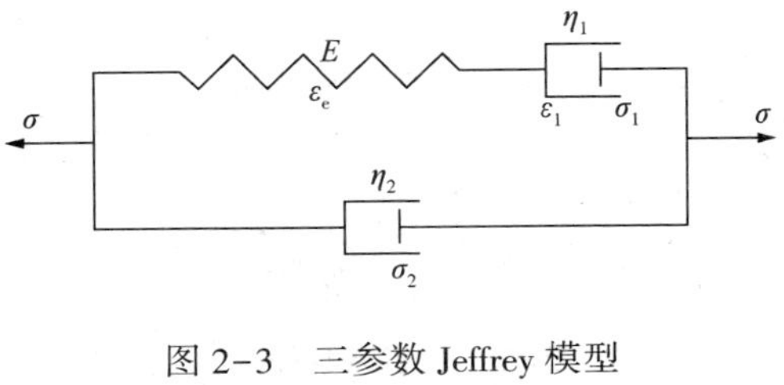

图 2-3　三参数 Jeffrey 模型

设该模型中应力用 σ 表示，应变用 ε 表示，各个元件之间的应力应变关系如下：

$$
\begin{cases}
\sigma_1 = E\varepsilon_e \\
\sigma_1 = \eta_1 \dot{\varepsilon}_1 \\
\sigma_2 = \eta_2 \dot{\varepsilon} \\
\varepsilon = \varepsilon_e + \varepsilon_1 \\
\sigma = \sigma_1 + \sigma_2
\end{cases}
\tag{2-42}
$$

将式(2-42)中的微分算子 d/dt 用 D 表示，则可得：

$$\sigma_1 = \eta_1 D\varepsilon_1 \Leftrightarrow \varepsilon_1 = \sigma_1/(\eta_1 D) \tag{2-43}$$

$$\varepsilon = \varepsilon_e + \varepsilon_1 \Leftrightarrow \varepsilon = \sigma_1/\varepsilon_e + \sigma_1/(\eta_1 D) \tag{2-44}$$

则有：

$$\sigma_1 = \frac{E\eta_1 D}{E+\eta_1 D}\varepsilon \tag{2-45}$$

$$\sigma = \sigma_1 + \sigma_2 = \frac{E\eta_1 D}{E+\eta_1 D}\varepsilon + \eta_2 D\varepsilon \tag{2-46}$$

整理式(2-46)可得：

$$(E+\eta_1 D)\sigma = E\eta_1 D\varepsilon + (E+\eta_1 D)\eta_2 D\varepsilon \tag{2-47}$$

$$E\sigma + \eta_1 \dot{\sigma} = E\eta_1 \dot{\varepsilon} + E\eta_2 \dot{\varepsilon} + \eta_1 \eta_2 \ddot{\varepsilon} \tag{2-48}$$

$$\sigma + \frac{\eta_1}{E}\dot{\sigma} = (\eta_1 + \eta_2)\dot{\varepsilon} + \frac{\eta_1 \eta_2}{E}\ddot{\varepsilon} \tag{2-49}$$

式(2-49)即是 Jeffrey 模型的应力应变关系。

一个弹性元件和 Maxwell 模型并联起来就得到了另一种三参数模型，该模型由两个弹性元件和一个黏性元件构成，如图 2-4 所示。

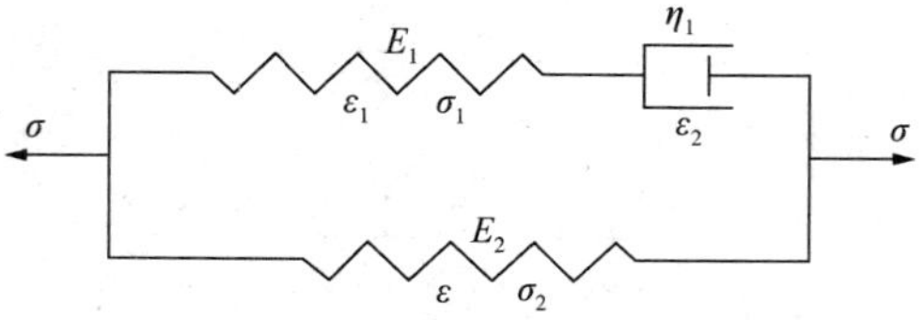

图 2-4　三参数模型

设该模型中应力用 σ 表示，应变用 ε 表示，各个元件之间的应力应变关系如下：

$$\begin{cases}\sigma_1=E\varepsilon_1\\ \sigma_1=\eta\dot{\varepsilon}_2\\ \varepsilon=\varepsilon_1+\varepsilon_2\\ \sigma_2=E_2\varepsilon\\ \sigma=\sigma_1+\sigma_2\end{cases} \tag{2-50}$$

将式(2-50)中的微分算子 d/dt 用 D 表示，则可得：

$$\sigma_1=\eta D\varepsilon_2 \Leftrightarrow \varepsilon_2=\sigma_1/(\eta D) \tag{2-51}$$

$$\varepsilon=\varepsilon_1+\varepsilon_2 \Leftrightarrow \varepsilon=\sigma_1/E_1+\sigma_1/(\eta D) \tag{2-52}$$

则有：

$$\sigma_1=\frac{E_1\eta D}{E_1+\eta D}\varepsilon \tag{2-53}$$

$$\sigma=\sigma_1+\sigma_2=\frac{E_1\eta D}{E_1+\eta D}\varepsilon+E_2\varepsilon \tag{2-54}$$

整理式(2-54)可得：

$$(E_1+\eta_1 D)\sigma=E_1\eta_1 D\varepsilon+(E_1+\eta_1 D)E_2\varepsilon \tag{2-55}$$

$$E_1\sigma+\eta_1\dot{\sigma}=E_1E_2\varepsilon+E_1\eta_1\dot{\varepsilon}+\eta_1E_2\dot{\varepsilon} \tag{2-56}$$

$$\sigma+\frac{\eta_1}{E_1}\dot{\sigma}=E_2\varepsilon+\frac{(E_1+E_2)\eta_1}{E_1}\dot{\varepsilon} \tag{2-57}$$

式(2-57)即是该三参数模型的应力应变关系。

若一个黏性元件和 Kelvin 模型串联起来就得到了 Lethersich 模型，该模型由一个弹性元件和两个黏性元件构成，如图 2-5 所示。

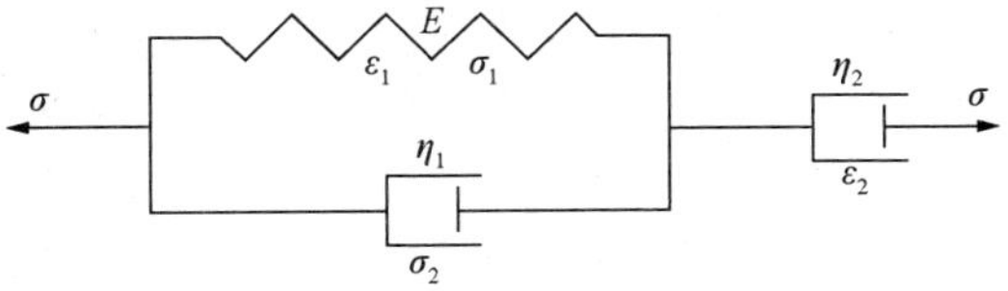

图 2-5 三参数 Lethersich 模型

设该模型中应力用 σ 表示，应变用 ε 表示，各个元件之间的应力应变关系如下：

$$\begin{cases}\sigma_1=E\varepsilon_1\\ \sigma_2=\eta_1\dot{\varepsilon}_1\\ \sigma=\sigma_1+\sigma_2\\ \sigma=\eta_2\dot{\varepsilon}_2\\ \varepsilon=\varepsilon_1+\varepsilon_2\end{cases}\tag{2-58}$$

将式(2-58)中的微分算子 d/dt 用 D 表示，则可得：

$$\sigma=\sigma_1+\sigma_2=E\varepsilon_1+\eta_1D\varepsilon_1\Leftrightarrow\varepsilon_1=\frac{\sigma}{E+\eta_1D}\tag{2-59}$$

$$\sigma=\eta_2D\varepsilon_2\Leftrightarrow\varepsilon_2=\sigma/(\eta_2D)\tag{2-60}$$

$$\varepsilon=\frac{\sigma}{E+\eta_1D}+\frac{\sigma}{\eta_2D}\tag{2-61}$$

整理式(2-61)可得：

$$(E+\eta_1D)\eta_2D\varepsilon=\eta_2D\sigma+(E+\eta_1D)\sigma\tag{2-62}$$

$$E\sigma+(\eta_1+\eta_2)\dot{\sigma}=E\eta_2\dot{\varepsilon}+\eta_1\eta_2\ddot{\varepsilon}\tag{2-63}$$

$$\sigma+\frac{(\eta_1+\eta_2)}{E}\dot{\sigma}=\eta_2\dot{\varepsilon}+\frac{\eta_1\eta_2}{E}\ddot{\varepsilon}\tag{2-64}$$

式(2-64)即是三参数 Lethersich 模型的应力应变关系。

用一个弹性元件和 Kelvin 模型串联起来就得到了 Van de Poel 模型，该模型由两个弹性元件和一个黏性元件构成，如图 2-6 所示。

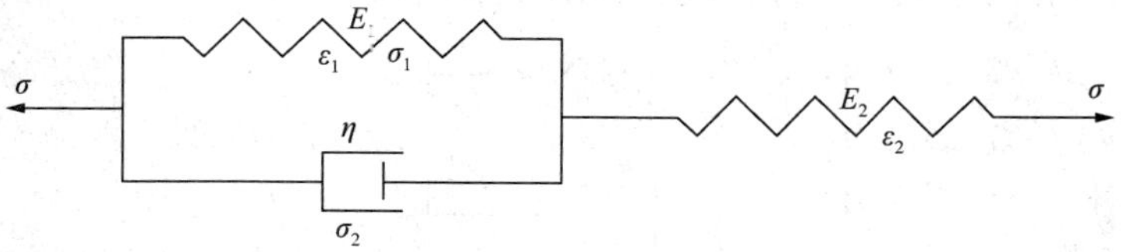

图 2-6　三参数 Van de Poel 模型

设该模型中应力用 σ 表示，应变用 ε 表示，各个元件之间的应力应变关系如下：

$$\begin{cases}\sigma_1=E_1\varepsilon_1\\ \sigma_2=\eta\dot{\varepsilon}_1\\ \sigma=\sigma_1+\sigma_2\\ \sigma=E_2\varepsilon_2\\ \varepsilon=\varepsilon_1+\varepsilon_2\end{cases}\tag{2-65}$$

将式(2-65)中的微分算子 d/dt 用 D 表示，则可得：

$$\sigma=\sigma_1+\sigma_2=E_1\varepsilon_1+\eta D\varepsilon_1\Leftrightarrow\varepsilon_1=\frac{\sigma}{E_1+\eta D}\tag{2-66}$$

$$\varepsilon=\varepsilon_1+\varepsilon_2=\frac{\sigma}{E_1+\eta D}+\frac{\sigma}{E_2}\tag{2-67}$$

整理式(2-67)可得：

$$E_2(E_1+\eta D)\varepsilon=E_2\sigma+(E_1+\eta D)\sigma\tag{2-68}$$

$$(E_1+E_2)\sigma+\eta\dot{\sigma}=E_1E_2\varepsilon+\eta E_2\dot{\varepsilon}\tag{2-69}$$

$$\sigma+\frac{\eta}{E_1+E_2}\dot{\sigma}=\frac{E_1E_2}{E_1+E_2}\varepsilon+\frac{\eta E_2}{E_1+E_2}\dot{\varepsilon}\tag{2-70}$$

式(2-70)即是三参数 Van de Poel 模型的应力应变关系。

四、Burgers 模型

如果把 Maxwell 模型和 Kelvin 模型串联起来，就组成了一个四参量模型，该模型称为 Burgers 模型，由两个弹性元件和两个黏性元件构成，如图 2-7 所示。

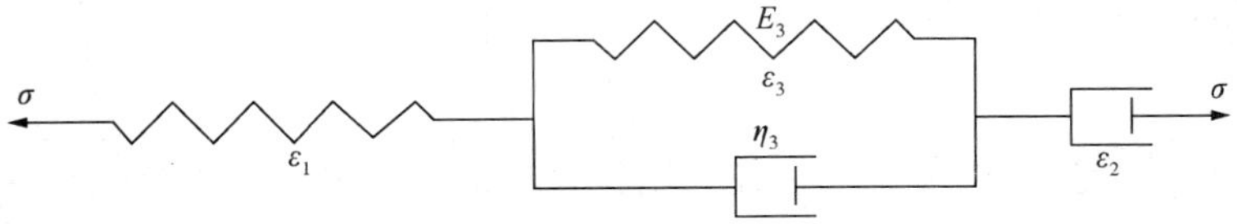

图 2-7　Burgers 模型

在该模型的应力用 σ 表示，应变用 ε 表示，各个元件之间的应力应变关系如下：

$$\begin{cases}\sigma=E_1\varepsilon_1\\ \sigma=\eta_2\dot{\varepsilon}_2\\ \sigma=E_3\varepsilon_3+\eta_3\dot{\varepsilon}_3\\ \varepsilon=\varepsilon_1+\varepsilon_2+\varepsilon_3\end{cases}\tag{2-71}$$

将式(2-71)中的微分算子 d/dt 用 D 表示，则可得：

$$\sigma=\eta_2 D\varepsilon_2 \Leftrightarrow \varepsilon_2=\sigma/(\eta_2 D) \tag{2-72}$$

$$\sigma=E_3\varepsilon_3+\eta_3 D\varepsilon_3 \Leftrightarrow \varepsilon_3=\sigma/(E_3+\eta_3 D) \tag{2-73}$$

结合式(2-71)～式(2-73)，整理后可得：

$$E_1E_3\eta_2 D\varepsilon+E_1\eta_2\eta_3 D^2\varepsilon=E_1E_3\sigma+(E_3\eta_2+E_1\eta_3+E_1\eta_2)D\sigma+\eta_2\eta_3 D^2\sigma$$

可以转化为式(2-74)：

$$\sigma+p_1\dot{\sigma}+p_2\ddot{\sigma}=q_1\dot{\varepsilon}+q_2\ddot{\varepsilon} \tag{2-74}$$

其中：

$$\begin{cases} p_1=\dfrac{\eta_2}{E_1}+\dfrac{\eta_2+\eta_3}{E_3} \\ p_2=\dfrac{\eta_2\eta_3}{E_1E_3} \\ q_1=\eta_2 \\ q_2=\dfrac{\eta_2\eta_3}{E_3} \end{cases}$$

式(2-74)为 Burgers 模型的应力应变关系式。

设 $H(t)$ 为单位阶跃函数，在常应力 $\sigma(t)=\sigma_0 H(t)$ 作用下，当 $t>0$ 时，则有：

$$\begin{cases} \sigma=\sigma_0 \\ \dot{\sigma}=0 \\ \ddot{\sigma}=0 \end{cases} \tag{2-75}$$

将式(2-75)代入式(2-74)，可得：

$$\sigma_0=q_1\dot{\varepsilon}+q_2\ddot{\varepsilon} \tag{2-76}$$

对式(2-76)进行拉普拉斯变换，并利用拉普拉斯变换的微分性质：

$$L[\dot{f}(t)]=s\bar{f}(s)-f(0)$$

$$L[\ddot{f}(t)]=s^2\bar{f}(s)-sf(0)-\dot{f}(0)$$

则有：

$$\frac{\sigma_0}{s}=q_1[s\bar{\varepsilon}(s)-\varepsilon(0)]+q_2[s^2\bar{\varepsilon}(s)-s\varepsilon(0)-\dot{\varepsilon}(0)] \tag{2-77}$$

$$\frac{\sigma_0}{s}=(q_1+q_2 s)s\bar{\varepsilon}(s)-(q_1+q_2 s)\varepsilon(0)-q_2\dot{\varepsilon}(0) \tag{2-78}$$

$$\bar{\varepsilon}(s)=\frac{\varepsilon(0)}{s}+\frac{\dot{\varepsilon}(0)}{s\left(s+\frac{q_1}{q_2}\right)}+\frac{\sigma_0}{q_2s^2\left(s+\frac{q_1}{q_2}\right)} \tag{2-79}$$

对式(2-79)实施拉普拉斯逆变换，右端三项的逆变换分别如下：

$$L^{-1}\left[\frac{\varepsilon(0)}{s}\right]=\varepsilon(0)$$

$$L^{-1}\left[\frac{\dot{\varepsilon}(0)}{s\left(s+\frac{q_1}{q_2}\right)}\right]=\lim_{s\to0}\frac{\dot{\varepsilon}(0)e^{st}}{s+\frac{q_1}{q_2}}+\lim_{s\to-\frac{q_1}{q_2}}\frac{\dot{\varepsilon}(0)e^{st}}{s}=\frac{q_2}{q_1}\dot{\varepsilon}(0)-\frac{q_2}{q_1}\dot{\varepsilon}(0)e^{-\frac{q_1}{q_2}t}$$

$$=\frac{q_2}{q_1}\dot{\varepsilon}(0)(1-e^{-\frac{q_1}{q_2}t})$$

$$L^{-1}\left[\frac{\sigma_0}{q_2s^2\left(s+\frac{q_1}{q_2}\right)}\right]=\frac{\sigma_0}{q_2}\left[\lim_{s\to0}\frac{d}{ds}\left(\frac{e^{st}}{s+\frac{q_1}{q_2}}\right)+\lim_{s\to-\frac{q_1}{q_2}}\frac{e^{st}}{s^2}\right]=\frac{\sigma_0}{q_2}\left\{\lim_{s\to0}\left[\frac{te^{st}}{s+\frac{q_1}{q_2}}-\frac{e^{st}}{\left(s+\frac{q_1}{q_2}\right)^2}\right]+\frac{q_2^2}{q_1^2}e^{-\frac{q_1}{q_2}t}\right\}$$

$$=\frac{\sigma_0}{q_2}\left(\frac{q_2}{q_1}t-\frac{q_2^2}{q_1^2}+\frac{q_2^2}{q_1^2}e^{-\frac{q_1}{q_2}t}\right)$$

$$=\frac{\sigma_0}{q_1}t-\frac{\sigma_0q_2}{q_1^2}(1-e^{-\frac{q_1}{q_2}t})$$

则有：

$$\varepsilon(t)=\varepsilon(0)+\frac{q_2}{q_1}\dot{\varepsilon}(0)(1-e^{-\frac{q_1}{q_2}t})+\frac{\sigma_0}{q_1}t-\frac{\sigma_0q_2}{q_1^2}\left(1-e^{-\frac{q_1}{q_2}t}\right) \tag{2-80}$$

$$\varepsilon(t)=\varepsilon(0)+\frac{\sigma_0}{q_1}t+\frac{q_2}{q_1}\left[\dot{\varepsilon}(0)-\frac{\sigma_0}{q_1}\right]\left(1-e^{-\frac{q_1}{q_2}t}\right) \tag{2-81}$$

由式(2-71)可知，$\varepsilon=\varepsilon_1+\varepsilon_2+\varepsilon_3$，则有：

$$\dot{\varepsilon}=\dot{\varepsilon}_1+\dot{\varepsilon}_2+\dot{\varepsilon}_3=\frac{\dot{\sigma}}{E_1}+\frac{\sigma}{\eta_1}+\frac{\sigma}{\eta_2}-\frac{E_2}{\eta_2}(\varepsilon-\varepsilon_1-\varepsilon_2) \tag{2-82}$$

即有：

$$\dot{\varepsilon}=\frac{\dot{\sigma}}{E_1}+\left(\frac{1}{\eta_2}+\frac{1}{\eta_3}\right)\sigma-\frac{E_3}{\eta_3}(\varepsilon-\varepsilon_1-\varepsilon_2) \tag{2-83}$$

当 $t=0$ 时，下列初始条件成立：

$$\begin{cases}\varepsilon_2(0)=0\\ \varepsilon_3(0)=0\\ \varepsilon(0)=\varepsilon_1(0)=\dfrac{\sigma_0}{E_1}\\ \dot{\sigma}(0)=0\end{cases}$$

将上述条件代入式(2-83)得：

$$\dot{\varepsilon}(0)=\left(\frac{1}{\eta_2}+\frac{1}{\eta_3}\right)\sigma_0 \tag{2-84}$$

又因为：

$$\frac{1}{\eta_2}=\frac{1}{q_1} \tag{2-85}$$

则有：

$$\dot{\varepsilon}(0)-\frac{\sigma_0}{q_1}=\frac{\sigma_0}{\eta_3} \tag{2-86}$$

将式(2-86)代入式(2-81)，整理后可得：

$$\varepsilon(t)=\frac{\sigma_0}{E_1}+\frac{\sigma_0}{\eta_2}t+\frac{\sigma_0}{E_3}(1-e^{-E_3t/\eta_3})$$

$$\varepsilon(t)=\left[\frac{1}{E_1}+\frac{t}{\eta_2}+\frac{1}{E_3}(1-e^{-E_3t/\eta_3})\right]\sigma_0 \tag{2-87}$$

式(2-87)为 Burgers 模型的时间-应变关系式(蠕变方程)，可以看出 Burgers 模型所展示的应变恰好是 Maxwell 模型应变和 Kelvin 模型应变的总和。

在 $t=t_m$ 时刻卸载，相当于在 $t\geqslant t_m$ 时施加了一个 $-\sigma_0$ 的作用力，其所产生的应变响应表示为：

$$-\left\{\frac{1}{E_1}+\frac{t-t_m}{\eta_2}+\frac{1}{E_3}[1-e^{-E_3(t-t_m)/\eta_3}]\right\}\sigma_0 \tag{2-88}$$

将式(2-88)加到式(2-87)右端，则可得到卸载后的应变为：

$$\varepsilon(t)=\left[\frac{1}{E_1}+\frac{t}{\eta_2}+\frac{1}{E_3}(1-e^{-E_3t/\eta_3})\right]\sigma_0-\left[\frac{1}{E_1}+\frac{t-t_m}{\eta_2}+\frac{1}{E_3}(1-e^{-E_3(t-t_m)/\eta_3})\right]\sigma_0 \tag{2-89}$$

$$\varepsilon(t)=\frac{t_m}{\eta_2}\sigma_0-\frac{\sigma_0}{E_3}e^{-E_3t/\eta_3}+\frac{\sigma_0}{E_3}e^{-E_3(t-t_m)/\eta_3} \tag{2-90}$$

$$\varepsilon(t)=\frac{t_m}{\eta_2}\sigma_0+\frac{\sigma_0}{E_3}(1-e^{-E_3t_m/\eta_3})e^{-E_3(t-t_m)/\eta_3} \tag{2-91}$$

由式(2-91)可知，当 Burgers 模型卸载后，瞬时弹性变形$\frac{\sigma_0}{E_1}$立即恢复，而蠕变$\frac{t_m}{\eta_2}\sigma_0$不能恢复，成为永久变形。

五、其他黏弹性模型

除了以上模型外，还有修正 Burgers 模型、广义 Maxwell 模型和广义 Kelvin 模型等黏弹性模型。修正 Burgers 模型，也称“四单元五参数”模型，该模型试图对 Burgers 模型进行修正，将 Burgers 模型中反映材料黏性特征的外部黏性元件的黏度改写为 $\eta_2=Ae^{Bt}$的形式，其中 A 和 B 表示黏度参数，该模型本质上是假设材料的蠕变方程满足如下表达形式：

$$\varepsilon(t)=\left[\frac{1}{E_1}+\frac{t}{Ae^{Bt}}+\frac{1}{E_3}(1-e^{-E_3t/\eta_3})\right]\sigma_0 \tag{2-92}$$

或者说是用式(2-92)描述恒力荷载作用下，材料随荷载作用时间的变形。

广义 Maxwell 模型是将若干个 Maxwell 模型并联起来组成的模型，该模型中有若干个弹性元件，也有若干个黏性元件，假设有 n 个 Maxwell 模型并联，如图 2-8所示。

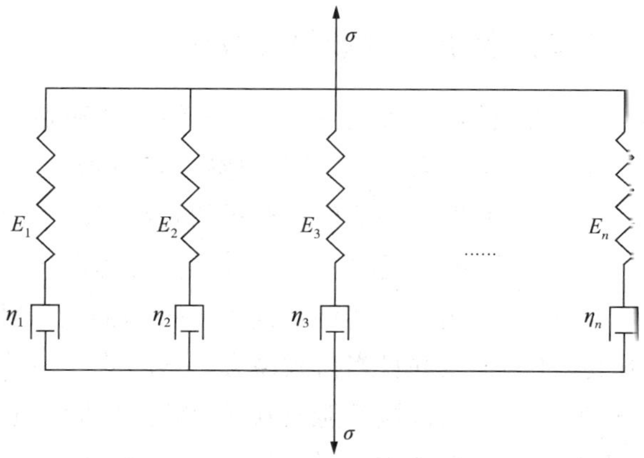

图 2-8　广义 Maxwell 模型

在并联情况下，这 n 个 Maxwell 模型的应变 ε 完全相同，同时也等于该模型的应变，该模型的应力 σ 等于这 n 个 Maxwell 模型应力 σ_i 之和，因此有：

$$\begin{cases}\sigma = \sum_{i=1}^{n} \sigma_i \\ \sigma_i + \frac{\eta_i}{E_i}\dot{\sigma}_i = \eta_i \dot{\varepsilon}, \quad i = 1, 2, 3, \cdots, n\end{cases} \tag{2-93}$$

式(2-93)表示的就是广义 Maxwell 模型应力和应变之间的关系。

广义 Kelvin 模型是将若干个 Kelvin 模型串联起来组成的模型，同样假设有 n 个 Kelvin 模型相互串联，如图 2-9 所示。

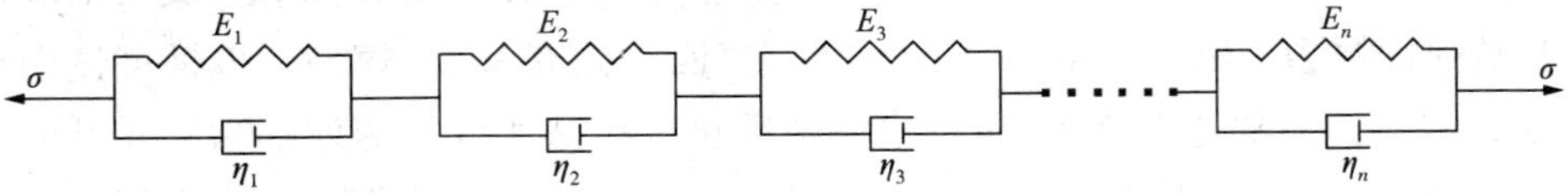

图 2-9　广义 Kelvin 模型

在串联情况下，这 n 个 Kelvin 模型的应力 σ 完全相同，同时也等于该模型的应力，该模型的应变 ε 等于这 n 个 Kelvin 模型应力 ε_i 之和，因此有：

$$\begin{cases}\varepsilon = \sum_{i=1}^{n} \varepsilon_i \\ \sigma = E_i + \eta_i \dot{\varepsilon}_i, \quad i = 1, 2, 3, \cdots, n\end{cases} \tag{2-94}$$

式(2-94)表示的就是广义 Kelvin 模型应力和应变之间的关系。

六、Burgers 模型的优点及其参数级数化

无论是怎样的黏弹性原件模型都是由若干个弹性元件和黏性元件或串联或并联构成的，对于修正模型多是对经典模型中的参数进行修改后得到的。Maxwell 模型能反映材料的瞬时弹性变形，还能反映材料的黏性流动变形，但不能反映材料的黏弹性变形，并随着加载时间的推移材料变形会持续进行，故该模型能较好地体现流体的特性，因而不能用于描述沥青混凝土材料的变形性能；Kelvin 模型不能反映材料的瞬时弹性变形，并且当荷载撤去后，随着时间的增加，材料变形将越来越小，直至恢复原状，故该模型能较好地反映弹性固体的特性，因而不能用于反映沥青混凝土材料的变形性能；三参数模型由于只能反映材料的弹性变形性和黏性变形性能，不能较好地反映沥青混凝土材料的黏弹性性质而在实际应用中受到限制；从 Burgers 模型的蠕变方程可以得知，$\frac{\sigma_0}{E_1}$反映沥青混凝土材料的瞬

时弹性变形，黏性变形$\frac{\sigma_0}{\eta_2}t$随着荷载作用时间的增加而增大，$\frac{\sigma_0}{E_3}(1-e^{-E_3t/\eta_3})$反映加载时的黏弹性变形，在卸载后，随着时间的推移而逐渐消失[当 $t\to+\infty$，黏弹性变形$\frac{\sigma_0}{E_3}(1-e^{-E_3t_m/\eta_3})e^{-E_3(t-t_m)/\eta_3}\to 0$]，卸载后将保留永久变形$\frac{t_m}{\eta_2}\sigma_0$，Burgers 模型因具有较好的描述沥青混凝土材料黏弹性的性能而被广泛使用，因此本书采用 Burgers 模型描述沥青混凝土材料的黏弹性行为。广义 Maxwell 模型和广义 Kelvin 模型虽然可以更好地描述材料的黏弹性，但其形式过于复杂，二者都需要测定多个黏弹性参数才能应用，从而限制了其应用范围。

在 ANSYS 软件中，利用 Burgers 模型进行黏弹性计算分析时，先要将 Burgers 模型中的参数 E_1、E_3、η_2、η_3 转化为 Prony 级数中剪切模量表达式中的参数，这样才能在 ANSYS 软件中进行有效计算。将一维 Burgers 模型应力应变关系式(2-74)中的参数用三维剪切模量表示时，有以下等式成立：

$$\begin{cases} p_1=\dfrac{\eta_2'G_1+\eta_2'G_3+\eta_3'G_1}{G_1G_3} \\ p_2=\dfrac{\eta_2'\eta_3'}{G_1G_3} \\ q_1=2\eta_2' \\ q_2=2\dfrac{\eta_2'\eta_3'}{G_3} \end{cases} \tag{2-95}$$

其中：

$$\begin{cases} G_1=\dfrac{E_1}{2(1+\mu_2)} \\ G_3=\dfrac{E_3}{2(1+\mu_3)} \\ \eta_2'=\dfrac{\eta_2}{2(1+\mu_2')} \\ \eta_3'=\dfrac{\eta_3}{2(1+\mu_3')} \end{cases}$$

在不考虑材料黏弹性体积变形的情况下，$\mu_3=\mu_2'=\mu_3'=0.5$，$\mu_2=\mu$ 为材料泊松比，对式(2-74)进行拉普拉斯变换，可得：

$$(1+p_1s+p_2s^2)\bar{\sigma}(s)=(q_1s+q_2s^2)\bar{\varepsilon}(s) \tag{2-96}$$

令 $\varepsilon(t)=\varepsilon_0H(t)$，则有$\bar{\varepsilon}(s)=\varepsilon_0/s$，代入式(2-96)，整理后得：

$$\bar{\sigma}(s)=\frac{q_1s+q_2s^2}{(1+p_1s+p_2s^2)s}\varepsilon_0 \tag{2-97}$$

可得松弛剪切模量为：

$$\begin{aligned}\bar{Y}(s)&=\frac{q_1s+q_2s^2}{(1+p_1s+p_2s^2)s}\\&=\frac{1}{p_2}\left\{\left[\frac{q_1}{(s+\alpha)(\beta-\alpha)}+\frac{q_1}{(s+\beta)(\alpha-\beta)}\right]+\left[\frac{q_2\alpha}{(s+\alpha)(\alpha-\beta)}+\frac{q_2\beta}{(s+\beta)(\beta-\alpha)}\right]\right\}\end{aligned} \tag{2-98}$$

其中：

$$\begin{cases}\alpha=\dfrac{p_1+\sqrt{p_1{}^2-4p_2}}{2p_2}\\[2ex]\beta=\dfrac{p_1-\sqrt{p_1{}^2-4p_2}}{2p_2}\end{cases}$$

对式(2-98)进行拉普拉斯逆变换后可得：

$$Y(t)=\frac{q_2}{p_2(\alpha-\beta)}\left[\left(\alpha-\frac{q_1}{q_2}\right)\exp(-\alpha t)+\left(\frac{q_1}{q_2}-\beta\right)\exp(-\beta t)\right] \tag{2-99}$$

将式(2-95)代入式(2-99)，可得松弛剪切模量为：

$$G(t)=0.5Y(t)=\frac{G_1}{(\alpha-\beta)}\left[\left(\alpha-\frac{G_3}{\eta_3'}\right)\exp(-\alpha t)+\left(\frac{G_3}{\eta_3'}-\beta\right)\exp(-\beta t)\right] \tag{2-100}$$

在 ANSYS 软件中，剪切模量的 Prony 级数可以表示为：

$$G(t)=G_0\left[\alpha_\infty+\sum_{i=1}^{n}\alpha_i\exp\left(-\frac{t}{\tau_i}\right)\right] \tag{2-101}$$

当 $G(t)_{t\to 0}=G_0\left(\alpha_\infty+\sum_{i=1}^{n}\alpha_i\right)$，若要使 $G(t)_{t\to 0}=G_0$，则得到式(2-101)的收敛条件为：$\alpha_\infty+\sum_{i=1}^{n}\alpha_i=1$，对于沥青混凝土而言 $\alpha_\infty=0$，比较式(2-100)和式(2-101)可知，式(2-101)中的参数 G_0、α_i、$\tau_i(i=1,2)$可分别用式(2-100)中的参数表示为：

$$\begin{cases} G_0 = G_1 \\ \alpha_1 = \left(\alpha - \dfrac{G_3}{\eta_3'}\right) / (\alpha - \beta) \\ \alpha_2 = \left(\dfrac{G_3}{\eta_3'} - \beta\right) / (\alpha - \beta) \\ \tau_1 = 1/\alpha, \ \tau_2 = 1/\beta \end{cases}$$

以上参数为数值计算时描述材料黏弹性的主要参数，沥青混凝土材料的黏弹性参数的值将在下文中通过计算给出。

第三节　铺装层层间连接理论

为了客观地描述铺装层层间接触状态，本节分析桥面铺装层结构层间滑动特征。由于沥青混凝土桥面铺装层一般为多层结构，结构受力变形不但与材料本身属性有关，也与各个层之间的黏结关系有关，所以很有必要分析沥青混凝土桥面铺装层层间的相互接触关系。在铺装层受力计算中，考虑到数学和力学计算上的可行性与分析难度，为了方便，通常将层间假设为完全连续，这种假设认为各层之间的连接处(层间节点上)变形完全一致，在有限元计算中表现为相邻两层接触面处共用同一节点，这样的话，相邻两层在该节点处的位移和应力将完全相同；也有学者计算时将相邻两层假设成完全光滑(与层间假设为完全连续形成两个极端情况)，当层间假设为完全光滑时，在有限元计算中表现为相邻两层接触面处的节点无剪应力作用，节点的垂直方向(重力方向)位移和拉压应力连续传递；还有文献计算时将相邻两层假设成“半连续半光滑”状态，这种假设认为相邻两层永不分离，永远黏结在一起，在有限元中计算中表现为，相邻接触面的节点垂直方向位移和应力能够连续传递，相邻两层接触面的剪应力致使两层之间产生相对水平位移，该位移的计算方式为：

层间相对水平位移=AK×作用在层间的剪应力

上式中，AK 表示剪切弹性柔量，体现单位剪应力作用下的相对水平位移，AK 在有限元计算中是通过滑动系数 α(并非经典的滑动摩擦系数)得到的，二者之间的关系如下：

$$\alpha = \frac{AK}{AK + \dfrac{1+\nu}{E} r} \tag{2-102}$$

式(2-102)中，E 为相邻层中上层的弹性模量，ν 为该层的泊松比，r 为荷载半径，滑动系数 α 的取值满足 $0 \leqslant \alpha < 1$，当 $\alpha = 0$ 时，$AK = 0$，层间处于完全连续状态；当 α 接近 1 时(通常取 0.99)，AK 无穷大，层间处于完全光滑状态，当 α 取 0 和 1 之间的值时，AK 也处于中间某个值，认为层间处于“半连续半光滑”状态。

上述三种假设，均认为相邻两层接触面处不会分离，计算时节点的竖向位移和拉压应力传递是连续的。然而，这些假设不能用于描述桥面铺装层层间推移、壅包和层间分离等病害特征，众多学者和研究人员普遍认为铺装层层间黏结状态是处于完全连续和完全光滑之间的一种连接状态，不同的学者采用不同的理论和方法描述这种连接状态，已有研究认为，铺装层层间的黏聚力和层与层之间的摩擦系数对层间这种连接状态会产生明显影响，从而影响层间剪切强度，因此将层间黏聚力和层间摩擦系数作为描述层间黏结关系的特征参数。

本书在模拟沥青混凝土铺装层的层间连接关系时，除了假设铺装层层间处于完全连续和完全光滑之间外，还假设层间在外荷载作用下会出现分离现象(层间黏结失效)，进而产生滑移。为了更好地模拟铺装层层间处于完全连续和完全光滑之间这种层间接触方式，层间接触面之间的连接将通过接触面和目标面来实现，这样就将铺装层层间连接方式问题转变为层间接触问题。然而，接触问题属于高度非线性问题，接触面和目标面之间可以接触也可以分开，与接触面上的剪力有关，同时多数接触问题都要考虑摩擦问题，这样才能有效描述层间的接触状况，但其相应计算变得相当复杂。接触方式有点-点接触、点-面接触和面-面接触，每种接触方式采用不同的接触单元集，本书采用的是面-面接触方式。在研究面-面接触时，一个物体的表面被视为接触面，另一个物体表面被视为目标面，接触面和目标面构成一个接触对，接触面由接触单元来实现，目标面由目标单元来实现，将接触单元和目标单元的实常数设为同一数值时，从而可以实现接触对。

本书构建的铺装层层间接触黏结模型如图 2-10 所示，铺装层结构从上至下依次为：沥青混凝土上层、沥青混凝土下层、防水层以及整平层。沥青混凝土上层底面和沥青混凝土下层顶面分别覆盖接触单元和目标单元，构成层间接触黏结关系对 1；沥青混凝土下层底面和防水层顶面分别覆盖接触单元和目标单元，构成层间接触黏结关系对 2；防水层底面和整平层顶面分别覆盖目标单元和接触单元，构成层间接触黏结关系对 3；整平层底面和箱梁桥顶面之间层间完全连续。

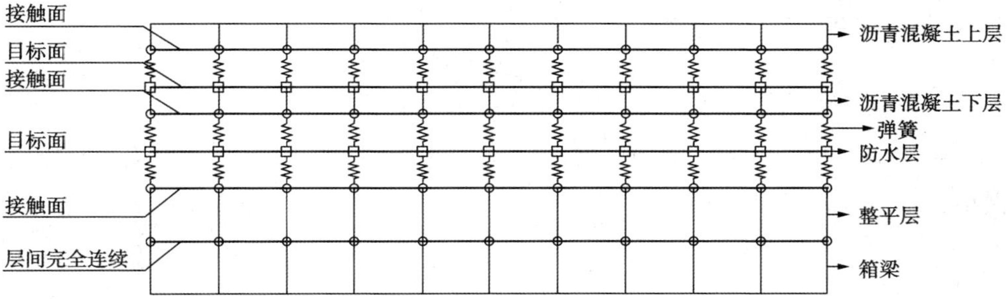

图 2-10　层间接触黏结模型图示

接触对之间的黏结状态遵循库伦摩擦模型，在该摩擦模型中，两个接触面在开始滑动之前，其界面上可以承受某一大小的剪应力，这种状态称为黏合状态（Sticking）；同时，定义一个极限剪应力 $\tau_{\lim}$，当界面上的等效剪应力 τ 达到 $\tau_{\lim}$ 时，界面开始滑动，这种状态称为滑动状态（Sliding）。库伦摩擦模型的层间极限剪应力满足：

$$\tau_{\lim}=\mu P+b \tag{2-103}$$

$$|\tau|\leqslant\tau_{\lim} \tag{2-104}$$

式中，P 为法向接触压力；b 为接触黏结应力；μ 为摩擦系数。式（2-103）中，当法向接触压力 P 或者摩擦系数 μ 等于零时，接触黏结应力 b 仍旧存在，上下层结构间仍旧相互连接在一起，当接触黏结应力 b 等于零时，层间无黏结作用，层间出现脱空，将依靠摩擦传递剪应力。当式（2-104）成立时，层间无滑移，当式（2-104）不成立时，层间将出现相对滑移。

当然，两个相互接触物体除了要保证各自内部的变形协调关系外，还必须保证它们在接触面上的变形协调，接触算法用来解决接触面上的接触协调——几何和力学关系协调。

对于面面接触单元，接触算法可采用罚函数法，即采用一个接触“弹簧”在两个面之间建立关系，将该“弹簧”的刚度称为接触刚度，记为 K，当面与面相互分离时，接触“弹簧”不起作用，而当面与面之间存在相互侵入时接触“弹簧”才起作用。在力 F 的作用下，接触“弹簧”的压缩量记为 Δ（侵入数值），并且满足平衡方程 $F=K\Delta$。在数学上，只有有限的侵入量 Δ 才能产生接触力，维持平衡，但在物理上，接触体之间是不能相互侵入的，因此侵入量 Δ 应该非常小，同时要求接触刚度 K 应该充分大，但也不能太大，否则会引起收敛困难。

设接触面应力矢量为 $[P\quad\tau_x\quad\tau_z]^{\mathrm{T}}$，其中 P 为法向接触压力，τ_x 为 x 向接触

剪应力，τ_z 为 z 向接触剪应力，接触压力 P 表示为：

$$P=\begin{cases}0, & u_n>0 \\ K_n u_n, & u_n\leqslant 0\end{cases} \tag{2-105}$$

式(2-105)中，K_n 表示法向的接触刚度；u_n 表示接触间隙大小。根据库伦摩擦模型，摩擦应力 τ 如下定义：

$$\tau_x=\begin{cases}K_s u_x, & \tau=\sqrt{\tau_x^2+\tau_z^2}-\mu P<0 \\ \mu K_n u_n, & \tau=\sqrt{\tau_x^2+\tau_z^2}-\mu P\geqslant 0\end{cases} \tag{2-106}$$

$$\tau_z=\begin{cases}K_s u_z, & \tau=\sqrt{\tau_x^2+\tau_z^2}-\mu P<0 \\ \mu K_n u_n, & \tau=\sqrt{\tau_x^2+\tau_z^2}-\mu P\geqslant 0\end{cases} \tag{2-107}$$

式(2-106)和式(2-107)中，K_s 表示切向的接触刚度；u_x 和 u_z 表示接触间隙大小。

扩展拉格朗日算法是对罚函数法的改善，并且满足接触协调，该方法在计算开始时采用罚函数法，即基于罚函数法的接触刚度达到接触协调，一旦达到平衡条件就检查侵入容差 ε，若发现侵入大于侵入容差，就修正接触刚度，并继续迭代，直到满足侵入容差为止，因此，扩展拉格朗日算法就是对罚函数的接触刚度进行一系列迭代修正。该算法中接触压力定义如下：

$$P=\begin{cases}0, & u_n>0 \\ (K_n+\alpha)u_n, & u_n\leqslant 0\end{cases} \tag{2-108}$$

$$\alpha=\begin{cases}K_n u_n \lambda_i, & |u_n|>\varepsilon \\ 0, & |u_n|<\varepsilon\end{cases} \tag{2-109}$$

式(2-019)中，λ_i 表示第 i 个迭代步时拉格朗日乘子构成的分量，该分量以每个迭代单元计算，该算法中的摩擦应力仍旧用式(2-106)和式(2-107)计算。

第四节　结构动力学理论

车辆荷载是车轮移动着通过沥青混凝土铺装层的上表层的，因而需要分析动力荷载作用下沥青混凝土铺装层的应力变化规律。结构在受到随时间变化的荷载作用时都将产生振动，假设在某一时刻，空间某结构体上任意一点的位移为 f，该点的速度为 $\dot{f}$，其加速度为 $\ddot{f}$，则易知 f、$\dot{f}$、$\ddot{f}$ 都是以空间坐标和时间为自变量的函数。将该结构离散为有限个连续单元的结合体，选取该点所在的单元，作用在该单元上无限小体积上的惯性力可以表示为$\rho\ddot{f}\mathrm{d}V$，由虚功原理可知，作用在整个单元或结构上的弹性力、阻尼力、惯性力和外加动荷载之间相平衡。对于无限小虚位移δf，对应的应变能增量为δU，其等于惯性力、阻尼力和外加动荷载的虚功之和，即有：

$$\delta U=\delta W_{\mathrm{m}}+\delta W_{\mathrm{C}}+\delta W_{\mathrm{R}} \tag{2-110}$$

式(2-110)中，δW_{m}表示惯性力的虚功；δW_{C}表示阻尼力的虚功；δW_{R}表示外加动荷载的虚功。对于线弹性范围内的三维空间微小振动，采用静力有限元方法推导可以得到：

$$\left.\begin{aligned}\delta U^{e} &= \frac{1}{2}d^{\mathrm{T}}K^{e}d\\ K^{e} &= \iiint_{V}B^{T}DB\mathrm{d}V\\ \sigma = D\varepsilon,&\quad \varepsilon = Bd,\quad f = Nd\end{aligned}\right\} \tag{2-111}$$

式(2-111)中，δU^{e}表示单元的应变能增量；d表示单元节点的位移列向量；N表示位移形状函数；B表示几何矩阵，又称应变位移映射阵。式(2-111)中的D表示材料的弹性矩阵。

当采用和单元刚度矩阵一致的位移模式时，单元内任意无限小体积$\mathrm{d}V$上的惯性力可以表示为：

$$-\rho\ddot{f}\mathrm{d}V=-\rho N\ddot{d}\mathrm{d}V$$

从而可得惯性力的虚功为：

$$\delta W_{m}^{e}=-\iiint_{V}\delta f^{\mathrm{T}}\rho\ddot{f}\mathrm{d}V=-\iiint_{V}\delta d^{\mathrm{T}}\rho N^{\mathrm{T}}N\ddot{d}\mathrm{d}V=-\delta d^{\mathrm{T}}m\ddot{d} \tag{2-112}$$

在式(2-112)中，记$m=\iiint_{V}\rho N^{\mathrm{T}}N\mathrm{d}V$，称其为单元的一致质量矩阵，这是因为在建立单元刚度矩阵和质量矩阵时所用的位移函数是一致的。

结构在受强迫振动时，必须考虑阻尼对结构的影响，结构的阻尼力与结构的运动同时发生，与结构质点运动的方向相反。结构阻尼的一部分与结构运动的速度呈线性比例，即：

$$F_{1}=-\mu_{1}\dot{f}$$

阻尼力的另一部分与结构的应变速度呈线性比例，即

$$F_{2}=-\mu_{2}\dot{\varepsilon}$$

通常这两种阻尼力可以用 $F_\mu = -\mu \dot{f}$ 来近似表示，μ_1、μ_2、μ 都表示阻尼系数。实验表明，对许多材料而言，阻尼力与运动速度和应变速度的关系可以用 μ 的不同组合来表示。单元阻尼力的虚功表示为：

$$\delta W_C^e = -\iiint_V \delta f^T \mu \dot{f} \mathrm{d}V = -\delta d^T C^e \dot{d} \tag{2-113}$$

式(2-113)中，记 $C^e = \iiint_V \mu N^T N \mathrm{d}V$，称为单元的阻尼矩阵。实际中，结构的阻尼矩阵 C^e 是确定不了的，式(2-113)中的 C^e 只是一种形式而已。由于阻尼的影响常常比惯性与刚度的影响小，工程中常会采用下式来计算阻尼矩阵：

$$C^e = \alpha m + \beta K^e \tag{2-114}$$

式(2-114)表示的阻尼称为瑞利阻尼。其中，m 表示单元的质量矩阵；K^e 表示单元的刚度矩阵；α、β 表示比例常数，可以用下式确定：

$$\left.\begin{aligned}\alpha &= \frac{2(\xi_i\omega_j - \xi_j\omega_i)}{\omega_j^2 - \omega_i^2}\omega_i\omega_j \\ \beta &= \frac{2(\xi_j\omega_j - \xi_i\omega_i)}{\omega_j^2 - \omega_i^2}\end{aligned}\right\} \tag{2-115}$$

式(2-115)中，ω_i、ω_j 表示第 i 和第 j 个固有频率；ξ_i、ξ_j 表示第 i 和第 j 个振型的阻尼比。

假设在单元上作用有表面力 $p(x, y, z, t)$ 和体积力 $F(x, y, z, t)$，在单元节点上作用有集中力 $R_0^e(t)$，则单元上外加动荷载的虚功为：

$$\delta W_R^e = \iint_S \delta f^T p \mathrm{d}S + \iiint_V \delta f^T F \mathrm{d}V + \delta d^T R_0^e = \delta d^T R^e \tag{2-116}$$

式(2-116)中，记 $R^e = \iint_S N^T p \mathrm{d}S + \iiint_V N^T F \mathrm{d}V + R_0^e$。

假设结构被离散为 n 个单元，则整体结构的总虚应变能可以用下式表示为：

$$\left.\begin{aligned}\delta U &= \sum_{i=1}^{n} (\delta U^e)_i = \delta D^T K D \\ K &= \sum_{i=1}^{n} (K^e)\end{aligned}\right\} \tag{2-117}$$

式(2-117)中的 D 表示整体结构的节点位移列向量，K 表示整体结构的刚度矩阵，由单元刚度矩阵“对号入座”叠加而成。类似地，有：

$$\left.\begin{aligned} \delta W_{\mathrm{m}} &= \sum_{i=1}^{n} (\delta W_{\mathrm{m}}^{\mathrm{e}})_i = \delta D^{\mathrm{T}} M \ddot{D} \\ M &= \sum_{i=1}^{n} (m)_i \end{aligned}\right\} \tag{2-118}$$

$$\left.\begin{aligned} \delta W_{\mathrm{C}} &= \sum_{i=1}^{n} (\delta W_{\mathrm{C}}^{\mathrm{e}})_i = \delta D^{\mathrm{T}} C \dot{D} \\ C &= \sum_{i=1}^{n} (C^{\mathrm{e}})_i \end{aligned}\right\} \tag{2-119}$$

$$\left.\begin{aligned} \delta W_{\mathrm{R}} &= \sum_{i=1}^{n} (\delta W_{\mathrm{R}}^{\mathrm{e}})_i = \delta D^{\mathrm{T}} R \\ R &= \sum_{i=1}^{n} (R^{\mathrm{e}})_i \end{aligned}\right\} \tag{2-120}$$

式(2-118)~式(2-120)中，M 表示整体结构的质量矩阵；C 表示整体结构的阻尼矩阵；R 表示整体结构的荷载列向量。

将式(2-117)~式(2-120)代入式(2-110)，整理后可得：

$$\delta D^{\mathrm{T}} K D = \delta D^{\mathrm{T}} R - \delta D^{\mathrm{T}} C \dot{D} - \delta D^{\mathrm{T}} M \ddot{D} \tag{2-121}$$

因为式(2-121)中 δD^{T} 为虚位移，所以有：

$$M\ddot{D} + C\dot{D} + KD = R \tag{2-122}$$

式(2-122)就是对结构进行离散后，用有限元方法得到的用节点位移表示整体结构的动力方程式。

在没有外荷载作用，也不考虑系统阻尼影响时，式(2-122)转变为式(2-123)：

$$M\ddot{D} + KD = 0 \tag{2-123}$$

若假设结构做简谐振动时，则有：

$$\left.\begin{aligned} D(t) &= V\sin(\omega t + \varphi) \\ \ddot{D}(t) &= -\omega^2 V\sin(\omega t + \varphi) \end{aligned}\right\} \tag{2-124}$$

式(2-124)中，ω 表示圆频率；φ 表示初相位；V 表示与时间无关的位移矢量，或称振型。将式(2-124)代入式(2-123)整理后得：

$$(K - \omega^2 M)V = 0 \tag{2-125}$$

或者改写为：

$$KV=\lambda MV \tag{2-126}$$

式(2-126)中，记 $\lambda=\omega^2$，所反映的就是结构动力问题的广义特征值问题，关键在于求解满足式(2-126)的特征值 λ 以及和其对应的特征向量 V 的值，求得特征值 λ 后就可以得到频率 ω，特征值 λ 和对应的特征向量 V 只与结构的刚度矩阵 K 和质量矩阵 M 有关，故它们是结构的固有值。

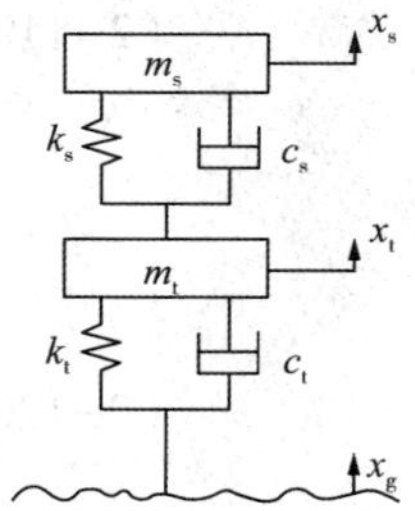

图 2-11　四分之一车辆模型

在多种车辆结构动力学分析模型中，四分之一车辆模型作为典型的计算模型，不但简单常用，而且能够较为真实地模拟车辆动载及车辆悬架系统。四分之一车辆模型的结构图如图 2-11 所示：

图 2-11 中，m_s 表示悬架质量，kg；m_t 表示车胎质量，kg；k_s 表示悬架刚度系数，N/m；k_t 表示轮胎刚度系数，N/m；c_s 表示悬架阻尼系数，N·s/m；c_t 表示车胎阻尼系数，N·s/m；x_s 表示悬架在竖向的振动位移；x_t 表示轮胎在竖向的振动位移，x_g 表示桥面铺装层的不平整度激励位移。

四分之一车辆模型的动力微分方程表示如下：

$$\begin{cases} m_s\ddot{x}_s=-k_s(x_s-x_t)-c_s(\dot{x}_s-\dot{x}_t) \\ m_t\ddot{x}_t=k_s(x_s-x_t)+c_s(\dot{x}_s-\dot{x}_t)-k_t(x_t-x_g)-c_t(\dot{x}_s-\dot{x}_g) \end{cases} \tag{2-127}$$

其中，$\ddot{x}=\frac{d^2x}{dt^2}$，$\dot{x}=\frac{dx}{dt}$。作用在沥青混凝土桥面铺装层面层上的荷载 F 可以表示为：

$$F=F_d+G \tag{2-128}$$

式(2-128)中，F_d 表示作用在沥青混凝土桥面铺装层面层上的轮胎附加动荷载；G 表示作用在沥青混凝土桥面铺装层面层上的静力荷载。F_d 和 G 可以分别表示为：

$$F_d=k_t(x_t-x_g)+c_t(\dot{x}_s-\dot{x}_g) \tag{2-129}$$

$$G=(m_s+m_t)g \tag{2-130}$$

式(2-130)中，g 表示重力加速度。在标准轴载作用下，四分之一车辆模型的参数取值如表 2-1 所示。

表 2-1 四分之一车辆模型参数

参 数	m_s/kg	m_t/kg	k_s/(N/m)	k_t/(N/m)	c_s/(N·s/m)	c_t/(N·s/m)
值	4450	550	1×10^6	1.5×10^4	1.75×10^6	2×10^3

若已知桥面铺装层的不平整度激励位移 x_g，则可依次通过式(2-127)、式(2-129)、式(2-130)和式(2-128)计算出作用在沥青混凝土桥面铺装层面层上的动力荷载 F。

综上，沥青混凝土材料属于黏弹性材料，其应力和变形都受温度影响，在车轮运动荷载的作用下，沥青混凝土桥面铺装层将产生多种形式的病害，为此，本章首先阐述了采用加权余量法在有限元软件中求解稳态温度场的方法，其次讨论了常见的微分型黏弹性元件模型，着重分析了 Burgers 模型描述沥青混凝土黏弹性的优点及其模型参数的级数化方法，其次探讨了铺装层层间连接理论，提出了铺装层层间接触黏结模型，并对铺装层层间滑动产生的条件以及层间应力的传递进行了说明，最后阐述了运用虚位移法求解结构在动力荷载作用下受力变形规律的方法，以及通过四分之一车辆模型计算桥面铺装层面层所受动力荷载的方法。

第三章 沥青混凝土铺装层的计算模型及参数

随着社会的进步和发展，我国道路桥梁工程结构形式呈多样性，各种桥型丰富多彩，各种桥梁中箱型梁桥以其诸多的优点，在实际工程中得到广泛的应用。本章将以箱型梁桥上铺筑的沥青混凝土铺装层为研究对象，通过简化假设建立桥梁上部结构及其铺装层的空间有限元实体模型，确定模型的温度场边界条件，计算和确定沥青混凝土铺装层的温度场及其黏弹性参数，并与已有文献和资料进行对比分析，最后分析材料属性和层间黏结条件对沥青混凝土铺装层应力和变形的影响，为后续地研究沥青混凝土铺装层在静动力荷载作用下的力学响应规律做铺垫。为简化描述，文中将沥青混凝土铺装上面层简称为沥青混凝土上层或沥青上层，沥青混凝土铺装下面层简称为沥青混凝土下层或沥青下层。

第一节 基本假设

沥青混凝土材料是人工级配碎石矿料和沥青经过严格控制而成的混合料，为了建立沥青混凝土铺装层的力学模型，抓住实际工程问题的主要矛盾，忽略其细枝末节，便于应用现有数学和力学方法进行计算分析，特作如下假设：

1. 材料假设

考虑沥青混凝土的黏弹性特征时，沥青混凝土是连续的、均匀的、各向同性的黏弹性材料，其黏弹性属性与温度有关，随温度的变化而变化。考虑沥青混凝土材料的弹性特征时，沥青混凝土是连续的、均匀的、各向同性的线弹性材料。防水层和水泥混凝土均是连续的、均匀的、各向同性的线弹性材料，计算时忽略温度对防水层、整平层和箱梁体材料属性的影响。

2. 结构模型

采用有限元软件进行实体建模，选用箱梁断面结构为代表，建立单跨简支箱型梁桥及其上桥面铺装层结构的空间模型，箱梁体结构为等截面斜撑单箱单室箱型梁，桥面铺装层结构由沥青混凝土铺装上面层、沥青混凝土铺装下面层、防水层和水泥混凝土整平层共四层构成，结构模型横断面如图 3-1 所示，防水层位于沥青混凝土下层和水泥混凝土整平层之间。

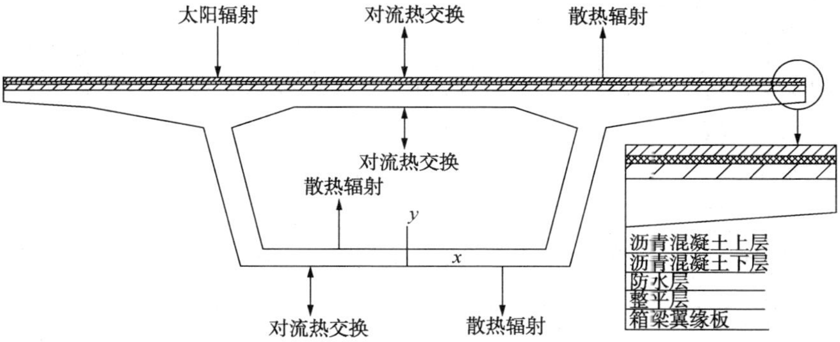

图 3-1　箱梁桥横截面图及其表面热传递方式

3. 温度场边界条件

对箱梁和桥面铺装层进行空间温度场模拟计算，分析夏天特定温度情况下箱梁和桥面铺装层的温度场。假设太阳光线以平行光的形式照射沥青混凝土铺装层表面，铺装层层间温度的传递是连续变化的，桥面铺装层的沥青混凝土面层上存在太阳辐射、大气与沥青混凝土面层的对流热交换和有效散热辐射；由于翼缘板较长，假设箱梁体外表面不受太阳照射，箱梁体外表面与大气接触面上存在大气与混凝土面层的对流热交换和有效散热辐射；箱梁体内表面与大气接触面上存在大气与混凝土面层的对流热交换和有效散热辐射，各边界面上热传递方式如图 3-1 所示，尚未给出的其他边界不考虑热传递。

4. 铺装层层间连接方式

铺装层层间采用层间接触黏结模型，即沥青混凝土上层和下层之间采用层间接触方式，构成面面接触对 1，沥青混凝土下层和防水层之间采用层间接触方式，构成面面接触对 2，防水层和水泥混凝土整平层之间采用层间接触方式，构成面面接触对 3，水泥混凝土整平层和桥面板之间采用完全连续方式，如图 2-10 所示，铺装层层间为面面接触方式，且层间剪应力遵循库伦摩擦规律。

5. 荷载加载形式

对桥面铺装层结构进行静动力荷载响应分析时，车辆荷载采用汽车-超 20 级重车后轴重力与水平制动力相组合的方式，后轴单轴重力为 140kN，车辆荷载的主要技术指标见表 3-1，汽车-超 20 级重车立面和平面图如图 3-2 所示，紧急制动，制动系数取 0.5，水平制动力 F 和重力 G 之间的关系为 $F=0.5G$。依据《公路桥涵设计通用规范》(JTGD 60—2004)规定，荷载作用区域为长方形，后轮着地宽度 0.6m，着地长度为 0.2m，车辆轮载以均布荷载的形式施加于到沥青混凝土桥面铺装层的面层上。

表 3-1　车辆荷载主要技术指标

项　　目	技术指标	项　　目	技术指标
车辆重力标准/kN	550	轮距/m	1.8
前轴重力标准/kN	30	前轮着地宽度及长度/m	0.3×0.2
中轴重力标准/kN	2×120	中轮着地宽度及长度/m	0.6×0.2
后轴重力标准/kN	2×140	后轮着地宽度及长度/m	0.6×0.2
轴距/m	3+1.4+7+1.4	车辆外形尺寸(长×宽)/m	15×2.5

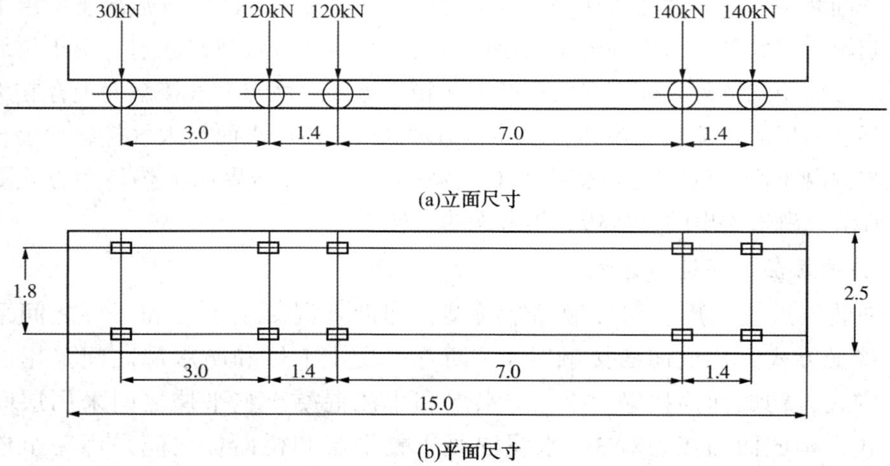

图 3-2　车辆荷载立面、平面尺寸(单位：m)

第二节　有限元计算模型

1. 有限元计算模型、荷载位置和应力

选取常用的30m长混凝土箱型简支梁桥作为研究对象，利用ANSYS软件进行三维实体建模，箱型梁体、混凝土整平层和沥青混凝土上下层均采用空间8节点实体单元进行模拟，防水层采用壳单元进行模拟，层间接触通过在相邻层之间定义接触单元和目标单元来实现，接触单元和目标单元均选用面单元来实现。混凝土箱梁顶板宽13.4m，底板宽5.5m，箱梁高为2.85m，箱梁其他尺寸如图3-3所示，水泥混凝土整平层厚度为0.08m，防水层厚度为0.002m，沥青混凝土上层预设为0.05m，沥青混凝土下层厚度预设为0.06m，在后续分析中沥青混凝土层和下层的厚度根据需要进行相应调整。有限元实体建模时，x轴方向为横桥向，z轴方向为顺桥向（车辆行驶方向），y轴方向为竖向，划分网格后的有限元模型如图3-4所示，计算时桥梁结构边界条件采用简支边界条件。荷载位置纵向按照使跨中产生最大弯矩布置，横向按照偏载布置，荷载作用位置如图3-3所示。沥青混凝土铺装层横向（x方向）最大拉应力记为σ_{xmax}，铺装层横向裂缝控制指标，铺装层纵向（z方向）最大拉应力记为σ_{zmax}，铺装层纵向裂缝控制指标，铺装层横向最大剪应力记为τ_{xymax}和铺装层纵向最大剪应力记为τ_{yzmax}，铺装层剪切破坏控制指标，以及沥青混凝土上层和下层竖向（y方向）最大位移记为U_{ymax}。

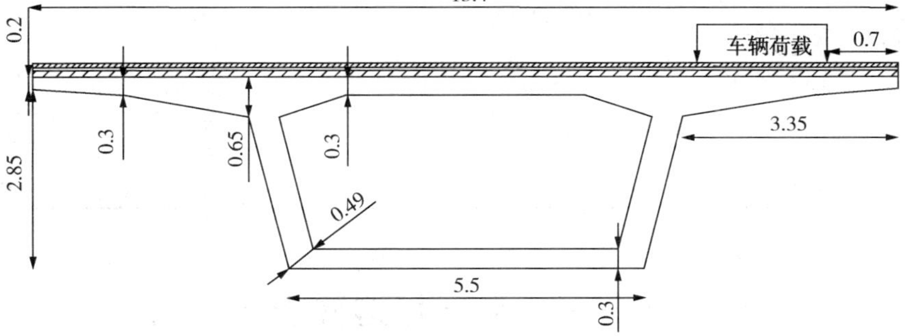

图3-3　箱梁桥横截面尺寸（单位：m）

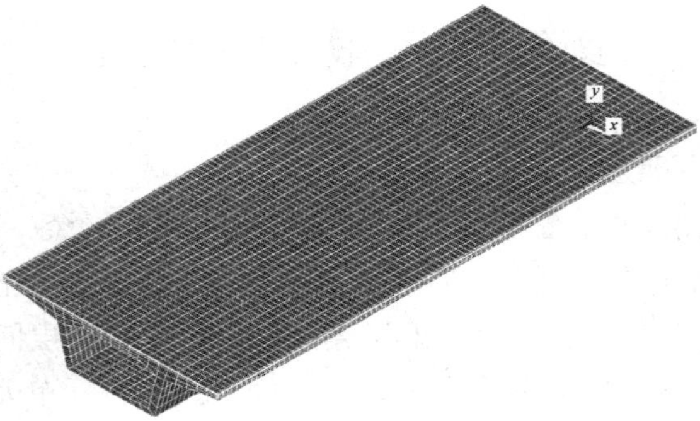

图 3-4　箱梁桥有限元模型

2. 材料参数

计算取某地区 8 月 15 日 14 点的气象数据为参考，其相应的大气平均温度为 39℃，桥面沥青混凝土铺装层表面平均温度为 59℃，平均风速为 4m/s，沥青混凝土上层的导热系数为 2.4W/(m·℃)，沥青混凝土下层导热系数为 2.2W/(m·℃)，防水层导热系数为 1.0W/(m·℃)，整平层导热系数为 1.28W/(m·℃)，箱梁导热系数为 1.74W/(m·℃)，其他材料参数见表 3-2。

表 3-2　材料参数

结构层	弹性模量/MPa	泊松比	厚度/m	密度/(kg/m^3)
铺装层上面层 AC-16（沥青混凝土上层）	1400/黏弹性参数	0.25	0.05	2300
铺装层下面层 AC-20（沥青混凝土下层）	1200/黏弹性参数	0.25	0.06	2400
防水层	300	0.3	0.002	—
整平层	30000	0.15	0.08	2450
箱梁	36000	0.15	—	2500

第三节　温度场边界条件

沥青混凝土的黏弹性与环境温度有关，其材料属性随温度变化而变化，桥梁的沥青混凝土铺装层位于梁体结构之上，其温度与桥梁所处地理环境有关。本节计算沥青混凝土桥面铺装层的温度边界条件，为计算沥青混凝土材料在特定温度下的黏弹性参数奠基。

太阳辐射是使沥青混凝土桥面铺装层温度升高的主要原因，记太阳辐射密度为 q_s，根据相关文献，太阳辐射密度 $q_s(t)$ 用以下近似函数表示：

$$q_s(t)=\begin{cases}0,\ 0<t\leqslant 12-\dfrac{c}{2}\\ q_0\cos[m\omega(t-12)],\ 12-\dfrac{c}{2}\leqslant t\leqslant 12+\dfrac{c}{2}\\ 0,\ 12+\dfrac{c}{2}\leqslant t\leqslant 24\end{cases} \tag{3-1}$$

$$q_0=0.131mQ \tag{3-2}$$

式(3-1)中，t 表示时间，全天采用 24h 制，当 $t=12$ 时，表示中午 12 点整，c 表示全天有效日照时间数，本书中有效日照时间从早上 6 点开始计时到下午 18 点计时结束，共记 12h，参数 $m=12/c$，当 c 取值为 12 时，参数 m 的取值为 1，ω 表示角频率，rad，$\omega=2\pi/24$，式(3-2)中，Q 表示每天的太阳辐射强度总量，当地水平面日太阳辐射强度总量为 7487W/m^2。沥青混凝土对太阳辐射强度的吸收率 ε_s 取 0.9，将 $t=14$ 代入式(3-1)就可以得到当日 14 时的太阳辐射密度 q_s。由于沥青混凝土桥面铺装表面层与大气之间存在温差，将产生对流换热，假设对流换热满足牛顿冷却定律，对流换热密度 q_c 可以表示为：

$$q_c=\alpha_c(T_a-T_s) \tag{3-3}$$

式(3-3)中，α_c 表示对流换热系数，W/(m^2 · ℃)；T_a 表示大气温度；T_s 表示沥青混凝土铺装层表面温度，对流换热系数 α_c 不但与温差有关，而且还与风速有关，同时还与材料属性有关(例如：导热系数、比热容、密度、黏性等)，计算分析时可以近似表示为：

$$\alpha_c=2.6\left(\sqrt[4]{\Delta T}+1.54v\right) \tag{3-4}$$

式(3-4)中，ΔT 表示大气与沥青混凝土桥面铺装层面层之间的温差；v 表示掠过铺装层面层的平均风速。沥青混凝土铺装层表面对大气有散热辐射作用，大气对沥青混凝土铺装层表面也有散热辐射作用，记沥青混凝土铺装层表面的散热辐射为 q_r，可以表示为：

$$q_r=f_sC_0(T_{ak}^4-T_{sk}^4) \tag{3-5}$$

$$f_s=\frac{\varepsilon_1\varepsilon_2}{1-(1-\varepsilon_1)(1-\varepsilon_2)} \tag{3-6}$$

式(3-6)中，ε_1 表示发射率，若为沥青混凝土则取 0.93，若为水泥混凝土则取 0.88，ε_2 表示大气的发射率，计算时其值取 0.82，C_0 表示 Stefen-Boltzmann 常数，取值为 $5.67\times10^{-8}\mathrm{W/(m^2\cdot K^4)}$，$T_{sk}$表示沥青混凝土铺装层表面绝对温度，K，$T_{sk}=T_s+273$，$T_{ak}$表示大气绝对温度，K，$T_{ak}=T_a+273$。通过以上分析，可知进入沥青混凝土铺装层表面的总热流密度 q 可以表示为：

$$q=\varepsilon_s q_s+q_c+q_r \tag{3-7}$$

将式(3-1)、式(3-3)~式(3-5)代入式(3-7)，整理后可得：

$$q=\varepsilon_s q_s+2.6(\sqrt[4]{\Delta T}+1.54v)(T_a-T_s)+f_s C_0(T_{ak}^4-T_{sk}^4) \tag{3-8}$$

在计算箱梁体外表面的对流热交换时，对流换热系数可用式(3-4)的方式进行计算，即有：

$$\alpha_c'=2.6(\sqrt[4]{\Delta T}+1.54v) \tag{3-9}$$

式(3-9)中，α_c'表示箱梁体外表面与大气之间的对流换热系数，此时 ΔT 表示箱梁体外表面与大气之间的温差，v 表示平均风速。箱梁体外表面与大气之间的散热辐射可以通过式(3-5)计算，即有：

$$q_r'=f_s' C_0(T_{ak}^4-T_{sk}^4) \tag{3-10}$$

$$f_s'=\frac{\varepsilon_1\varepsilon_2}{1-(1-\varepsilon_1)(1-\varepsilon_2)} \tag{3-11}$$

式(3-10)和式(3-11)中，q_r'表示箱梁体外表面与大气的散射辐射热流密度；ε_1 表示水泥混凝土的发射率；ε_2 表示大气的发射率；T_{ak}表示大气的绝对温度；T_{sk}表示水泥混凝土表面的绝对温度。为便于在有限元模型边界上同时施加对流热交换和散热辐射，将施加在箱梁体外表面上的对流热交换和散热辐射统一为对流热交换方式，则将散热辐射转变为对流换热时有：

$$q_r'=\alpha_r'(T_a-T_s) \tag{3-12}$$

α_r'表示将散热辐射密度转变为对流热交换时的对流换热系数，则由式(3-12)可得：

$$\alpha_r'=q_r'/(T_a-T_s) \tag{3-13}$$

通过上述分析，可知作用在箱梁体外表面上的对流换热系数 h'可以表示为：

$$h'=\alpha_c'+\alpha_r' \tag{3-14}$$

将式(3-9)、式(3-10)和式(3-13)代入式(3-14)，整理后得：

$$\begin{aligned} h'&=2.6(\sqrt[4]{\Delta T}+1.54v)+q_r'/(T_a-T_s)\\ &=2.6(\sqrt[4]{\Delta T}+1.54v)+f_s' C_0(T_{ak}^4-T_{sk}^4)/(T_a-T_s) \end{aligned} \tag{3-15}$$

在温度场计算时，对于箱梁体内表面，对流换热系数仍旧按照式(3-4)的形式进行计算，因箱梁体内平均风速不同于箱梁体外平均风速，计算时假设箱梁体内部平均风速为箱梁体外部平均风速的十分之一，箱梁体内部混凝土表面与大气的有效散热辐射按照式(3-5)的形式进行计算，箱梁体内表面热传递的计算方式类似于箱梁体外表面热传递的计算方式。

第四节　铺装层结构温度场

根据前述温度场计算方法和分析假设，建立有限元实体模型，依据结构参数和材料参数，结合本章第三节所给出的模型边界条件，经计算后可得铺装层结构的稳态温度场如图 3-5 所示。从图 3-5 中可以看出，沥青混凝土上层表面到箱梁顶板之间温度连续过渡，沥青混凝土铺装层上层温度最高，沥青混凝土上层表面温度为 59℃，整个表面分布均匀；水泥混凝土箱梁桥左右两侧腹板大部分地方和底板温度约为 36. 1℃，腹板与顶板连接处部分温度约为 38. 6℃。

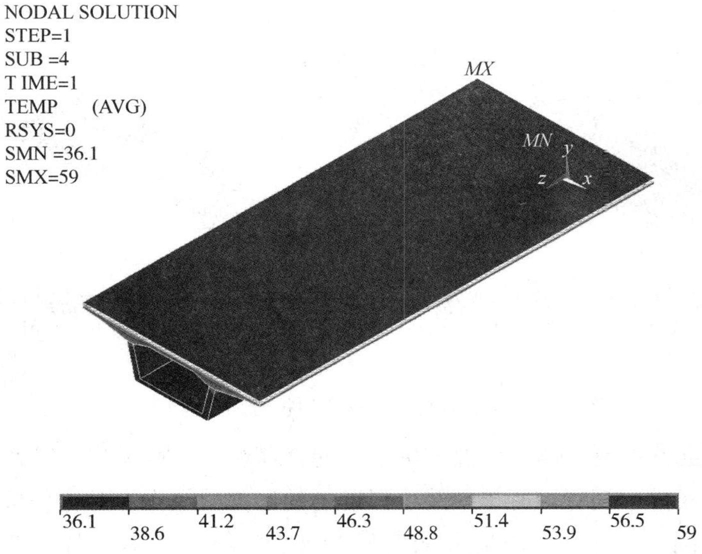

图 3-5　箱梁桥稳态温度场

为了更清楚地讨论箱梁顶板以及桥面铺装层的温度分布状况，图 3-6 中分别给出了沥青混凝土上层[图 3-6(a)]，沥青混凝土下层[图 3-6(b)]，整平层[图 3-6(c)]和箱梁顶板[图 3-6(d)]的稳态温度场。沥青混凝土上层的温度在

56.7℃到59℃之间，温差为2.3℃，沥青混凝土下层的温度在53.6~57.7℃，温差为4.1℃，整平层的温度在50.5~56℃，温差为5.5℃，箱梁顶板的温度在39.9~54.2℃，温差为14.3℃。从上图还可得知左(右)侧腹板顶部到沥青混凝土上面层之间区域，宽约3m的黑色区域(如图3-6中所示的黑色区域)是该层温度相对较高的地方，且从上到下这些位置比较一致。

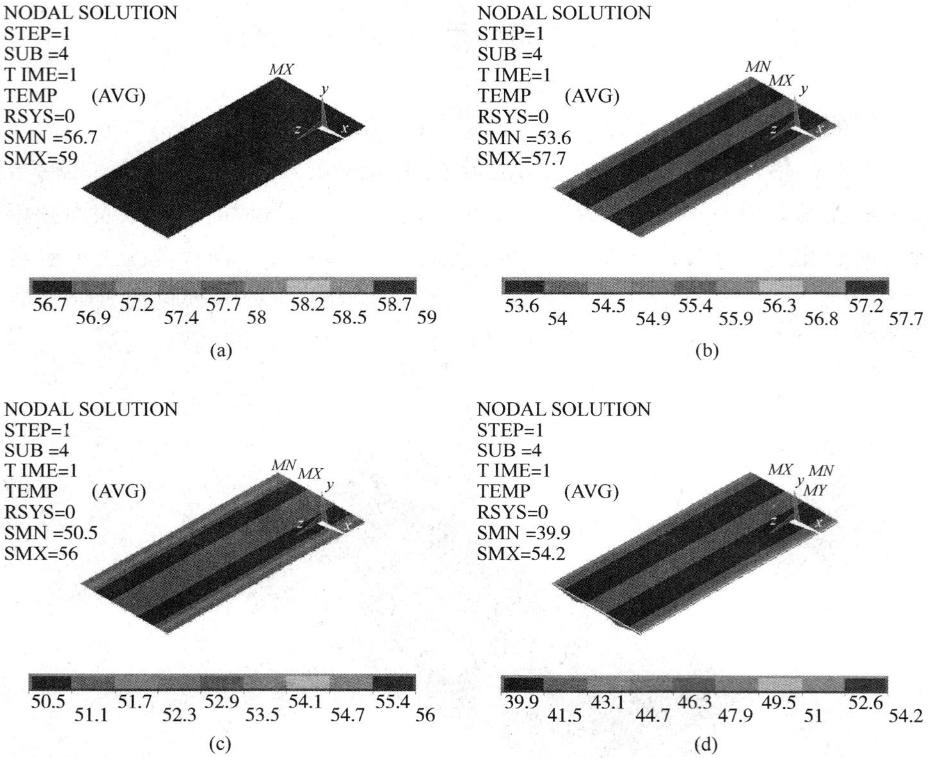

图3-6　桥面铺装层与箱梁顶板分层温度场

为了说明沥青混凝土铺装层温度场取值的合理性，将重庆鹅公岩大桥夏季(8月11日)高温条件下沥青混凝土铺装层温度场的调查结果作为对比分析，其调查结果绘图后如图3-7所示，测点位置分别为沥青混凝土下4cm处，沥青混凝土下8cm处和大气中。

从图3-7可知，在夜间，沥青混凝土铺装层温度变化趋势和大气变化趋势一致，沥青混凝土上层和沥青混凝土下层温度相差较小；在白天，上午时大气先升温，沥青混凝土铺装层升温在时间上相对滞后，到13:16大气温度最高，沥青混凝土铺装层 4cm 处的最高温度 57.5℃出现在 15:16，沥青混凝土 8cm 处的最高温度 52.2℃出现在 15:46。计算的 14:00 时沥青混凝土上层温度在 56.7~59℃，沥青混凝土铺装层 4cm 处的调查温度约为 55.9℃，计算的 14:00 时沥青混凝土下层温度在 53.6~57.7℃，沥青混凝土 8cm 处的调查温度约为 50℃，总体来说，虽然沥青混凝土桥面铺装层温度场的计算结果值与沥青混凝土桥面铺装层调查结果值之间存在误差，但与调查结果值相近，说明本书温度场的计算分析结果是合理可信的。

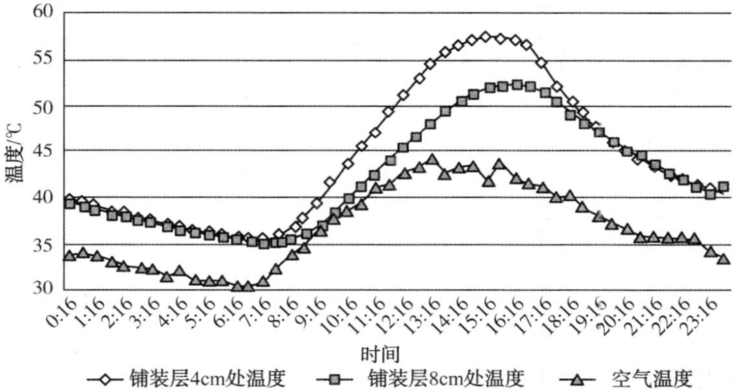

图 3-7　重庆鹅公岩大桥夏季铺装层温度调查表

分析过程中，虽然可以通过温度场计算出每个节点的温度，但目前无法在计算软件中赋予每个节点特定温度下的黏弹性参数，所以本书通过材料属性来赋予特定温度下节点的黏弹性参数，为了进行有效计算，计算时假设沥青混凝土上层温度为 57.9℃，即沥青混凝土上层各个节点的温度均为 57.9℃，假设沥青混凝土下层温度为 55.7℃，即沥青混凝土下层各个节点的温度均为 55.7℃，这时可以赋予沥青混凝土上层和沥青混凝土下层特定温度下的黏弹性属性，材料的黏弹性属性要通过剪切模量来表达，剪切模量中的参数即取用相关的黏弹性参数，一旦材料被赋予了黏弹性属性，就可以用黏弹性模型模拟计算不同温度下沥青混凝土铺装层的应力和变形。

第五节　沥青混凝土材料的黏弹性参数

为了模拟并分析沥青混凝土作为黏弹性材料对其力学响应的影响，必须得到特定温度下 ANSYS 软件中所用的 Prony 级数参数[参见式(2-100)和式(2-101)

中的参数]，可知它们分别为 α_1、α_2、τ_1、τ_2，具体表示为：

$$\begin{cases}\alpha_1=\left(\alpha-\dfrac{G_3}{\eta_3'}\right)\Big/(\alpha-\beta)\\ \alpha_2=\left(\dfrac{G_3}{\eta_3'}-\beta\right)\Big/(\alpha-\beta)\\ \tau_1=1/\alpha\\ \tau_2=1/\beta\end{cases} \tag{3-16}$$

对于式(3-16)中右端项中的所有参数见本书第二章第二节描述，且最终都可以通过参数 E_1、E_3、η_2、η_3 计算得到，现在主要问题就是获取这四个和材料属性有关的参数。由式(2-87)即：

$$\varepsilon(t)=\left[\frac{1}{E_1}+\frac{t}{\eta_2}+\frac{1}{E_3}\left(1-e^{-E_3t/\eta_3}\right)\right]\sigma_0$$

可知，Burgers 模型的蠕变方程中包含了 E_1、E_3、η_2、η_3 这四个参数，于是可以利用蠕变试验测出应变-时间数据，再结合式(2-87)进行数据拟合，便可获得 E_1、E_3、η_2、η_3 这四个参数。

相关文献通过实验得到了温度分别为 20℃、40℃和 60℃时沥青混凝土 AC-16 试件和沥青混凝土 AC-20 试件的四个材料属性参数 E_1、E_3、η_2、η_3，结果见表 3-3 和表 3-4 所示：

表 3-3　沥青混凝土上层 AC-16Burgers 模型蠕变方程参数拟合结果

温度/℃	E_1/MPa	η_2/MPa·s	E_3/MPa	η_3/MPa·s
20	229.8	470659.8	563.8	30108.4
40	188.7	572106.9	449.6	36501.3
60	110.3	618371.4	309.1	42246.5

表 3-4　沥青混凝土下层 AC-20Burgers 模型蠕变方程参数拟合结果

温度/℃	E_1/MPa	η_2/MPa·s	E_3/MPa	η_3/MPa·s
20	235.8	492835.0	582.3	30187.0
40	191.0	581545.9	460.0	36526.3
60	129.7	694897.3	320.3	42261.5

由表 3-3 和表 3-4 可以看出，沥青混凝土的弹性模量 E 和 E_3 随着温度的升高都在下降，而黏滞系数 η_2 和 η_3 随着温度的升高都在增大，与沥青混凝土真实情况相符。由本章第四节计算可知，沥青混凝土上层的温度在 57.1~59℃，沥青混凝土下层温度在 54.9~57.9℃，实际计算时假设沥青混凝土上层温度为 57.9℃，沥青混凝土下层温度为 55.7℃，利用表 3-3 和表 3-4 给出的数据，采用插值方法就可以得到沥青混凝土上层和沥青混凝土下层分别在 57.9℃ 和 55.7℃时的材料属性参数 E_1、E_3、η_2、η_3，如表 3-5 所示。通过表 3-5 中的数据，可以得到沥青混凝土上层和沥青混凝土下层分别在 57.9℃ 和 55.7℃时的蠕变曲线，如图 3-8 所示，随着时间的增加，沥青混凝土上层和沥青混凝土下层变形在持续增加，反映了沥青混凝土的流变性。

表 3-5　沥青混凝土 Burgers 模型蠕变方程参数插值结果

沥青混凝土铺装层	温度/℃	E_1/MPa	η_2/MPa · s	E_3/MPa	η_3/MPa · s
上层 AC-16	57.9	120.285	616106.520	325.088	41673.688
下层 AC-20	55.7	144.272	668447.399	351.804	41079.410

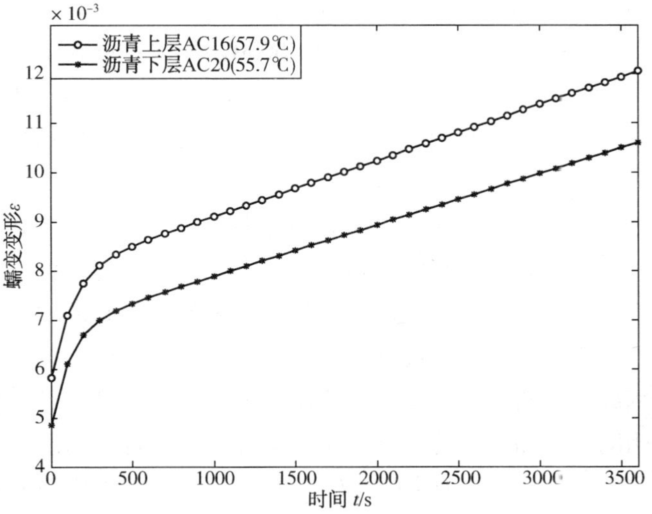

图 3-8　沥青混凝土上层和沥青混凝土下层蠕变曲线

获得沥青混凝土在特定温度下的四个材料属性参数 E_1、E_3、η_2、η_3 以后，可通过式(3-16)得到 Prony 级数所需的四个参数 α_1、α_2、τ_1、τ_2，如表 3-6 所

示，这些参数对计算和分析沥青混凝土桥面铺装层的受力状况提供了有效的参数支撑。

表 3-6　沥青混凝土的 Prony 级数参数表

沥青混凝土铺装层	温度/℃	α_1	τ_1/s	α_2	τ_2/s
上层 AC-16	57.9	0.316	88.203	0.684	6203.569
下层 AC-20	55.7	0.339	77.730	0.661	5800.131

在相关文献中，沥青路面上面层厚度为 0.04m，20℃、40℃和 60℃时 Burgers 模型的拟合参数如表 3-3 所示，沥青下面层厚度为 0.06m，20℃、40℃和 60℃时 Burgers 模型的拟合参数如表 3-4 所示，当施加标准荷载时长为 1000s 时，计算得出 20℃、40℃和 60℃三种温度下上面层路表的蠕变变形分别为 0.00408、0.00478 和 0.00662，三种温度下的竖向位移分别为 1.066mm、1.180mm 和 1.481mm，计算得出 20℃、40℃和 60℃三种温度下下面层顶面的蠕变变形分别为 0.00389、0.00406 和 0.00599，三种温度下的竖向位移分别为 1.045mm、1.127mm 和 1.398mm。本书在计算时沥青混凝土上面层厚度为 0.04m，沥青混凝土下面层厚度为 0.06m，施加标准荷载时长 1000s 时，计算得出 57.9℃下沥青上层表面的蠕变变形为 0.00650，竖向位移为 1.474mm，55.7℃下沥青下层表面的蠕变变形为 0.00565，竖向位移为 1.333mm，沥青混凝土上面层和下面层表面竖向位移随时间的变化如图 3-9 所示，在初始加载一段时间内，沥青上层和沥青下层表面竖向位移有一定的波动，波动范围随着时间的增加而逐渐减小，在此过程中，沥青混凝土上层和沥青混凝土下层表面的竖向位移总体上都在增大，并且沥青上层表面竖向位移比沥青下层表面竖向位移增大得多，越过波动期后，沥青上层表面和沥青下层表面竖向位移随着时间的增加继续增大。通过与相关文献的蠕变变形和竖向位移的对比，可知本书计算结果在文献计算结果的范围之内，因此本书所建立的模型、选用表 3-6 中的参数和计算的结果都是可靠的。需要说明的是，相关文献在计算时为了方便，沥青上面层和沥青下面层的温度是完全相同的，即沥青上面层为 60℃时，沥青下面层也是 60℃，或者说沥青上面层是 20℃时，沥青下面层也是 20℃，没有考虑层与层之间温度的传递，层与层之间温差的存在，这是本书与相关文献的不同之处，本书将各层温度按照稳态温度场计算所的结果进行近似，相比其他已有文献而言，更加接近实际中沥青混凝土铺装层的温度场状况。

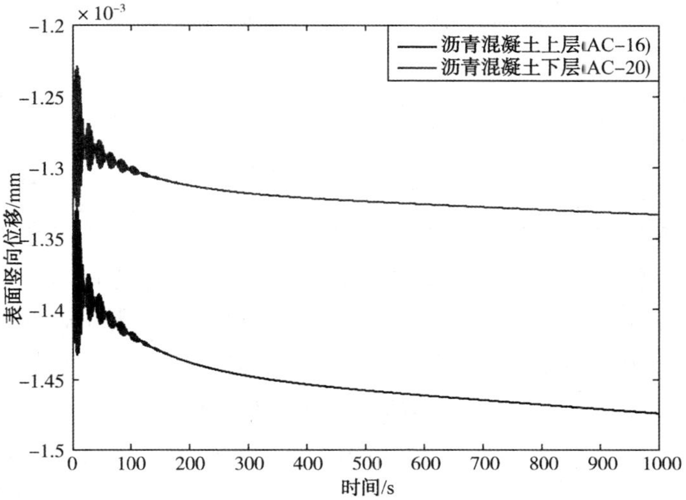

图 3-9　表面竖向位移时程曲线

第六节　材料属性和层间黏结方式对铺装层应力和变形的影响

为了便于陈述，根据沥青混凝土的材料属性和铺装层层间黏结方式的不同，将对沥青混凝土桥面铺装层结构进行三种类型的计算和分析：沥青混凝土材料视为弹性材料，铺装层层间假设为完全连续，将这种情况记为第一种类型——弹性-连续；沥青混凝土材料视为黏弹性材料，铺装层层间仍被假设为完全连续，将这种情况记为第二种类型——黏弹性-连续；沥青混凝土材料视为黏弹性材料，铺装层层间黏结状态假设为层间接触，将这种情况记为第三种类型——黏弹性-接触，各个类型所需材料参数见表 3-2(弹性材料参数)和表 3-5(黏弹性材料参数)。

为说明三种类型的不同，表 3-7 和表 3-8 分别给出了轮载(水平荷载+竖向荷载)作用在箱梁桥跨中偏载时沥青混凝土下层和上层的应力和变形。

表 3-7　沥青混凝土下层的应力和变形

类　型	σ_{xmax}/MPa	σ_{zmax}/MPa	τ_{xymax}/MPa	τ_{yzmax}/MPa	U_{ymax}/mm
弹性-连续	0. 020783	0. 045822	0. 103294	0. 200989	-1. 196
黏弹性-连续	0. 021524	0. 049499	0. 106127	0. 217276	-1. 321
黏弹性-接触	0. 023474	0. 093622	0. 111887	0. 256406	-1. 654

表 3-8 沥青混凝土上层的应力和变形

类 型	σ_{xmax}/MPa	σ_{zmax}/MPa	τ_{xymax}/MPa	τ_{yzmax}/MPa	U_{ymax}/mm
弹性-连续	0.048806	0.207840	0.115665	0.201944	-1.196
黏弹性-连续	0.049439	0.231436	0.117164	0.227110	-1.559
黏弹性-接触	0.074672	0.345156	0.138848	0.324740	-1.905

从表 3-7 可知，在弹性-连续和黏弹性-连续两类情况下，沥青下层的拉应力和剪应力都相对接近，黏弹性-连续类型时的应力值略大于弹性-连续类型时对应的应力值，从而黏弹性-连续类型时的竖向最大位移 U_{ymax} 略大于弹性-连续类型时的竖向最大位移 U_{ymax}，说明铺装层结构的层与层之间假设为完全连续时，将沥青混凝土下层材料看作弹性材料或者黏弹性材料对沥青混凝土下层应力的影响不明显。在黏弹性-连续和黏弹性-接触两类情况下，沥青下层横向最大拉应力 σ_{xmax} 相差不多，应力值相近；沥青下层纵向最大拉应力 σ_{zmax} 差异明显，黏弹性-接触类型时的纵向最大应力 σ_{zmax} 约是黏弹性-连续时的纵向最大拉应力 σ_{zmax} 的 2 倍；黏弹性-接触类型时沥青下层横向最大剪应力 τ_{xymax} 和纵向最大拉应力 τ_{yzmax} 分别大于黏弹性-连续类型时沥青下层横向最大剪应力 τ_{xymax} 和纵向最大拉应力 τ_{yzmax}；黏弹性-接触类型时沥青下层竖向最大位移 U_{ymax} 大于黏弹性-连续类型时沥青下层对应的竖向最大位移 U_{ymax}。

从表 3-8 可知，在弹性-连续和黏弹性-连续两种类型时，沥青混凝土上层横向最大拉应力 σ_{xmax} 和横向最大剪应力 τ_{xymax} 基本相同；黏弹性-连续类型时的沥青混凝土上层纵向最大拉应力 σ_{zmax} 和纵向最大剪应力 τ_{yzmax} 分别大于弹性-连续类型时沥青混凝土上层纵向最大拉应力 σ_{zmax} 和纵向最大剪应力 τ_{yzmax}；黏弹性-连续类型时的沥青混凝土上层竖向最大位移 U_{ymax} 大于弹性-连续类型时沥青混凝土上层的竖向最大位移 U_{ymax}。说明对沥青混凝土上层而言，铺装层层间完全连续时，沥青混凝土材料的材料属性对沥青混凝土上层纵向应力和竖向变形有一定影响。对比表 3-8 中黏弹性-连续和黏弹性-接触这两种类型时，黏弹性-接触类型时的沥青混凝土上层横向最大拉应力 σ_{xmax}、纵向最大拉应力 σ_{zmax}、横向最大剪应力 τ_{xymax}、纵向最大剪应力 τ_{yzmax} 以及竖向位移 U_{ymax} 都大于弹性-连续类型和黏弹性-连续类型时的沥青混凝土上层对应的各个最大应力以及竖向位移，说明层间黏结方式对沥青混凝土上层应力和竖向位移影响明显。

从表 3-7 和表 3-8 可知，无论是沥青混凝土上层还是沥青混凝土下层，按照弹性-连续、黏弹性-连续以及黏弹性-接触三种类型的次序，沥青混凝土铺装层的竖向位移逐渐增大，这表明作为黏弹性材料的沥青混凝土铺装层在荷载作用下更容易形成车辙病害，弹性理论对铺装层的变形分析结果值偏小。从表 3-7 和表 3-8 还可知，无论是沥青混凝土下层还是沥青混凝土上层，在黏弹性-接触类型时其应力值和竖向位移值在三种类型中最大，这意味着沥青混凝土铺装层结构按弹性-连续类型或黏弹性-连续类型分析时，沥青混凝土铺装层受力和变形的计算值偏小，这容易导致沥青混凝土铺装层设计值偏低，出现早期破坏。

图 3-10 和图 3-11 分别显示的是车辆荷载作用在桥梁跨中偏载时沥青混凝土下层和沥青混凝土上层跨中表面的竖向位移。

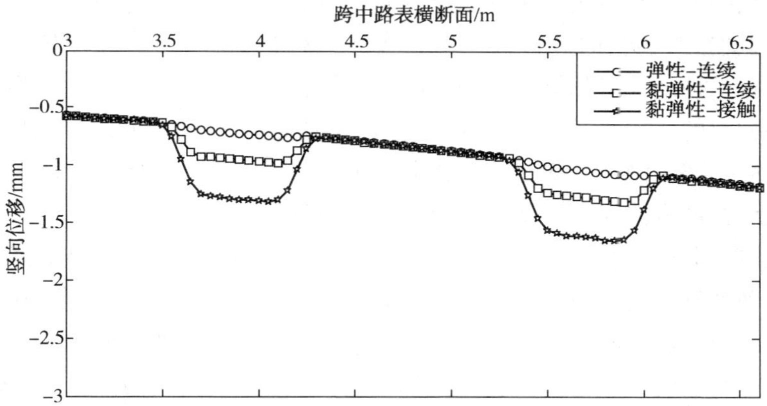

图 3-10　沥青混凝土下层跨中表面竖向位移

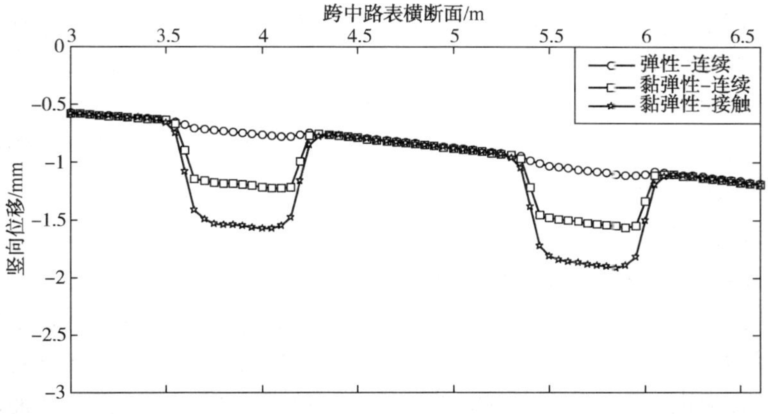

图 3-11　沥青混凝土上层跨中表面竖向位移

图 3-10 和图 3-11 分别为沥青混凝土下层和沥青混凝土上层在三种类型下竖向位移的横断面示图，在竖向位移有下凹处，为荷载作用区域及其附近。从图 3-10 和图 3-11 可知，图中左侧无荷载作用区域的竖向位移小于右侧无荷载作用区域的竖向位移，这是由于车辆荷载为跨中偏载而造成的。

从图 3-10 可以得知，在非荷载作用处沥青混凝土下层的竖向位移，在弹性-连续、黏弹性-连续和黏弹性-接触三种类型时是大致相同的。在荷载作用处及其附近，弹性-连续类型时的竖向位移小于黏弹性-连续类型时的竖向位移且小于黏弹性-接触类型时的竖向位移。从图 3-11 可以得知，在非荷载作用处，沥青混凝土上层的竖向位移，在弹性-连续、黏弹性-连续和黏弹性-接触三种类型时也是大致相同的。在荷载作用处及其附近，弹性-连续类型时的竖向位移小于黏弹性-连续类型时的竖向位移且小于黏弹性-接触类型时的竖向位移，与沥青混凝土下层在三种情况时的结论相同。从而可知，黏弹性类型比弹性类型更加能明显地反映材料的竖向变形；车辆荷载对沥青混凝土铺装层变形的影响具有局部性，即荷载作用区域及其附近的沥青混凝土铺装层变形比较明显，距离荷载区域较远的区域，沥青混凝土铺装层变形相对不明显。

通过以上分析可知，沥青混凝土的材料属性和铺装层层间黏结方式对沥青混凝土上层和沥青混凝土下层的拉应力、剪应力和竖向位移都有影响，对比三种类型，弹性-连续类型对沥青混凝土铺装层的受力和变形值计算偏小，这易导致沥青混凝土铺装层设计值偏低，安全储备不足，从而产生早期破坏。虽然黏弹性-连续类型考虑了沥青混凝土材料黏弹性属性，能较好地反映沥青混凝土铺装层的竖向变形，但将铺装层层间视为完全连续，没有考虑铺装层层与层之间的传力状态，沥青混凝土铺装层应力的计算值也偏小，也不能反映铺装层层间存在黏结不足或失效时沥青混凝土铺装层的力学响应规律，故也有不足之处。相比弹性-连续类型和黏弹性-连续类型，黏弹性-接触类型即考虑到了沥青混凝土材料的黏弹性属性，同时又能模拟铺装层层间传力状况，因而较好地估计沥青混凝土铺装层的受力和变形性能。

相关文献建立路面有限元模型，模拟并计算了沥青混凝土面层作为黏弹性材料，以及路面面层与基层之间相互接触时沥青混凝土面层的应变，并与路面实测应变进行对比分析，发现采用黏弹性模型和层间接触方式能真实有效地模拟沥青混凝土面层与基层之间的黏结关系，计算结果与实际测量结果的变化趋势和数量级保持一致，建立的有限元模型能够准确、可信，以及真实地预测路面的响应规律。该文献的结论说明本书所建立的黏弹性-接触类型的沥青混凝土桥面铺装层模型能够真实和有效地模拟沥青混凝土层间的黏结关系，并且合理可信地反映沥青混凝土桥面铺装层的受力和变形。

综上，本章运用 ANSYS 软件建立了箱梁桥以及沥青混凝土铺装层的有限元分析模型，根据太阳对沥青混凝土桥面的辐射、大气环境与沥青混凝土铺装层，以及箱梁体之间的对流交换和散热辐射这些边界条件，计算并分析确定沥青混凝土铺装层结构的温度场，与实际调查结果进行了对比验证。依据铺装层温度场获得沥青混凝土铺装层在特定温度下的黏弹性参数，并与相关文献进行对比分析，最后对材料属性(弹性材料或者黏弹性材料)和层间黏结条件(层间连续或者层间接触)不同时沥青混凝土铺装层的应力和变形规律进行了数值计算对比研究，结果表明，应用弹性理论和层间完全连续形式的模型分析沥青混凝土铺装层的应力和变形明显偏小，采用黏弹性理论和层间接触形式的模型分析沥青混凝土铺装层更趋合理。

第四章 铺装层材料参数变化时的力学响应

第三章计算了箱梁桥沥青混凝土铺装层结构的温度场，确定了在特定的温度下对沥青混凝土进行黏弹性计算分析的 Prony 级数参数，对比研究发现黏弹性-接触类型能更有效地描述铺装层的应力和变形规律，因而本章针对黏弹性-接触类型条件建立沥青混凝土铺装层模型，主要计算并分析在黏弹性-接触类型条件下铺装层的材料参数变化对沥青混凝土铺装层应力和变形的影响规律。本章由铺装层厚度影响分析和弹性模量影响分析两部分组成，为方便描述，文中将沥青混凝土铺装上面层简称为沥青混凝土上层或者沥青上层，沥青混凝土铺装下面层简称为沥青混凝土下层或者沥青下层，后续内容中均做此简化陈述。

第一节 铺装层厚度变化时响应分析

为充分分析铺装层厚度变化对沥青上层和下层应力和变形的影响，本节分别计算并分析沥青上层厚度变化、沥青下层厚度变化、防水层厚度变化、整平层厚度变化，以及铺装层特定厚度时上下层厚度变化时沥青上层和下层应力和变形的响应规律，为沥青混凝土铺装层黏弹性设计提供理论参考。

一、沥青混凝土上层厚度变化分析

研究沥青上层厚度变化对沥青混凝土铺装层应力的影响时，其他层厚度和材料参数保持不变，当沥青上层厚度从 0.04m 逐渐增大到 0.08m 时，沥青上层和沥青下层的各个应力变化如图 4-1 所示。

从图 4-1(a)可知，随着沥青上层厚度的逐渐增大，沥青混凝土下层的拉应力和剪应力都有不同程度的减小，其中横向最大拉应力 σ_{xmax} 的值约减小了 56%，纵向最大拉应力 σ_{zmax} 的值先减小后增大，当沥青上层厚度为 0.06m 时，其值最小，横向最大剪应力 τ_{xymax} 的值约减小了 9%，纵向最大剪应刀 τ_{yzmax} 的值约减小了 11%，沥青混凝土下层横向拉应力的值有明显的减小。从图 4-1(b)可知，随着沥青上层厚度的逐渐增大，沥青混凝土上层横向最大拉应力 σ_{xmax}、纵向最大拉应力 σ_{zmax} 以及纵向最大剪应力 τ_{yzmax} 的值都有一定减小，但横向最大剪应力 τ_{xymax} 的值有一定的增大，其中横向最大拉应力 σ_{xmax} 的值约减小了 8%，纵向最大拉应力 σ_{ymax} 的值约减小了 15%，纵向最大剪应力 τ_{yzmax} 的值约减小了 5%，横向最大剪应力 τ_{xymax} 的值约增大了 53%。从以上分析可知，当沥青混凝土上层厚度从 0.04m 逐渐增大到 0.06m 时，沥青上层和下层的拉应力值在减小，沥青下层剪应力的值有一定的减小，沥青上层纵向剪应力也在减小。

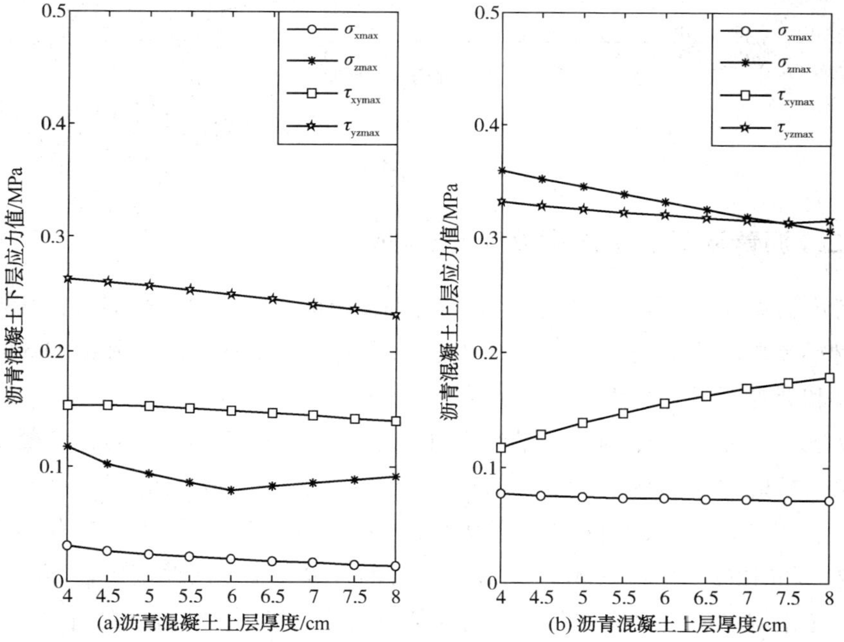

图 4-1　沥青混凝土上层厚度变化时沥青混凝土上层和下层的应力值

当沥青上层厚度从 0.04m 逐渐增大到 0.08m 时，沥青混凝土上层和下层的竖向位移变化如图 4-2 所示。从图 4-2 可知，当沥青上层厚度逐渐增大时，沥青混凝土下层竖向位移少量减小，沥青混凝土上层竖向位移少量增大，还可以看出沥青混凝土上层竖向位移大于沥青混凝土下层竖向位移。

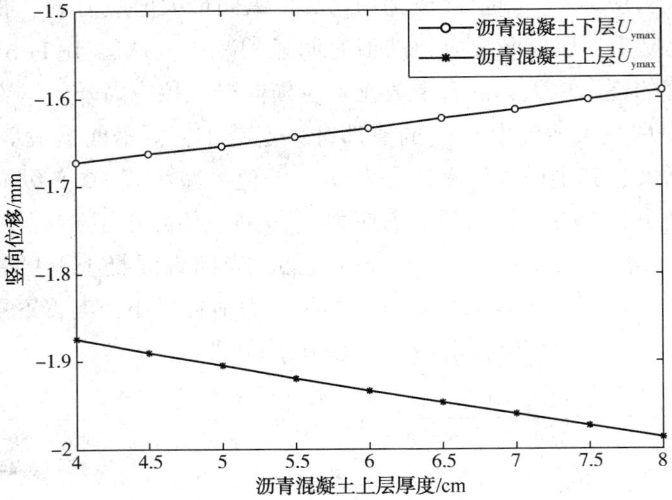

图 4-2　沥青混凝土上层厚度变化时沥青混凝土上层和下层竖向位移的变化

二、沥青混凝土下层厚度变化分析

考虑沥青混凝土下层厚度变化对沥青混凝土铺装层应力的影响时，其他层厚度和材料参数保持不变，当沥青混凝土下层厚度从 0.05m 增大到 0.09m 时，沥青上层和沥青下层应力变化如图 4-3 所示。

从图 4-3(a)可知，随着沥青混凝土上层厚度的逐渐增大，沥青混凝土下层横向最大拉应力 σ_{xmax} 的值约增大 12%，纵向最大拉应力 σ_{zmax} 的值约减小了 6%，横向最大剪应力 τ_{xymax} 的值和纵向最大剪应力 τ_{yzmax} 的值逐渐增大，二者分别约增大了 22%和 12%。从图 4-3(b)可知，随着沥青混凝土上层厚度的逐渐增大，沥青混凝土上层横向最大拉应力 σ_{xmax} 的值起初几乎无变化，后有少量增大，从沥青混凝土下层厚度为 0.065m 时开始增大，约增大了 7%，纵向最大拉应力 σ_{zmax} 的值起先少量增大，后少量减小，在沥青混凝土下层厚度为 0.065m 时最大，横向最大剪应力 τ_{xymax} 和纵向最大剪应力 τ_{yzmax} 的值都有少量增大，二者分别约增大了 5%和 2%。从以上分析可知，增大沥青下层的厚度，沥青混凝土上层和下层横向拉应力增大，沥青混凝土上层和下层剪应力都有一定的增大。

当沥青混凝土下层厚度从 0.05m 增大到 0.09m 时，沥青混凝土上层和下层竖向位移变化如图 4-4 所示。从图 4-4 可知，当沥青混凝土下层厚度逐渐增大时，沥青混凝土下层竖向位移有少量增大，沥青混凝土上层竖向位移也有少量增大，沥青混凝土上层竖向位移大于沥青混凝土下层竖向位移。

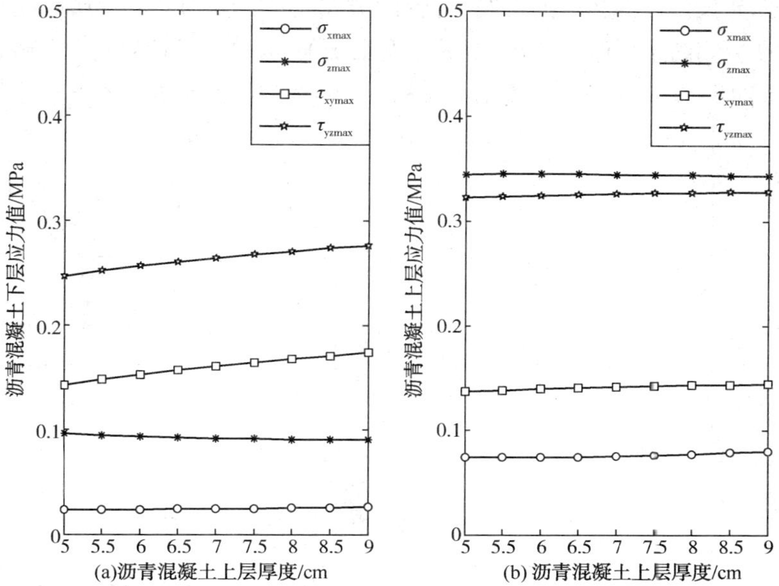

图 4-3　沥青混凝土下层厚度变化时沥青混凝土上层和下层的应力值

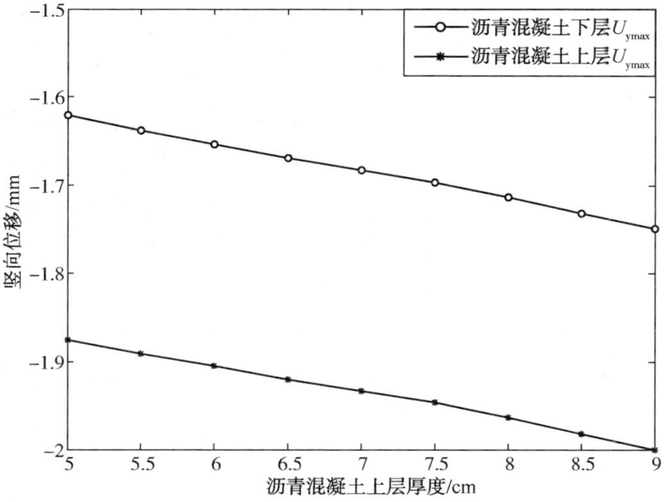

图 4-4　沥青混凝土下层厚度变化时沥青混凝土上层和下层竖向位移的变化

三、防水层厚度变化分析

分析防水层厚度变化对沥青混凝土铺装层应力的影响时，其他层厚度和材料参数保持不变，当防水层厚度从0.001m增大到0.005m时，沥青混凝土上层和下层应力变化如图4-5所示，沥青混凝土上层和下层竖向位移变化如图4-6所示。

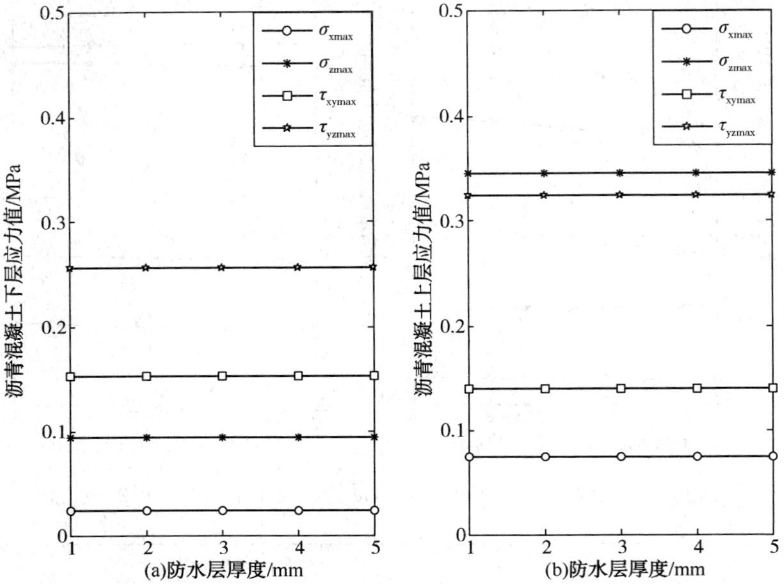

图4-5　防水层厚度变化对沥青混凝土上层和下层应力的影响

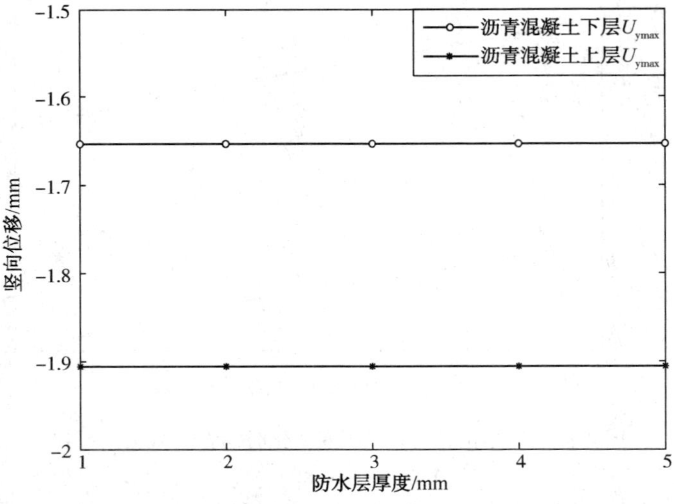

图4-6　防水层厚度变化时沥青混凝土上层和下层竖向位移的变化

从图 4-5 可知，随着防水层厚度的增大，沥青混凝土上层和下层拉应力以及剪应力几乎没有变化，从图 4-6 可知，沥青混凝土上层和下层竖向位移也几乎没有变化，主要是因为沥青上层厚度和沥青下层厚度远大于防水层厚度，因而由防水层厚度变化引起的沥青混凝土上层和下层应力以及位移的影响都不明显。

四、整平层厚度变化分析

考虑整平层厚度变化对沥青混凝土铺装层应力的影响时，其他层厚度保持不变，当整平层厚度从 0.06m 增大到 0.1m 时，沥青混凝土上层和沥青混凝土下层应力变化如图 4-7 所示。

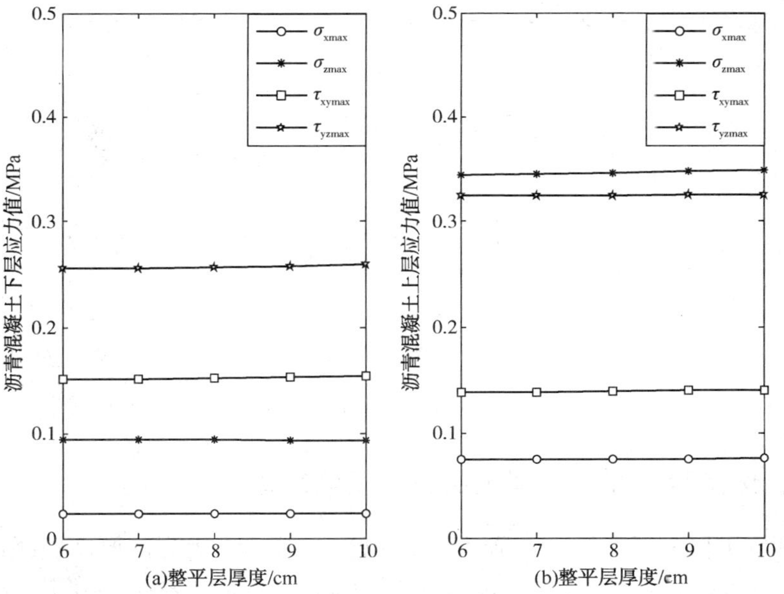

图 4-7　整平层厚度变化对沥青混凝土上层和下层应力的影响

从图 4-7(a)可知，随着整平层厚度的逐渐增大，沥青混凝土下层横向最大拉应力 σ_{xmax} 几乎保持不变，纵向最大拉应力 σ_{zmax} 有少量减小，约减小了 2%，沥青混凝土下层横向最大剪应力 τ_{xymax} 和纵向最大剪应力 τ_{yzmax} 都略有增大，分别约增大了 2% 和 1%。从图 4-7(b)可知，随着整平层厚度的逐渐增大，沥青混凝土上层横向最大拉应力 σ_{xmax} 和纵向最大剪应力 τ_{yzmax} 几乎保持不变，纵向最大拉应力 σ_{zmax} 和横向最大剪应力 τ_{xymax} 都略有增大，分别约增大了 1% 和 2%。从以上分析可知，增大整平层厚度，对沥青混凝土上层和下层的拉应力值以及剪应力值影响很小。

当整平层厚度从 0.06m 增大到 0.1m 时，沥青混凝土上层和下层竖向位移变化如图 4-8 所示。从图 4-8 可知，当整平层厚度逐渐增大时，沥青混凝土上层和下层竖向位移都先有微量的减小，在整平层厚度为 0.08m 时最小，再有微量增大，但它们的竖向位移变化较微小，整平层厚度变化对沥青混凝土铺装层竖向位移的影响不敏感。

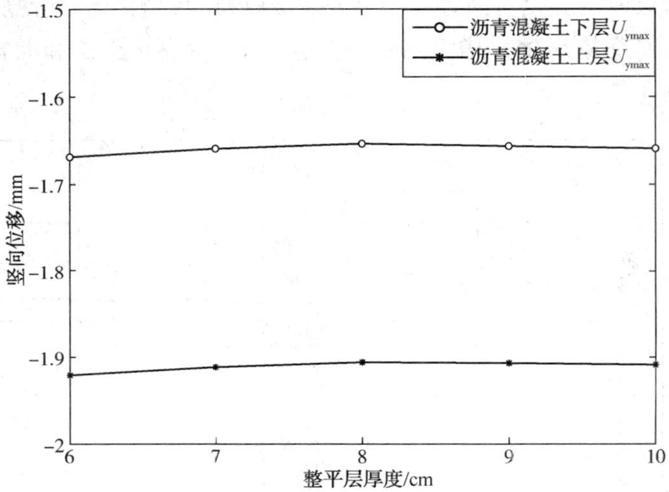

图 4-8　整平层厚度变化时沥青混凝土上层和下层竖向位移的变化

五、保持特定厚度时铺装层应力变化规律

当沥青上层和沥青下层总厚度保持不变，改变沥青上层的厚度，沥青下层的厚度也随之改变，沥青上层和沥青下层的应力以及竖向位移也会发生变化，本节将研究这种类型时沥青上层和沥青下层的响应规律，分别以沥青上下层总厚度为 0.11m、0.12m 和 0.13m 三种特定厚度为例进行分析。

(1) 假设沥青上层和沥青下层总厚度为 0.11m，故当沥青上层厚度从 0.04m 逐渐增大到 0.06m 时，沥青下层厚度将从 0.07m 逐渐减小到 0.05m，其他厚度和材料参数保持不变，计算后得沥青混凝土铺装层的应力值如图 4-9 所示。

从图 4-9 可知，随着沥青上层厚度的增大，沥青混凝土下层横向最大拉应力 σ_{xmax}、纵向最大拉应力 σ_{zmax}、横向最大剪应力 τ_{xymax} 和纵向最大剪应力 τ_{yzmax} 都在

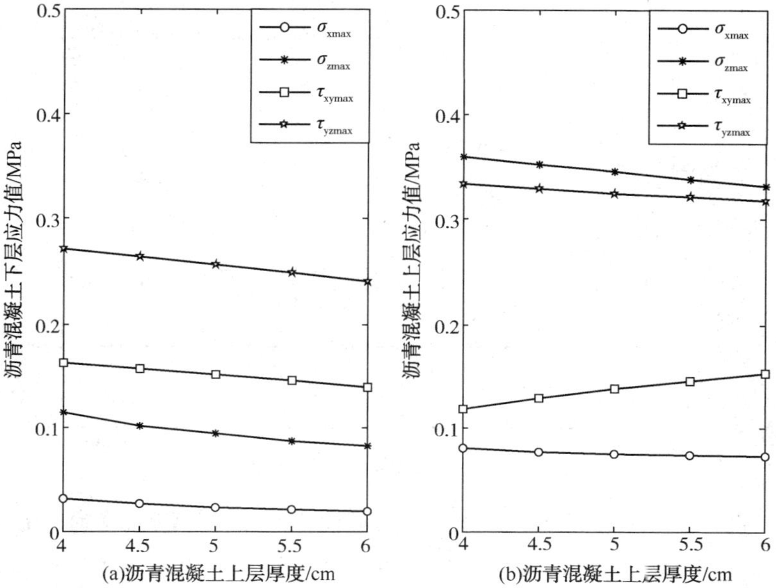

图 4-9　铺装层总厚度为 0.11m 时沥青混凝土上层和下层的应力变化

逐渐减小，其中横向最大拉应力 σ_{xmax}，约减小了 38%，纵向最大拉应力 σ_{zmax} 约减小了 29%，横向最大剪应力 τ_{xymax} 约减小了 14%，纵向最大剪应力 τ_{yzmax} 约减小了 11%。从图 4-9(b)可知，随着沥青上层厚度的增大，沥青混凝土上层横向最大拉应力 σ_{xmax} 和纵向最大拉应力 σ_{zmax} 逐渐减小，二者分别减小了大约 9%和 8%，沥青混凝土上层纵向最大剪应力 τ_{yzmax} 也在逐渐减小，约减小了 5%，但沥青混凝土上层横向最大剪应力 τ_{xymax} 有明显增大，约增大了 29%。从以上分析可知，当沥青混凝土上层和下层总厚度保持为 0.11m 时，增大沥青混凝土上层的厚度，能够使得沥青混凝土上层和下层的拉应力逐渐减小，同时减小沥青混凝土下层的横向最大剪应力 τ_{xymax} 和纵向最大剪应力 τ_{yzmax}，减小沥青混凝土上层的纵向最大剪应力 τ_{yzmax}，当沥青混凝土上层厚度为 0.06m 并且沥青混凝土下层厚为 0.05m 时，沥青混凝土上层和下层的拉应力以及多个剪应力的值最小。

当沥青混凝土上层和下层总厚度假设为 0.11m，并且沥青混凝土上层厚度从 0.04m 逐渐增大到 0.06m 时，沥青混凝土上层和下层竖向位移如图 4-10 所示。从图 4-10 可知，当沥青混凝土上层厚度逐渐增大时，沥青混凝土上层竖向位移几乎没有变化，但沥青混凝土下层竖向位移有一定的减小。

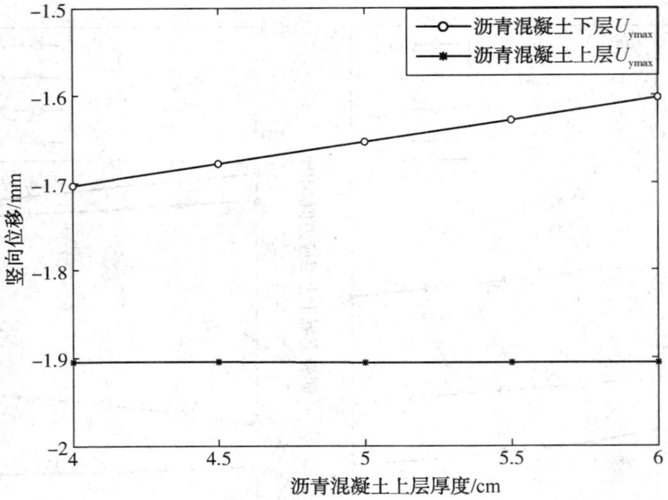

图 4-10　铺装层总厚度为 0. 11m 时沥青混凝土上层和下层的竖向位移

（2）假设沥青上层和沥青下层总厚度为 0. 12m，故当沥青上层厚度从 0. 04m 逐渐增大到 0. 07m 时，沥青下层厚度将从 0. 08m 逐渐减小到 0. 05m，铺装层应力值计算结果如图 4-11 所示。

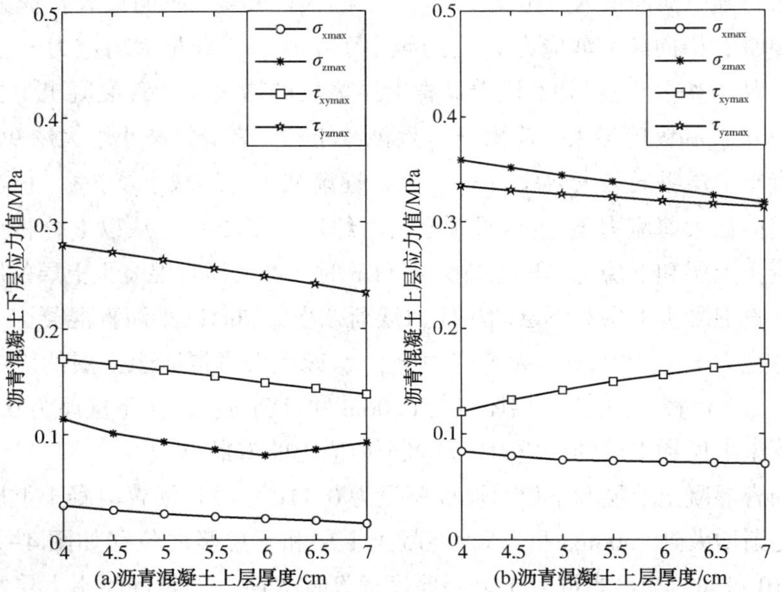

图 4-11　铺装层总厚度为 0. 12m 时沥青混凝土上层和下层应力的变化

从图 4-11(a)可知，随着沥青上层厚度的增大，沥青混凝土下层横向最大拉应力 σ_{xmax}、横向最大剪应力 τ_{xymax} 和纵向最大剪应力 τ_{yzmax} 都在逐渐减小，分别约减小了 53%、20% 和 16%，纵向最大拉应力 σ_{zmax} 先减小，后增大，在沥青混凝土上层厚度为 0.06m 时最小。从图 4-11(b)可知，随着沥青上层厚度的增大，沥青混凝土上层横向最大拉应力 σ_{xmax}、纵向最大拉应力 σ_{zmax} 和纵向最大剪应力 τ_{yzmax} 都有不同程度的减小，各自分别减小了约 14%、约 11% 和约 6%，横向剪应力 τ_{xymax} 有明显增大，增大了约 38%。从以上分析可知，当沥青混凝土上层和下层总厚度保持为 0.12m 时，沥青混凝土上层厚度从 0.04m 增大到 0.06m 这一过程中，沥青混凝土下层拉应力和剪应力都在减小，沥青混凝土上层横向拉应力和纵向拉应力都在减小。

当沥青混凝土上层和下层总厚度假设为 0.12m，并且沥青上层厚度从 0.04m 逐渐增大到 0.07m 时，沥青混凝土上层和下层竖向位移如图 4-12 所示。从图 4-12可知，当沥青混凝土上层厚度逐渐增大时，沥青混凝土上层竖向位移几乎无变化，但沥青混凝土下层竖向位移有明显的减小。

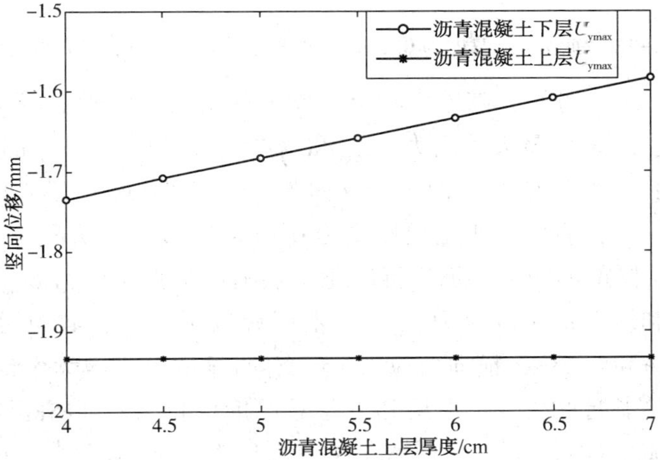

图 4-12　铺装层总厚度为 0.12m 时沥青混凝土上层和下层竖向位移

(3) 假设沥青上层和沥青下层总厚度为 0.13m，故当沥青上层厚度从 0.04m 逐渐增大到 0.08m 时，沥青下层厚度将从 0.09m 逐渐减小到 0.05m，计算结果如图 4-13 所示。

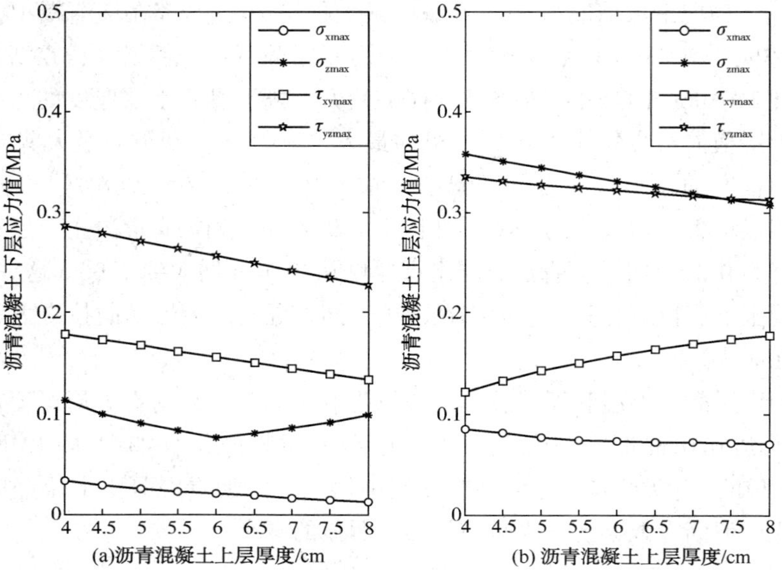

图 4-13　铺装层总厚度为 0.13m 时沥青混凝土上层和下层应力的变化

从图 4-13(a)可知，随着沥青上层厚度的增大，沥青混凝土下层横向最大拉应力 σ_{xmax}、横向最大剪应力 τ_{xymax} 和纵向最大剪应力 τ_{yzmax} 都在逐渐减小，分别约减小了 62%、25% 和 21%，纵向最大拉应力 σ_{zmax} 先减小约 33%，后增大约 29%，在沥青混凝土上层厚度为 0.06m 时最小。从图 4-13(b)可知，随着沥青上层厚度的增大，沥青混凝土上层横向最大拉应力 σ_{xmax}、纵向最大拉应力 σ_{zmax} 和纵向最大剪应力 τ_{yzmax} 都不同程度地减小，各自分别减小了约 17%、约 14%和约 7%，横向剪应力 τ_{xymax} 有明显增大，增大了约 45%。从以上分析可知，当沥青混凝土上层和下层总厚度保持为 0.115m 时，沥青混凝土上层厚度从 0.04m 增大到 0.06m 这一过程中，沥青混凝土下层拉应力和剪应力都在减小，沥青混凝土上层横向拉应力、纵向拉应力以及纵向剪应力都在减小。

当沥青混凝土上层和下层总厚度假设为 0.13m，并且沥青上层厚度从 0.04m 逐渐增大到 0.08m 时，沥青混凝土上层和下层竖向位移如图 4-14 所示。从图 4-14可知，当沥青混凝土上层厚度逐渐增大时，沥青混凝土上层竖向位移有少量减小，但沥青混凝土下层竖向位移有明显的减小。

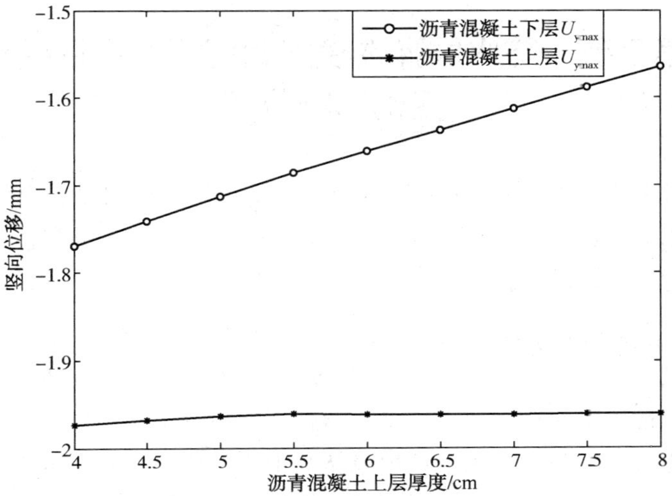

图 4-14 铺装层总厚度为 0.13m 时沥青混凝土上层和下层竖向位移

铺装层厚度变化对沥青混凝土上层和下层的响应规律小结如下：

(1) 增大沥青混凝土上层厚度，沥青混凝土下层的横向拉应力和剪应力逐渐减小，沥青混凝土上层的拉应力和纵向剪应力逐渐减小；当沥青混凝土上层厚度为0.06m 时，沥青混凝土下层拉应力最小；增大沥青混凝土上层厚度，沥青混凝土下层竖向位移逐渐减小，沥青混凝土上层竖向位移少量增大。

(2) 增大沥青混凝土下层厚度，沥青混凝土下层的横向拉应力和剪应力逐渐增大，其纵向拉应力逐渐减小，沥青混凝土上层横向拉应力和剪应力少量增大；当沥青混凝土下层厚度为 0.065m 时，沥青混凝土上层纵向拉应力最大；沥青混凝土上层和下层竖向位移逐渐增大。

(3) 增大防水层厚度对沥青混凝土上层和下层所有应力和竖向位移也几乎无影响。增大整平层的厚度对沥青混凝土上层和下层应力影响不大；当整平层厚度为 0.08m 时，沥青混凝土上层和下层竖向位移最小。

(4) 当沥青混凝土上层和下层总厚度分别为 0.11m、0.12m 以及 0.13m 时，沥青混凝土上层的厚度从 0.04m 增大到 0.06m 时，沥青混凝土下层纵横向拉应力和纵横向剪应力都在减小，沥青混凝土上层的纵横向拉应力和纵向剪应力逐渐减小，沥青混凝土下层竖向位移在逐渐减小。当沥青混凝土上层厚度为 0.06m 时，沥青混凝土下层纵向拉应力最小。

第二节　防水层弹性模量和整平层弹性模量变化影响分析

由于本章采用黏弹性-接触类型的沥青混凝土铺装层模型，沥青混凝土上层和下层均采用的是黏弹性参数，因此本节分析防水层弹性模量和整平层弹性模量的变化对沥青上层以及沥青下层力学响应的影响。

一、防水层弹性模量变化分析

防水层弹性模量变化对沥青上层和沥青下层应力的影响如图 4-15 所示。从图 4-15(a)中可知，当防水层弹性模量从 0. 1GPa 增大到 0. 35GPa 时，沥青混凝土下层横向最大拉应力 σ_{xmax} 几乎无变化，纵向最大拉应力 σ_{zmax} 有明显减小，减小了约 44%，沥青混凝土下层横向最大剪应力 τ_{xymax} 先少量减小再少量增大，在防水层弹性模量为 0. 25GPa 时最小，纵向最大剪应力 τ_{yzmax} 逐渐增大，增大了约 7%。从图 4-15(b)可知，当防水层弹性模量从 0. 1GPa 增大到 0. 35GPa 时，沥青混凝土上层横向最大拉应力 σ_{xmax} 和纵向最大拉应力 σ_{zmax} 逐渐减小，分别减小了约 22%和 18%，横向最大剪应力 τ_{xymax} 也逐渐减小，减小了约 7%，纵向最大剪应力 τ_{yzmax} 几乎无变化。从以上分析可知，随着防水层弹性模量的逐渐增大，沥青混凝土下层和上层纵向拉应力明显减小。由此说明，应用高弹性模量的防水层有利于减除沥青混凝土铺装层的裂缝损害。

防水层弹性模量变化对沥青混凝土上层和下层竖向位移的影响如图 4-16 所示。从图 4-16 可知，当防水层弹性模量逐渐增大时，沥青混凝土上层和下层竖向位移都有明显减小，由此可知，弹性模量较小的防水层容易导致铺装层面层出现车辙病害。

二、整平层弹性模量变化分析

图 4-17 是整平层弹性模量变化对沥青混凝土上层和下层应力的影响曲线。从图 4-17 可知，当整平层弹性模量从 22GPa 逐渐增大到 32. 5GPa，沥青混凝土上层和下层应力有微量减小或几乎保持不变，则整平层弹性模量对沥青混凝土上层和下层应力的变化影响较小。

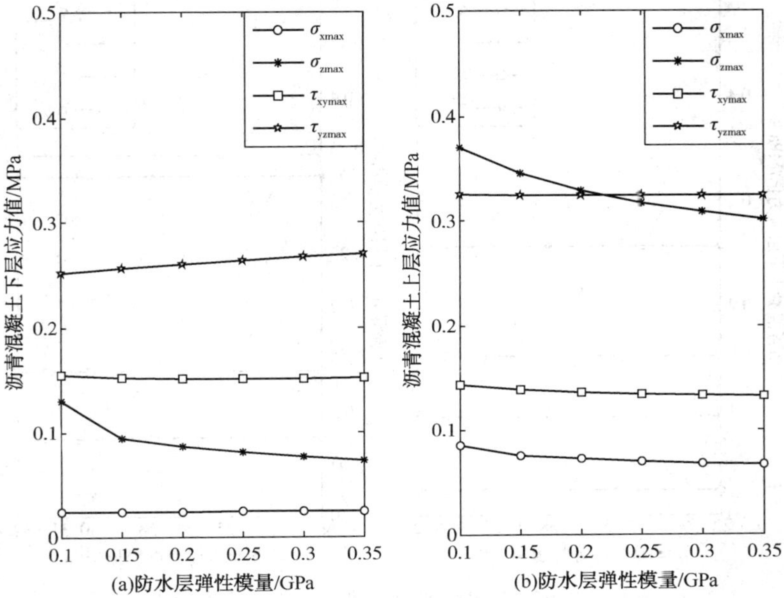

图 4-15　防水层弹性模量对沥青上下层应力的影响

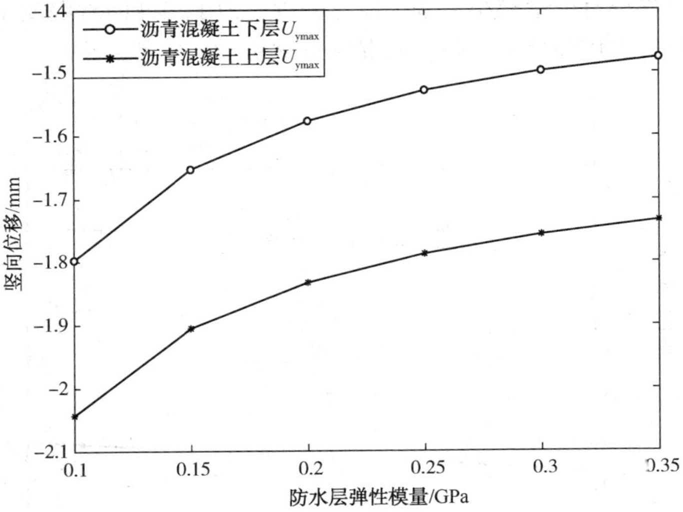

图 4-16　防水层弹性模量变化对沥青上下层竖向位移的影响

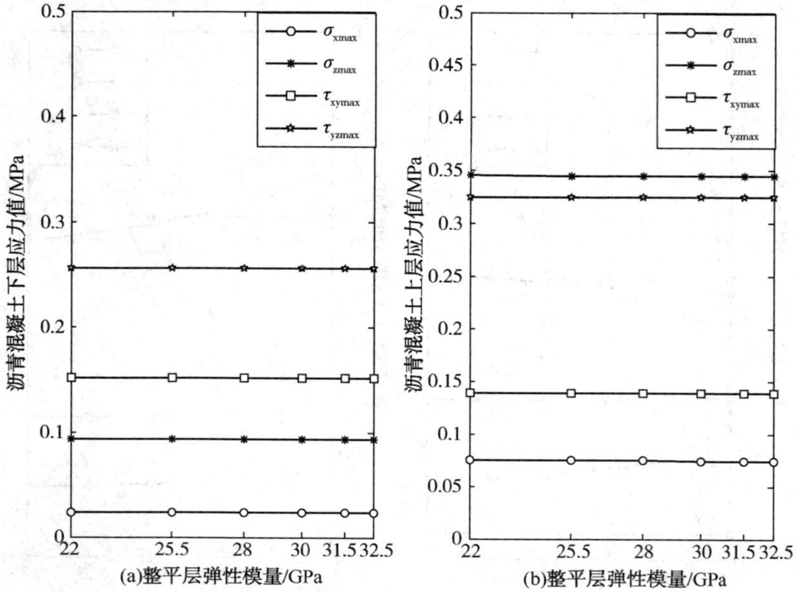

图 4-17　整平层弹性模量对沥青上下层应力的影响

整平层弹性模量变化对沥青混凝土上层和下层竖向位移的影响曲线如图 4-18所示。从图 4-18 可知，当整平层弹性模量逐渐增大时，沥青混凝土上层和下层竖向位移都有少量减小。基于以上分析，为了消减沥青混凝土铺装层车辙损坏，整平层应选用弹性模量较大的混凝土材料。

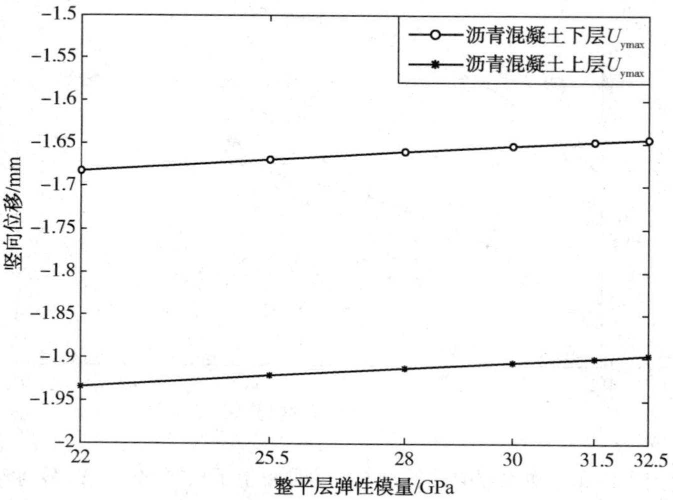

图 4-18　整平层弹性模量变化对沥青上下层竖向位移的影响

防水层和整平层的弹性模量变化对沥青混凝土上层和下层的响应规律总结如下：

当防水层弹性模型逐渐增大时，沥青混凝土下层纵向拉应力有明显减小，竖向位移明显减小；当防水层弹性模型逐渐增大时，沥青混凝土上层纵向拉应力也明显减小，横向拉应力和横向剪应力逐渐减小。当整平层弹性模量逐渐增大时，对沥青混凝土上层和下层应力少量减小或几乎保持不变，沥青混凝土上层和下层竖向位移有少量减小。

综上，本章首先计算并分析了黏弹性-接触类型下沥青混凝土上层厚度变化、沥青混凝土下层厚度变化、防水层厚度变化、整平层厚度变化，以及沥青混凝土上下层总厚度保持不变时，沥青混凝土铺装层内的应力和变形响应规律，最后计算并分析了黏弹性-接触类型下防水层弹性模量和整平层弹性模量变化时，沥青混凝土铺装层的应力和变形响应规律。桥面铺装材料因素变化时的结论如下：

（1）铺装层结构层厚度变化对沥青混凝土铺装层力学响应的影响。增大沥青混凝土上层厚度能减小沥青混凝土上层的拉应力和纵向剪应力，以及沥青混凝土下层的横向拉应力、剪应力和竖向位移。增大沥青混凝土下层厚度，沥青混凝土下层和上层的横向拉应力，剪应力和竖向位移都有少量增大。增大防水层或整平层的厚度对沥青混凝土上层和下层所有应力影响很小；当整平层厚度为 0.08m 时，沥青混凝土上层和下层竖向位移最小。沥青混凝土上层和下层总厚度保持不变时，当沥青混凝土上层厚度从 0.04m 增大到 0.06m 时，沥青混凝土下层的应力都在减小，沥青混凝土上层的拉应力和纵向剪应力逐渐减小，沥青混凝土下层竖向位移在逐渐减小；当沥青混凝土上层厚度为 0.06m 时，沥青混凝土下层纵向拉应力最小。建议沥青混凝土铺装层上层厚度宜取 0.06m，沥青下层厚度不宜过厚，满足规范要求即可，防水层厚度要能抵抗层间剪力破坏即可，整平层厚度不宜过大，但至少高于桥面板剪力件高度，0.08m 左右即可。

（2）防水层和整平层弹性模量变化对沥青混凝土铺装层力学响应的影响。当防水层弹性模型逐渐增大时，沥青混凝土下层和沥青混凝土上层纵向拉应力有明显减小，竖向位移也明显减小。当整平层弹性模量逐渐增大时，沥青混凝土上层和下层应力少量减小或几乎保持不变，沥青混凝土上层和下层竖向位移有少量减小。建议防水层采用高弹性模量材料，以减小沥青混凝土铺装层下层和上层的拉应力以及剪应力，防止铺装层因受拉或受剪而破坏；整平层弹性模量对沥青混凝土铺装层上层和下层响应影响不明显，最好略低于桥面板水泥混凝土弹性模量。

第五章　铺装层层间接触状况变化时的响应分析

本章将分析在黏弹性-接触类型下铺装层层间黏结参数或状态变化时，沥青混凝土铺装层结构的应力和变形的变化规律。主要内容由铺装层层间摩擦系数影响分析、层间黏结应力影响分析和铺装层层间黏结失效影响分析三部分组成。

第一节　铺装层层间摩擦系数影响分析

沥青混凝土铺装层层间接触面上存在层与层之间的黏结应力和摩擦力作用，因而影响层间的应力传递和剪切强度，讨论分析沥青混凝土铺装层层间摩擦系数变化时，将铺装层层间摩擦系数变化分为三类工况：整平层与防水层之间摩擦系数变化记为第一类工况；防水层与沥青下层之间摩擦系数变化记为第二类工况；沥青下层与沥青上层之间摩擦系数变化记为第三类工况。

一、第一类摩擦系数变化工况分析

第一类摩擦系数变化工况用于探讨整平层与防水层之间摩擦系数变化对沥青上层和下层应力的影响规律，计算结果如图 5-1 所示。从图 5-1(a) 中可知，当整平层与防水层间摩擦系数从 0 逐渐增大到 0.5 时，沥青混凝土下层横向最大拉应力 σ_{xmax} 先减小再保持几乎不变，其值约减小了 42%，纵向最大拉应力 σ_{zmax} 明显减小，其值约减小了 49%，沥青混凝土下层横向最大剪应力 τ_{xymax} 和纵向最大剪应力 τ_{yzmax} 在逐渐增大，二者分别增大了约 11% 和 27%。从图 5-1(b) 中可知，当整平层与防水层间摩擦系数从 0 逐渐增大到 0.5 时，沥青混凝土上层横向拉应力 σ_{xmax} 少量减小，再保持几乎不变，约减小了 11%，纵向最大拉应力 σ_{zmax} 也逐渐减小，约减小了 17%，沥青混凝土上层横向最大剪应力 τ_{xymax} 和纵向最大剪应力 τ_{yzmax} 有少量增大，二者分别增大了约 2% 和 4%。从以上分析可知，随着整平层与防水层间摩擦系数的逐渐增大，可以明显减小沥青混凝土下层的横向和纵向拉应力，同时还能适量减小沥青混凝土上层的横向和纵向拉应力。

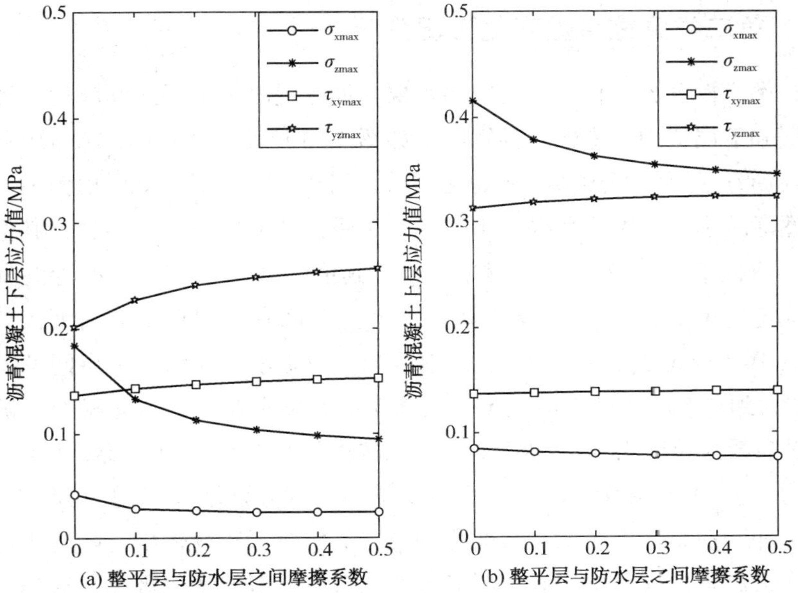

图 5-1　整平层与防水层间摩擦擦系数变化对沥青混凝土上层和下层应力的影响

整平层与防水层之间摩擦系数变化对沥青混凝土上层和下层竖向位移的影响如图 5-2 所示。从图 5-2 可知，当整平层与防水层之间的摩擦系数逐渐增大时，沥青混凝土上层和沥青混凝土下层竖向位移都有微量减小。

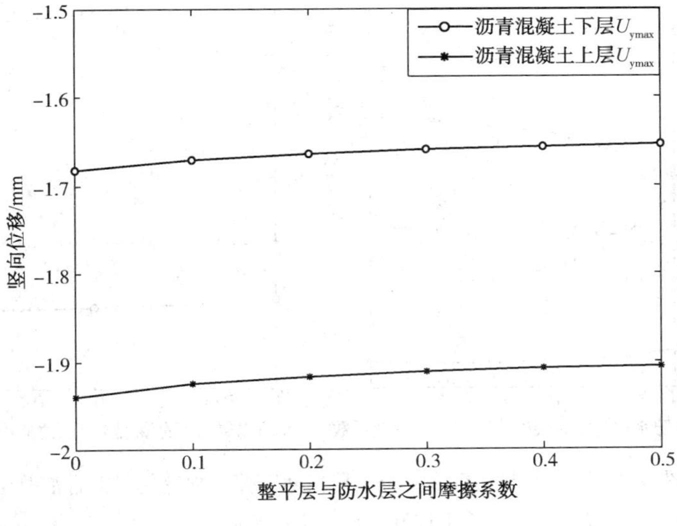

图 5-2　整平层与防水层间摩擦擦系数变化时沥青混凝土上层和下层竖向位移的变化

二、第二类摩擦系数变化工况分析

第二类摩擦系数变化工况反映防水层与沥青混凝土下层之间摩擦系数变化对沥青上层和下层应力的影响，计算结果如图 5-3 所示。从图 5-3(a)中可知，当防水层与沥青下层间摩擦系数从 0 逐渐增大到 0.5 时，沥青下层横向最大拉应力 σ_{xmax}先逐渐减小，当摩擦系数大于等于 0.3 后，其值保持几乎不变，其值约减小了 36%，纵向最大拉应力 σ_{zmax}明显减小，其值约减小了 49%，沥青混凝土下层横向最大剪应力 τ_{xymax}和纵向最大剪应力 τ_{yzmax}在都有不同程度的增大，二者分别增大了约 14%和 30%。从图 5-3(b)中可知，当防水层与沥青下层间摩擦系数从 0 逐渐增大到 0.5 时，沥青混凝土上层横向最大拉应力 σ_{xmax}少量减小，减小了约 12%，纵向最大拉应力 σ_{zmax}也逐渐减小，减小了约 17%，沥青混凝土上层横向最大剪应力 τ_{xymax}和纵向剪应力 τ_{yzmax}都有少量增大，分别增大了约 2%和 4%。从以上分析可知，在第一类摩擦系数变化和第二类摩擦系数变化中，随着摩擦系数的逐渐增大，沥青混凝土下层和上层应力变化有着类似的变化规律，这是由于防水层厚度较薄而形成的。

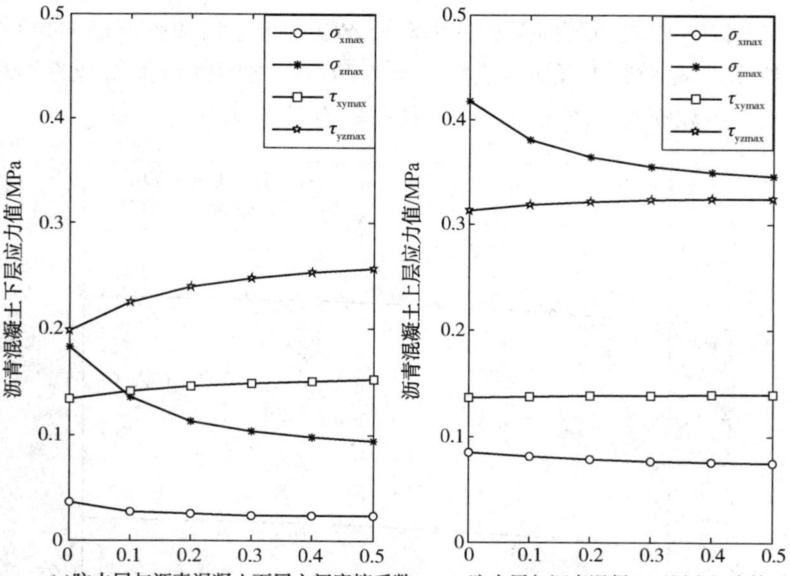

(a)防水层与沥青混凝土下层之间摩擦系数 (b)防水层与沥青混凝土下层之间摩擦系数

图 5-3 防水层与沥青混凝土下层之间摩擦系数变化对沥青混凝土上层和下层应力的影响

防水层与沥青混凝土下层之间摩擦系数变化对沥青混凝土上层和下层竖向位移的影响如图 5-4 所示。

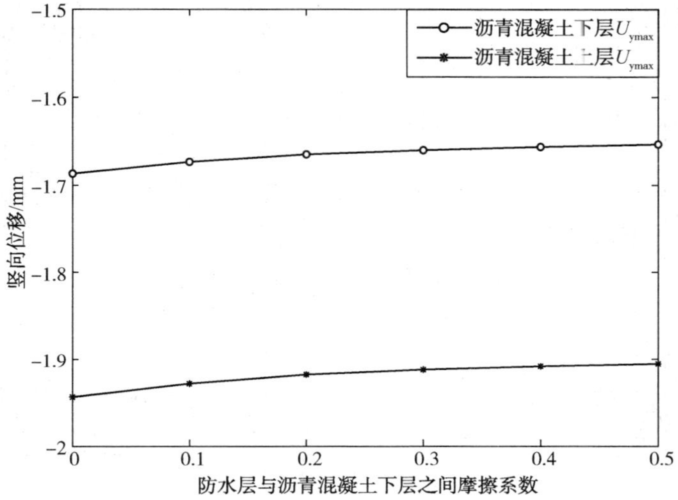

图 5-4　防水层与沥青混凝土下层之间摩擦系数变化时沥青混凝土上层和下层的竖向位移

从图 5-4 可知，当防水层与沥青混凝土下层之间的摩擦系数逐渐增大时，沥青混凝土上层和沥青混凝土下层竖向位移都有微量减小。

三、第三类摩擦系数变化工况分析

第三类摩擦系数变化工况反映沥青混凝土下层与沥青混凝土上层之间摩擦系数变化对沥青混凝土上层和下层应力的影响，计算结果如图 5-5 所示。从图 5-5(a)可知，当沥青混凝土下层与沥青混凝土上层间摩擦系数从 0 逐渐增大到 0.5 时，沥青混凝土下层横向最大拉应力 σ_{xmax} 先减小，再保持基本不变，减小了约 20%，纵向最大拉应力 σ_{zmax} 逐渐增大，其值增大了约 15%，沥青混凝土下层横向剪应力 τ_{xymax} 和纵向最大剪应力 τ_{yzmax} 也在增大，二者分别增大了约 40% 和 43%。从图 5-5(b)可知，当沥青混凝土下层与沥青混凝土上层间摩擦系数从 0 逐渐增大到 0.5 时，沥青混凝土上层横向最大拉应力 σ_{xmax} 和纵向最大拉应力 σ_{zmax} 逐渐减小，二者分别减小了约 18% 和 24%，沥青混凝土上层横向最大剪应力 τ_{xymax} 和纵向最大剪应力 τ_{yzmax} 在逐渐增大，二者分别增大了约 50% 和 16%。从以上分析可知，随着沥青混凝土下层和沥青混凝土上层之间摩擦系数的逐渐增大，沥青混凝土下层和沥青混凝土上层横向最大剪应力 τ_{xymax} 和纵向最大剪应力 τ_{yzmax} 明显增大，沥青混凝土上层拉应力明显减小。

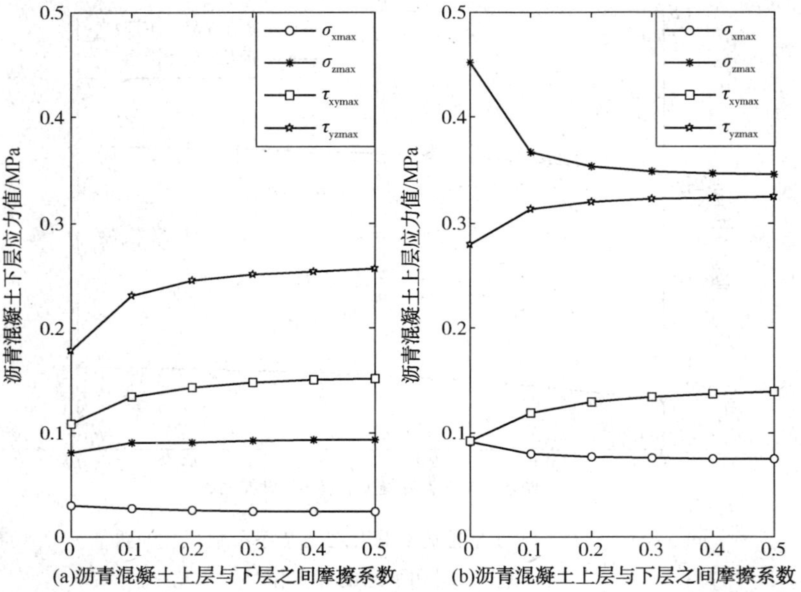

图 5-5 沥青混凝土下层与上层之间摩擦系数变化对沥青混凝土上层和下层应力的影响

沥青混凝土下层与沥青混凝土上层之间摩擦系数变化对沥青混凝土上层和下层竖向位移的影响如图 5-6 所示。从图 5-6 可知，当沥青混凝土下层与沥青混凝土上层之间的摩擦系数逐渐增大时，沥青混凝土上层和下层竖向位移都有不同程度的减小。

三类层间摩擦系数变化时沥青混凝土上层和下层的响应规律小结如下：

（1）当整平层与防水层之间摩擦系数逐渐增大时，沥青混凝土上层和下层的横向拉应力和纵向拉应力都有明显的减小，沥青混凝土上层和下层横向剪应力和纵向剪应力都有不同程度的增大；对比沥青混凝土下层和上层各个应力发现整平层和防水层之间的摩擦系数变化对沥青混凝土下层应力的影响比沥青混凝土上层应力的影响明显。

（2）当防水层与沥青混凝土下层之间的摩擦系数逐渐增大时，沥青上层和沥青下层的拉应力以及剪应力的变化规律类似于防水层与整平层之间摩擦系数增大的变化规律，这是因为防水层厚度较其他结构层厚度薄而造成的。当沥青混凝土

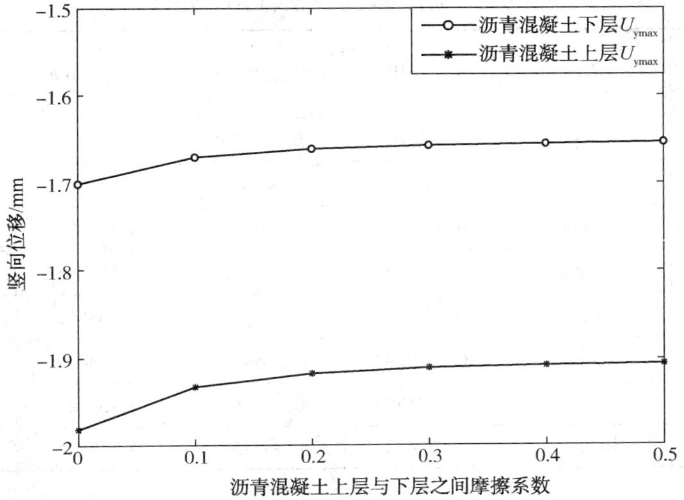

图 5-6　沥青下层与沥青上层之间的摩擦系数对
沥青上下层竖向位移的影响

上层和下层之间摩擦系数逐渐增大时，沥青混凝土下层和沥青混凝土上层剪应力逐渐增大，沥青混凝土上层横向拉应力和纵向拉应力有明显减小。当三类层间摩擦系数逐渐增大时，沥青混凝土上层和沥青混凝土下层竖向位移都逐渐减小。

第二节　层间黏结应力变化时的影响分析

层间黏结应力越大，层与层的连接的越紧密，层与层之间越不容易分离，当层间黏结应力消失或者没有黏结应力时，层间黏结失效现象产生，层间发生分离现象。本节首先计算并分析防水层与沥青混凝土下层之间黏结应力的变化对沥青混凝土上层和下层应力的影响规律，此后分析沥青混凝土上层和下层之间黏结应力变化对沥青混凝土上层和下层应力的影响规律。

一、防水层与沥青混凝土下层之间黏结应力影响分析

防水层与沥青混凝土下层之间黏结应力变化时，考察分析沥青混凝土铺装层应力的变化规律以及防水层与沥青混凝土下层层间滑动状况的变化特性。当防水层与沥青混凝土下层之间黏结应力分别取 5000Pa、10000Pa、50000Pa 和 100000Pa 时，沥青混凝土上层和下层的应力变化见表 5-1。

表 5-1　沥青混凝土上层和下层应力值

沥青混凝土铺装层	黏结应力/Pa	σ_{xmax}/MPa	σ_{zmax}/MPa	τ_{xymax}/MPa	τ_{yzmax}/MPa
沥青混凝土下层	5000	0.018568	0.078468	0.152367	0.261804
	10000	0.020448	0.083331	0.152103	0.260312
	50000	0.023474	0.093622	0.151887	0.256406
	100000	0.023474	0.093622	0.151887	0.256406
沥青混凝土上层	5000	0.073799	0.335121	0.138842	0.326422
	10000	0.074259	0.339487	0.138829	0.325946
	50000	0.074672	0.345156	0.138808	0.324740
	100000	0.074672	0.345156	0.138808	0.324740

从表 5-1 可知，随着防水层与沥青混凝土下层之间黏结应力的增大，沥青混凝土下层横向最大拉应力 σ_{xmax} 和纵向最大 σ_{zmax} 都有明显增大，二者分别增大了约 26%和 19%，沥青混凝土下层横向最大剪应力 τ_{xymax} 和纵向最大剪应力 τ_{yzmax} 都少量减小；沥青混凝土上层拉应力横向最大拉应力 σ_{xmax} 和纵向最大拉应力 σ_{zmax} 也都有少量增大，二者分别增大了约 1%和 3%，沥青混凝土上层横向最大剪应力 τ_{xymax} 和纵向最大剪应力 τ_{yzmax} 都少量减小；当防水层与沥青混凝土下层之间黏结应力大于 50000Pa 时，沥青混凝土下层和上层纵横向拉应力以及纵横向剪应力保持不变。比较沥青混凝土下层和沥青混凝土上层各个应力的变化率可知，随着防水层与沥青混凝土下层之间黏结应力的增大，沥青混凝土下层纵横向拉应力的增大量比沥青混凝土上层纵横向拉应力的增大量变化明显，沥青混凝土上层和下层的纵横向剪应力变化不大。

当防水层与沥青混凝土下层之间黏结应力分别取 5000Pa、10000Pa 和 50000Pa 时，防水层与沥青混凝土下层之间接触面上滑动区域和滑动状况分别如图 5-7 所示（俯视图，同下文）。图 5-7 中，蓝色区域表示层间无滑动，红色区域表示层间滑动量最大的地方，从蓝色到红色层间滑动量逐渐增大，荷载作用区域如图 5-7 中红色箭头作用区域所示，箭头方向为水平力方向。图中有滑动的地方均出现在荷载作用区域之下及其附近区域，说明荷载对层间滑动区域的影响具有局部性。通过比较可知，随着防水层与沥青下层之间黏结应力的增大，层间滑动区域面积在逐渐减小，层间最大滑动量从图 5-7(a)的 2.21×10^{-4}m 到图 5-7(b)的 2.18×10^{-4}m 再到图 5-7(c)的 2.07×10^{-4}m，在逐渐减小，层间最大滑动都出现在荷载作用区域下。

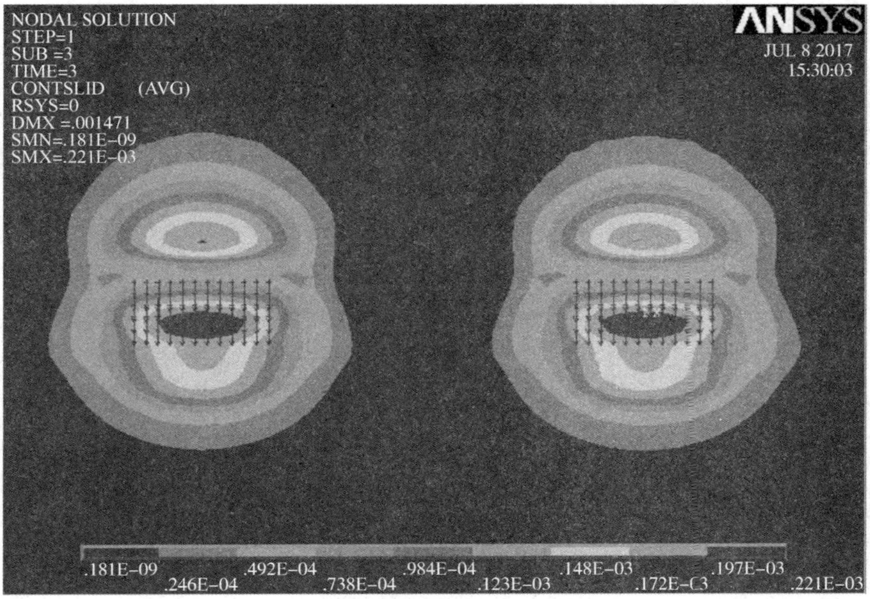

(a)防水层和沥青混凝土下层层间黏结应力5000Pa

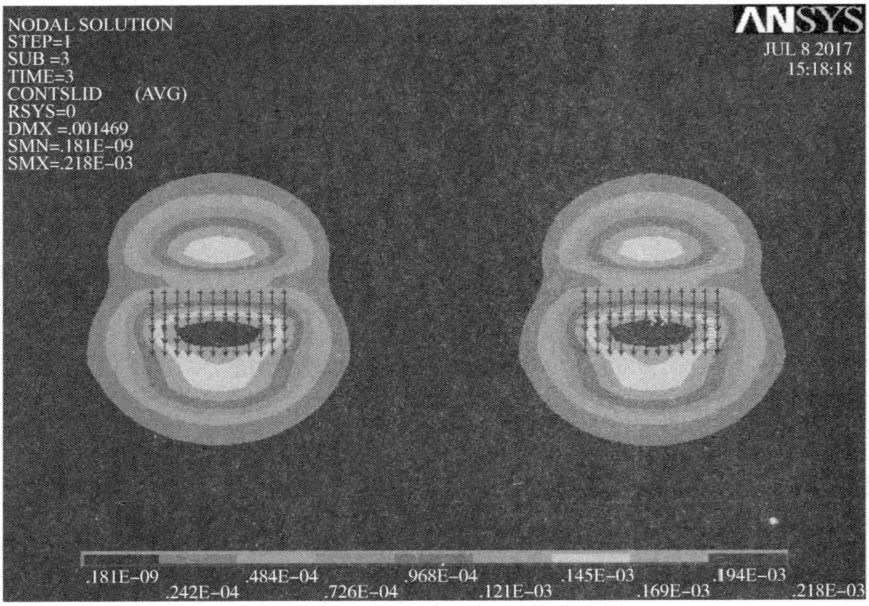

(b)防水层和沥青混凝土下层层间黏结应力10000Pa

图 5-7　防水层与沥青混凝土下层接触面上的滑动状况

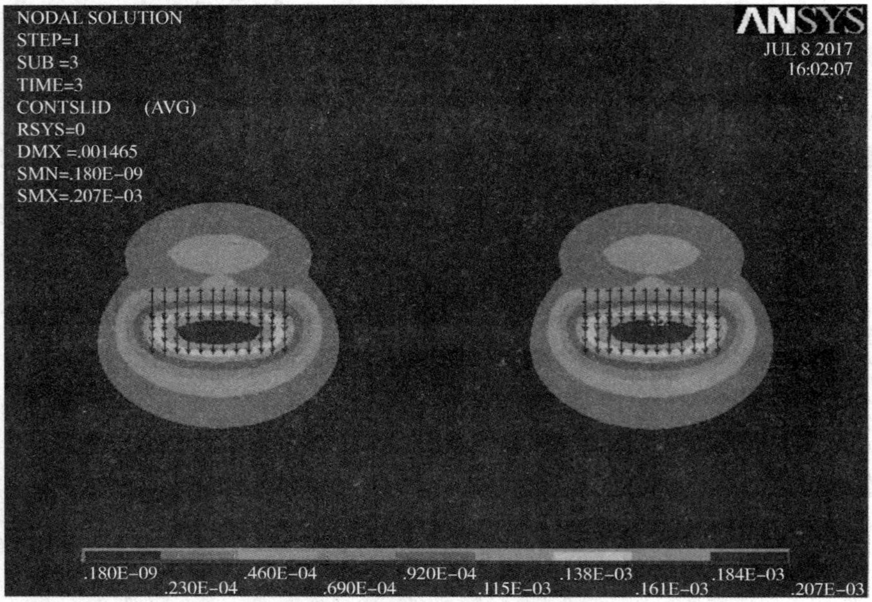

(c)防水层和沥青混凝土下层层间黏结应力50000Pa

图 5-7　防水层与沥青混凝土下层接触面上的滑动状况(续)

二、沥青混凝土上层和下层之间黏结应力影响分析

考虑沥青混凝土上层与下层之间黏结应力不足或者黏结应力较小时，分析沥青混凝土铺装层应力的变化规律以及沥青混凝土上层与下层层间滑动状况的变化。当沥青混凝土上层与下层之间黏结应力分别取 5000Pa、10000Pa、50000Pa 和 100000Pa 时，沥青混凝土上层和下层的应力变化见表 5-2。

表 5-2　沥青混凝土上层和下层应力值

沥青混凝土铺装层	黏结应力/Pa	σ_{xmax}/MPa	σ_{zmax}/MPa	τ_{xymax}/MPa	τ_{yzmax}/MPa
沥青混凝土下层	5000	0. 050604	0. 154134	0. 152731	0. 259662
	10000	0. 043676	0. 138024	0. 152568	0. 258597
	50000	0. 022936	0. 092013	0. 151971	0. 256605
	100000	0. 023474	0. 093622	0. 151887	0. 256406

续表

沥青混凝土铺装层	黏结应力/Pa	σ_{xmax}/MPa	σ_{zmax}/MPa	τ_{xymax}/MPa	τ_{yzmax}/MPa
沥青混凝土上层	5000	0.068781	0.293917	0.138982	0.326876
	10000	0.070932	0.309448	0.138947	0.326321
	50000	0.075715	0.342273	0.138869	0.324948
	100000	0.076672	0.345156	0.138348	0.324740

从表 5-2 可知，随着沥青混凝土上层与下层之间黏结应力的增大，沥青混凝土下层的横向最大拉应力、纵向最大拉应力、横向最大剪应力以及纵向最大剪应力都有不同程度的减小，其中沥青混凝土下层横向最大拉应力和纵向最大拉应力减小最明显，二者分别减小了约 54%和 39%。沥青混凝土上层横向最大拉应力 σ_{xmax} 和纵向最大拉应力 σ_{zmax} 在逐渐增大，二者分别增大了约 11%和 17%，沥青混凝土上层横向最大剪应力 τ_{xymax} 和纵向最大剪应力 τ_{yzmax} 都少量减小。比较沥青混凝土下层和上层各个应力的变化率可知，随着沥青混凝土上层与下层之间黏结应力的增大，沥青混凝土下层横向和纵向拉应力的减小量比沥青混凝土上层横向和纵向拉应力的增大量大，但沥青混凝土上层和下层剪应力的变化不大。

当沥青混凝土上层与下层之间黏结应力分别取 5000Pa、10000Pa 和 50000Pa 时，沥青混凝土上层与下层之间接触面上滑动区域和滑动状况分别如图 5-8 所示。

通过比较可知，随着沥青混凝土上层与下层之间黏结应力的增大，层间滑动区域面积也在逐渐减小，层间最大滑动量从图 5-8(a)的 2.01×10^{-4}m 到图 5-8(b)的 1.58×10^{-4}m 再到图 5-8(c)的 0.552×10^{-4}m，在逐渐减小，在图 5-8(a)和图 5-8(b)中层间最大滑动出现在荷载作用区域后面，图 5-8(c)中层间最大滑动出现在荷载作用区域正下方。

层间黏结应力变化时，沥青混凝土上下层的应力规律和层间滑动规律小结如下：

(1)随着防水层与沥青混凝土下层层间黏结应力的增大，沥青混凝土下层拉应力先增大后保持不变，沥青混凝土下层剪应力和上层应力变化不明显，层间滑动区域面积逐渐减小，层间最大滑动量也在减小，层间最大滑动在荷载作用区域的正下方。

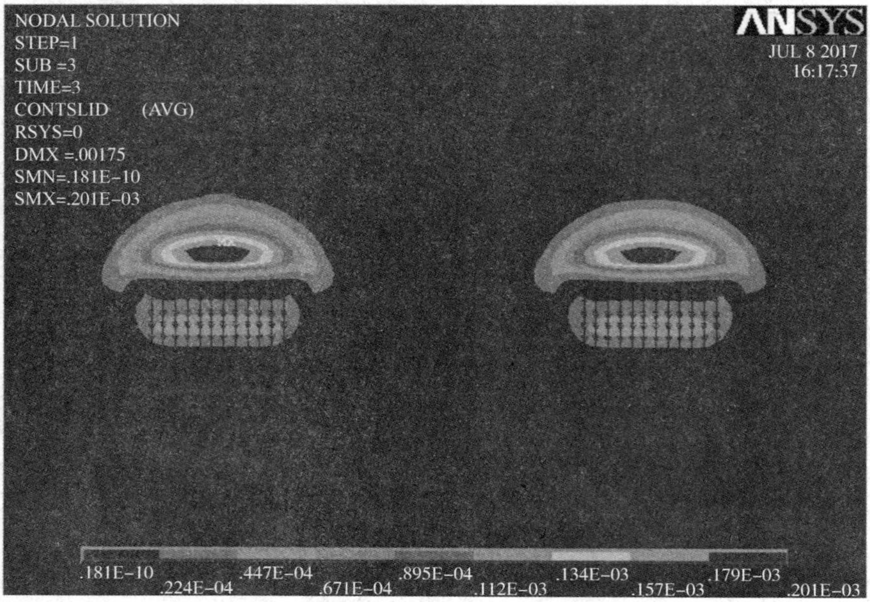

(a)沥青混凝土上层和下层层间黏结应力5000Pa

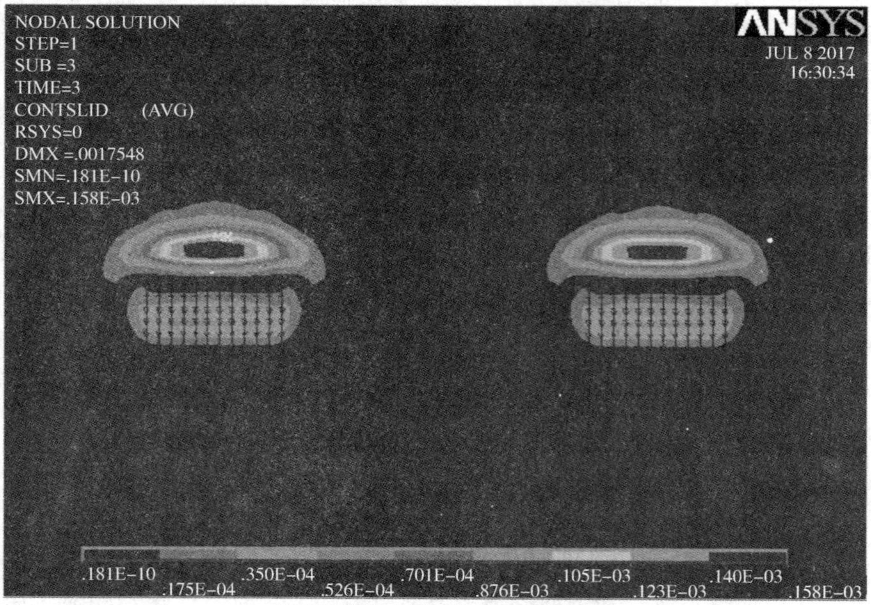

(b)沥青混凝土上层和下层层间黏结应力10000Pa

图 5-8　沥青混凝土上层与下层接触面上的滑动状况

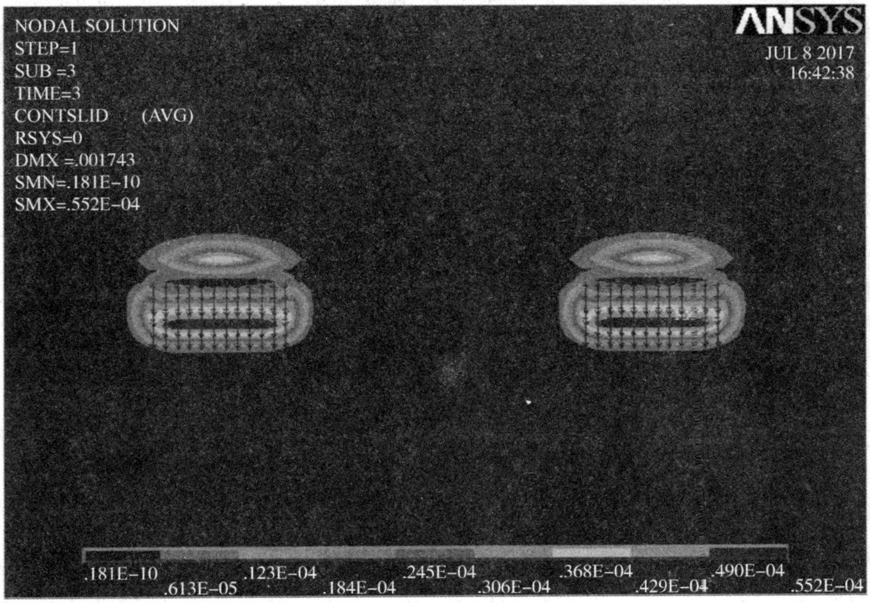

(c)沥青混凝土上层和下层层间黏结应力50000Pa

图 5-8　沥青混凝土上层与下层接触面上的滑动状况(续)

(2) 随着沥青混凝土上层和下层层间黏结应力的增大，沥青混凝土上层拉应力在增大，沥青混凝土下层拉应力减小明显，对沥青混凝土上层和下层剪应力影响不大，层间滑动区域面积逐渐减小，层间最大滑动量也在减小，层间最大滑动从荷载作用区域后端向荷载作用区域正下方移动。

第三节　铺装层层间黏结失效时的影响分析

铺装层在施工过程中，由于人员操作不当，层面打扫不干净，界面处理不到位，在荷载的反复作用下，层间黏结应力慢慢消失，铺装层间会产生分离现象。如若铺装层层间分离现象产生，层内和层间应力将不同于层间完全接触状态下的情形，层内和层间应力必将重新分配。层间分离处可以理解为层间黏结应力作用消失，计算时可将分离处的黏结应力视为零，非分离处黏结应力保持不变。当分离处黏结应力为零时，层间摩擦作用仍然存在，层间剪应力将依靠摩擦力传递。

为了方便计算，在分析铺装层层间黏结失效(分离缺陷)对沥青混凝土上层和下层应力影响时，将铺装层层间分离处假设为规则的长方形，并分为多种不同类型进行计算，各种层间分离类型如图 5-9 所示。图中虚线框大小等同于汽车—超 20 级重车后轴单轴双轮单侧荷载作用面积(0. 6m×0. 2m)，图中阴影部分表示层间分离区域的大小和形状，例如层间分离类型“L5”，表示在左侧荷载区域下面，铺装层层间分离区域大小为 0. 3m×0. 3m，其分离区域形状为正方形。将层间分离类型 L0、L1、L2、L3、L4、L5 以及 L6 这 7 种类型记为“L”型，表示层间分离区域出现在左侧荷载区域下；将层间分离类型 R0、R1、R2、R3、R4、R5 以及 R6 这 7 种类型记为“R”型，表示层间分离区域出现在右侧荷载区域下；将层间分离类型 D0、D1、D2、D3、D4、D5 以及 D6 这 7 种类型记为“D”型，表示层间分离区域出现在左右两侧荷载区域下；将层间分离类型 T0、T1、T2、T3、T4、T5、T6、T7 以及 T8 这 9 种类型记为“T”型，表示分离区域出现在右侧荷载区域附近或者右侧荷载区域下方。

需要说明的是分离区域位于层与层之间，可以是整平层与防水层之间出现上述分离类型，也可以是防水层与沥青混凝土下层之间出现上述分离类型，当然也可以是沥青混凝土下层与上层之间出现上述分离类型；荷载作用区域位于分离区域上方(即沥青混凝土面层上)，虚线框相当于荷载在某个层与层之间分离区域面上的投影区域，同时反映了荷载作用区域和层间分离区域之间的相互位置关系；在图 5-9 中，层间分离类型 L0、R0 和 D0 的层间分离区域面积都为零，表示层间无分离现象产生，文中只是用于将它们和其他层间分离类型的计算结果进行比较；当某个层间的特定位置出现层间分离时，此层间的其他位置以及其他层间都不会再有分离现象产生，例如假设防水层与沥青混凝土下层层间的荷载作用区域下存在层间分离类型 D3，此时防水层与沥青混凝土下层层间的其他位置没有层间分离现象，整平层与防水层层间以及沥青混凝土下层与上层层间也都没有层间分离现象。

无论是“L”型层间分离区域、“R”型层间分离区还是“D”型层间分离区域，数字标号从 0 到 6 逐渐递增时，层间分离区域的面积也保持非减变化。在有数字标号“1”、“2”、“4”和“6”的层间分离类型中，分离区域完全位于荷载投影区域之内，在有数字标号“3”和“5”的层间分离类型中，分离区域有部分位于荷载投影区域之内，部分位于荷载投影区域之外。对于“T”型层间分离区域类型，可知分离区域面积是一样的，都是 0. 2m×0. 2m，但分离区域与荷载区域的相对位置不同。

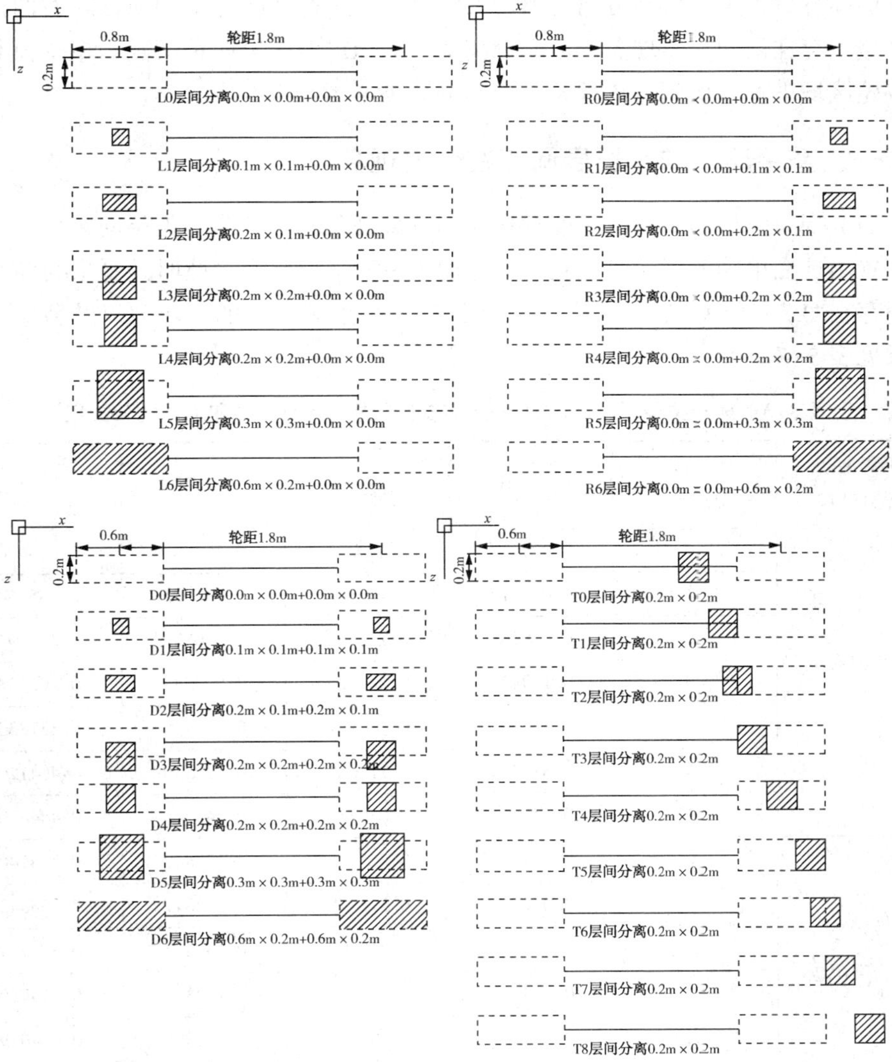

图 5-9　层间分离类型

将铺装层层间分离缺陷影响分析分为三类，第一类为整平层与防水层之间存在层间分离现象，第二类为防水层与沥青混凝土下层之间存在层间分离现象，第三类为沥青混凝土下层与上层之间存在层间分离现象。对于这三个类型中的每个类型，都将采用四种情况进行计算，第一种情况为单轴荷载左侧双轮区域下存在层间分离现象，层间分离类型为“L”型，第二种情况为单轴荷载右侧双轮区域下存在层间分离现象，层间分离类型为“R”型，第三种情况为单轴荷载左右两侧双轮区域下存在层间分离现象，层间分离类型为“D”型，第四种情况为单轴荷载右侧双轮区域下存在层间分离现象，层间分离类型为“T”型。

一、整平层与防水层层间存在分离现象

（1）当整平层与防水层之间存在层间分离现象时，即第一类层间分离，当分离位置出现在单轴荷载左侧双轮下时，即第一种情况，假设此时整平层与防水层之间存在“L”型分离现象，计算得沥青混凝土下层和上层的拉应力以及剪应力的结果见表5-3。

表5-3　第一类层间分离时第一种情况下沥青混凝土下层和上层的应力值

沥青混凝土铺装层	层间分离类型	σ_{xmax}/MPa	σ_{zmax}/MPa	τ_{xymax}/MPa	τ_{yzmax}/MPa
沥青混凝土下层	L0	0.023474	0.093622	0.151887	0.256406
	L1	0.023817	0.152392	0.151985	0.285860
	L2	0.028262	0.230552	0.170800	0.319094
	L3	0.159429	0.282183	0.208580	0.263128
	L4	0.216595	0.480401	0.229046	0.337830
	L5	0.372713	0.713023	0.328330	0.404120
	L6	0.345697	0.836769	0.243276	0.444820
沥青混凝土上层	L0	0.074672	0.345156	0.138848	0.324740
	L1	0.075556	0.375428	0.138847	0.355343
	L2	0.079752	0.410499	0.138847	0.376219
	L3	0.084545	0.434668	0.138847	0.324732
	L4	0.085463	0.482689	0.160096	0.404019
	L5	0.124827	0.604122	0.248357	0.443462
	L6	0.208397	0.645704	0.211652	0.484160

对比表5-3中层间分离类型“L0”、“L1”、“L2”、“L4”和“L6”的应力计算结果可知，随着虚线框中层间分离区域面积从无到有，再逐渐增大，无论是沥青混凝土下层还是上层，它们的横向最大拉应力σ_{xmax}和纵向最大拉应力σ_{zmax}的值都在增大，它们的横向最大剪应力τ_{xymax}或者增大或者几乎保持不变，纵向最大

剪应力 τ_{yzmax} 的值也在增大。

对比表 5-3 中层间分离类型"L2"和"L3"时的应力计算结果可知，沥青混凝土下层横向最大拉应力 σ_{xmax} 增大了约 464%，纵向最大拉应力 σ_{zmax} 增大了约 22%，沥青混凝土下层横向最大剪应力 τ_{xymax} 增大了约 22%，纵向最大剪应力 τ_{yzmax} 减小约 18%；沥青混凝土上层横向最大拉应力 σ_{xmax} 增大了约 6%，纵向最大拉应力 σ_{zmax} 增大了约 6%，沥青混凝土上层横向最大剪应力 τ_{xymax} 几乎保持不变，纵向最大剪应力 τ_{yzmax} 减小约 14%。对比表 5-3 中层间分离类型"L3"和"L4"的应力计算结果可知，沥青混凝土下层的横向最大拉应力 σ_{xmax}、纵向最大拉应力 σ_{zmax}、横向最大剪应力 τ_{xymax} 以及纵向最大剪应力 τ_{yzmax} 都有增大，分别增大了约 36%、70%、10%以及 28%；沥青混凝土上层横向最大拉应力 σ_{xmax}、纵向最大拉应力 σ_{zmax}、横向最大剪应力 τ_{xymax} 以及纵向最大剪应力 τ_{yzmax} 也都有不同程度的增大，分别增大了约 1%、11%、15%以及 24%。

对比表 5-3 中层间分离类型"L4"和"L5"的应力计算结果可知，沥青混凝土下层的横向最大拉应力 σ_{xmax}、纵向最大拉应力 σ_{zmax}、横向最大剪应力 τ_{xymax} 以及纵向最大剪应力 τ_{yzmax} 都有增大，分别增大了约 72%、48%、43%以及 20%；沥青混凝土上层横向最大拉应力 σ_{xmax}、纵向最大拉应力 σ_{zmax}、横向最大剪应力 τ_{xymax} 以及纵向最大剪应力 τ_{yzmax} 也都有不同程度的增大，分别增大了约 46%、25%、55%以及 10%。

对比表 5-3 中层间分离类型"L5"和"L6"的应力计算结果可知，沥青混凝土下层的横向最大拉应力 σ_{xmax} 和横向最大剪应力 τ_{xymax} 分别减小了约 7%和 26%，但沥青混凝土下层的纵向最大拉应力 σ_{zmax} 和纵向最大剪应力 τ_{yzmax} 分别增大了约 17%和 10%；沥青混凝土上层横向最大拉应力 σ_{xmax}、纵向最大拉应力 σ_{zmax} 以及纵向最大剪应力 τ_{yzmax} 都有不同程度的增大，分别增大了约 67%、7%以及 9%，沥青混凝土上层横向最大剪应力 τ_{xymax} 减小了约 15%。

从表 5-3 中还可以得知，对于第一类层间分离类型的第一种情况下的每个层间类型，沥青混凝土下层的横向最大剪应力 τ_{xymax} 的值都大于对应类型的沥青混凝土上层的横向最大剪应力 τ_{xymax} 的值，但沥青混凝土上层纵向最大剪应力 τ_{yzmax} 的值都大于对应类型沥青混凝土下层的纵向最大剪应力 τ_{yzmax} 的值。

（2）整平层与防水层之间存在层间分离现象时，即第一类层间分离，当分离位置出现在单轴荷载右侧双轮下时，即第二种情况，假设此时整平层与防水层之间存在"R"型分离类型，计算得沥青混凝土下层和上层的拉应力以及剪应力的结果见表 5-4。

表 5-4 第一类层间分离时第二种情况下沥青混凝土下层和上层的应力值

沥青混凝土铺装层	层间分离类型	σ_{xmax}/MPa	σ_{zmax}/MPa	τ_{xymax}/MPa	τ_{yzmax}/MPa
沥青混凝土下层	R0	0. 023474	0. 093622	0. 151887	0. 256406
	R1	0. 023575	0. 150193	0. 151940	0. 285887
	R2	0. 025745	0. 228322	0. 170720	0. 319113
	R3	0. 156851	0. 279992	0. 208496	0. 263173
	R4	0. 214019	0. 478200	0. 228958	0. 337816
	R5	0. 370213	0. 710886	0. 328259	0. 404091
	R6	0. 343227	0. 834506	0. 243351	0. 444789
沥青混凝土上层	R0	0. 074672	0. 345156	0. 138848	0. 324740
	R1	0. 074773	0. 372909	0. 138862	0. 355331
	R2	0. 077243	0. 407967	0. 138885	0. 376204
	R3	0. 081959	0. 432135	0. 138899	0. 324737
	R4	0. 083048	0. 480141	0. 160049	0. 403989
	R5	0. 122658	0. 601662	0. 248298	0. 443449
	R6	0. 206698	0. 643133	0. 211663	0. 484123

对比表 5-4 中层间分离类型“R0”、“R1”、“R2”、“R4”和“R6”的应力计算结果可知，随着虚线框中层间分离区域面积从无到有，再逐渐增大，无论是沥青混凝土下层还是上层，它们的横向最大拉应力 σ_{xmax} 和纵向最大拉应力 σ_{zmax} 的值都在增大，横向最大剪应力 τ_{xymax} 或者增大或者几乎保持不变，纵向最大剪应力 τ_{yzmax} 的值也都在增大。

对比表 5-4 中层间分离类型“R2”和“R3”时的应力计算结果可知，沥青混凝土下层横向最大拉应力 σ_{xmax} 增大了约 509%，纵向最大拉应力 σ_{zmax} 增大了约 23%，沥青混凝土下层横向最大剪应力 τ_{xymax} 增大了约 22%，纵向最大剪应力 τ_{yzmax} 减小约 18%；沥青混凝土上层横向最大拉应力 σ_{xmax} 增大了约 6%，纵向最大拉应力 σ_{zmax} 增大了约 6%，沥青混凝土上层横向最大剪应力 τ_{xymax} 几乎保持不变，纵向最大剪应力 τ_{yzmax} 减小约 14%。

对比表 5-4 中层间分离类型“R3”和“R4”的应力计算结果可知，沥青混凝土下层的横向最大拉应力 σ_{xmax}、纵向最大拉应力 σ_{zmax}、横向最大剪应力 τ_{xymax} 以及纵向最大剪应力 τ_{yzmax} 都有增大，分别增大了约 36%、71%、10%以及 28%；沥青混凝土上层横向最大拉应力 σ_{xmax}、纵向最大拉应力 σ_{zmax}、横向最大剪应力 τ_{xymax} 以及纵向最大剪应力 τ_{yzmax} 也都有不同程度的增大，分别增大了约 1%、11%、15%以及 24%。

对比表 5-4 中层间分离类型“R4”和“R5”的应力计算结果可知，沥青混凝土下层的横向最大拉应力 σ_{xmax}、纵向最大拉应力 σ_{zmax}、横向最大剪应力 τ_{xymax} 以及纵向最大剪应力 τ_{yzmax} 都有增大，分别增大了约 73%、49%、43%以及 20%；沥青混凝土上层横向最大拉应力 σ_{xmax}、纵向最大拉应力 σ_{zmax}、横向最大剪应力 τ_{xymax} 以及纵向最大剪应力 τ_{yzmax} 也都有不同程度的增大，分别增大了约 48%、25%、55%以及 10%。

对比表 5-4 中层间分离类型“R5”和“R6”的应力计算结果可知，沥青混凝土下层的横向最大拉应力 σ_{xmax} 和横向最大剪应力 τ_{xymax} 分别减小了约 7%和 26%，但沥青混凝土下层的纵向最大拉应力 σ_{zmax} 和纵向最大剪应力 τ_{yzmax} 分别增大了约 17%和 10%；沥青混凝土上层横向最大拉应力 σ_{xmax}、纵向最大拉应力 σ_{zmax} 以及纵向最大剪应力 τ_{yzmax} 都有不同程度的增大，分别增大了约 67%、7%以及 9%，沥青混凝土上层横向最大剪应力 τ_{xymax} 减小了约 15%。

从表 5-4 中还可以得知，对于第一类层间分离类型的第二种情况下的每个层间类型，沥青混凝土下层的横向最大剪应力 τ_{xymax} 的值都大于对应类型的沥青混凝土上层的横向最大剪应力 τ_{xymax} 的值，但沥青混凝土上层纵向最大剪应力 τ_{yzmax} 的值都大于对应类型沥青混凝土下层的纵向最大剪应力 τ_{yzmax} 的值。

（3）当整平层与防水层之间存在层间分离现象时，即第一类层间分离，当分离位置出现在单轴荷载左右两侧双轮下时，即第三种情况，假设此时整平层与防水层之间存在“D”型分离现象，计算后得沥青混凝土下层和上层的拉应力以及剪应力的结果见表 5-5。

对比表 5-5 中层间分离类型“D0”、“D1”、“D2”、“D4”和“D6”的应力计算结果可知，随着虚线框中层间分离区域面积从无到有，再逐渐增大，无论是沥青混凝土下层还是上层，它们的横向最大拉应力 σ_{xmax} 和纵向最大拉应力 σ_{zmax} 的值都在增大，横向最大剪应力 τ_{xymax} 或者增大或者几乎保持不变，纵向最大剪应力 τ_{yzmax} 的值也都在增大。

对比表 5-5 中层间分离类型“D2”和“D3”时的应力计算结果可知，沥青混凝土下层横向最大拉应力 σ_{xmax} 增大了约 464%，纵向最大拉应力 σ_{zmax} 增大了约 22%，沥青混凝土下层横向最大剪应力 τ_{xymax} 增大了约 22%，纵向最大剪应力 τ_{yzmax} 减小约 18%；沥青混凝土上层横向最大拉应力 σ_{xmax} 增大了约 6%，纵向最大拉应力 σ_{zmax} 增大了约 6%，沥青混凝土上层横向最大剪应力 τ_{xymax} 减小了约 2%，纵向最大剪应力 τ_{yzmax} 减小约 14%。

表 5-5　第一类层间分离时第三种情况下沥青混凝土下层和上层的应力值

沥青混凝土铺装层	层间分离类型	σ_{xmax}/MPa	σ_{zmax}/MPa	τ_{xymax}/MPa	τ_{yzmax}/MPa
沥青混凝土下层	D0	0. 023474	0. 093622	0. 151887	0. 256406
	D1	0. 023818	0. 152401	0. 151986	0. 285882
	D2	0. 028272	0. 230572	0. 170800	0. 319103
	D3	0. 159461	0. 282198	0. 208576	0. 263155
	D4	0. 216634	0. 480450	0. 229042	0. 337807
	D5	0. 372823	0. 713139	0. 328305	0. 404103
	D6	0. 345821	0. 837033	0. 243317	0. 444726
沥青混凝土上层	D0	0. 074672	0. 345156	0. 138848	0. 324740
	D1	0. 075557	0. 375432	0. 138119	0. 355342
	D2	0. 079755	0. 410509	0. 136739	0. 376218
	D3	0. 084554	0. 434686	0. 133843	0. 324625
	D4	0. 085471	0. 482711	0. 160098	0. 404017
	D5	0. 124845	0. 604185	0. 248362	0. 443460
	D6	0. 208422	0. 645792	0. 211668	0. 484156

对比表 5-5 中层间分离类型“D3”和“D4”的应力计算结果可知，沥青混凝土下层的横向最大拉应力 σ_{xmax}、纵向最大拉应力 σ_{zmax}、横向最大剪应力 τ_{xymax} 以及纵向最大剪应力 τ_{yzmax} 都有增大，分别增大了约 36%、70%、10%以及 28%；沥青混凝土上层横向最大拉应力 σ_{xmax}、纵向最大拉应力 σ_{zmax}、横向最大剪应力 τ_{xymax} 以及纵向最大剪应力 τ_{yzmax} 也都有不同程度的增大，分别增大了约 1%、11%、20%以及 24%。

对比表 5-5 中层间分离类型“D4”和“D5”的应力计算结果可知，沥青混凝土下层的横向最大拉应力 σ_{xmax}、纵向最大拉应力 σ_{zmax}、横向最大剪应力 τ_{xymax} 以及纵向最大剪应力 τ_{yzmax} 都有增大，分别增大了约 72%、48%、43%以及 20%；沥青混凝土上层横向最大拉应力 σ_{xmax}、纵向最大拉应力 σ_{zmax}、横向最大剪应力 τ_{xymax} 以及纵向最大剪应力 τ_{yzmax} 也都有不同程度的增大，分别增大了约 46%、25%、55%以及 10%。

对比表 5-5 中层间分离类型“R5”和“R6”的应力计算结果可知，沥青混凝土下层的横向最大拉应力 σ_{xmax} 和横向最大剪应力 τ_{xymax} 分别减小了约 7%和 26%，但沥青混凝土下层的纵向最大拉应力 σ_{zmax} 和纵向最大剪应力 τ_{yzmax} 分别增大了约 17%和 10%；沥青混凝土上层横向最大拉应力 σ_{xmax}、纵向最大拉应力 σ_{zmax} 以及纵向最大剪应力 τ_{yzmax} 都有不同程度的增大，分别增大了约 67%、7%以及 9%，沥青混凝土上层横向最大剪应力 τ_{xymax} 减小了约 15%。

从表 5-5 中还可以得知，对于第一类层间分离类型的第三种情况下的每个层间类型，沥青混凝土下层的横向最大剪应力 τ_{xymax} 的值都大于对应类型的沥青混凝土上层的横向最大剪应力 τ_{xymax} 的值，但沥青混凝土上层纵向最大剪应力 τ_{yzmax} 的值都大于对应类型沥青混凝土下层的纵向最大剪应力 τ_{yzmax} 的值。

（4）当整平层与防水层之间存在层间分离现象时，即第一类层间分离，在第四种情况下，假设此时整平层与防水层之间存在“T”型分离现象，计算后得沥青混凝土下层和上层的拉应力以及剪应力的结果如图 5-10 所示。如图 5-10 所示，在第一类层间分离的第四种情况下，当层间分离区域在荷载区域外时，对沥青混凝土下层和上层的拉应力以及剪应力几乎无影响；当分离区域部分位于荷载区域内时（“T2”类型），横向最大剪应力 τ_{xymax} 除外，沥青混凝土下层和上层的拉应力以及剪应力都有不同程度的增大；沥青混凝土下层横向最大拉应力 σ_{xmax} 和纵向最大拉应力 σ_{zmax} 的变化幅度大于对应的层间分离类型时沥青混凝土上层的横向最大拉应力 σ_{xmax} 和纵向最大拉应力 σ_{zmax} 的变化幅度，对沥青混凝土下层应力的影响大于沥青混凝土上层应力的影响；沥青混凝土下层和上层的纵向最大拉应力 σ_{zmax} 和纵向最大剪应力 τ_{yzmax} 都在“T4”类型时最大，相比“T3”和“T5”类型时沥青混凝土下层以及上层的横向最大拉应力 σ_{xmax} 的值，在“T4”类型时它们的值有所减小。

第一类层间分离时，第一种情况、第二种情况和第三种情况下沥青混凝土下层以及上层竖向位移在各类层间分离类型下的计算值见表 5-6。

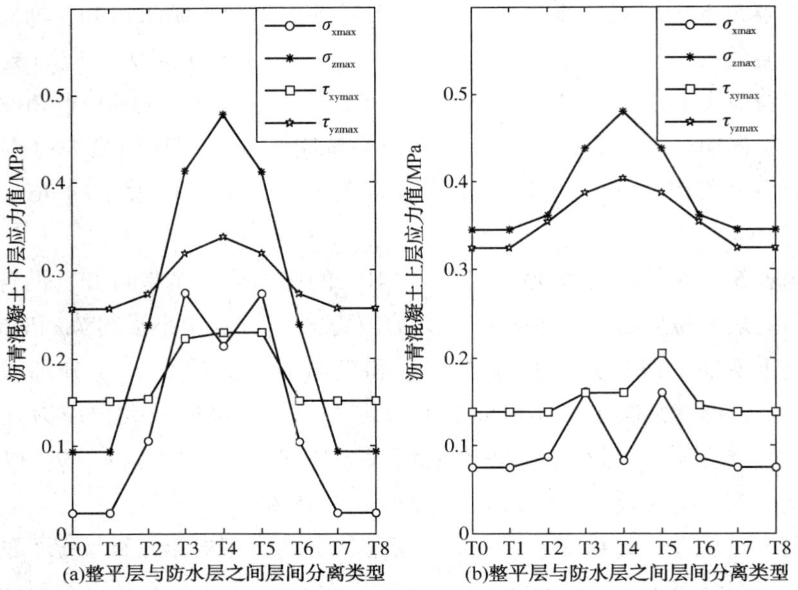

图 5-10　第一类层间分离时第四种情况下沥青混凝土下层和上层的应力值

表 5-6　第一类层间不同情况下各种层间分离类型时沥青混凝土上层和下层竖向位移

mm

层间分离类型标号	“L”型分离类型		“R”型分离类型		“D”型分离类型	
	下层竖向位移	上层竖向位移	下层竖向位移	上层竖向位移	下层竖向位移	上层竖向位移
0	-1. 654	-1. 905	-1. 654	-1. 905	-1. 654	-1. 905
1	-1. 654	-1. 905	-1. 813	-2. 018	-1. 813	-2. 018
2	-1. 697	-1. 905	-2. 025	-2. 190	-2. 025	-2. 190
3	-2. 005	-2. 149	-2. 333	-2. 477	-2. 333	-2. 477
4	-2. 296	-2. 378	-2. 624	-2. 705	-2. 624	-2. 705
5	-3. 629	-3. 708	-3. 957	-4. 035	-3. 957	-4. 035
6	-3. 237	-3. 303	-3. 564	-3. 630	-3. 564	-3. 631

从表 5-6 可以看出，无论是“L”型分离类型、“R”型分离类型，还是“D”型分离类型，从层间分离类型标号“0”到“5”，当层间分离区域的面积保持不减变化时，沥青混凝土下层和上层竖向位移都在增大。对比表 5-6 中层间分离类型标

号“4”、“5”和“6”时沥青混凝土下层和上层的竖向位移，可知层间分离类型标号为“4”和“6”时沥青混凝土下层和上层的竖向位移都小于层间分离类型标号为“5”时沥青混凝土下层和上层的竖向位移，说明荷载作用区域和分离区域的相对位置对沥青混凝土上层和下层的位移有明显影响。从表5-6可以看出，无论是“L”型分离类型、“R”型分离类型，还是“D”型分离类型，沥青混凝土上层的竖向位移都大于对应类型时沥青混凝土下层的竖向位移。从表5-6还可知，“D”型分离类型时沥青混凝土下层和上层的竖向位移几乎和“R”型分离类型时沥青混凝土下层和上层的竖向位移完全相同，并且二者都大于等于“L”型分离类型时沥青混凝土下层和上层的竖向位移。

第一类层间分离时第四种情况下沥青混凝土下层和上层的竖向位移如图5-11所示，当分离区域位移荷载区域外时(见层间分离类型“T0”、“T1”、“T7”和“T8”)，沥青混凝土下层和上层的竖向位移几乎保持不变。当层间分离类型按“T1”、“T2”、“T3”和“T4”依次进行时，沥青混凝土下层和上层的竖向位移都在增大；当层间分离类型按“T4”、“T5”、“T6”和“T7”依次进行时，沥青混凝土下层和上层的竖向位移都在减小。从图5-11还可以看出，沥青混凝土上层的竖向位移都大于对应类型时沥青混凝土下层的竖向位移。

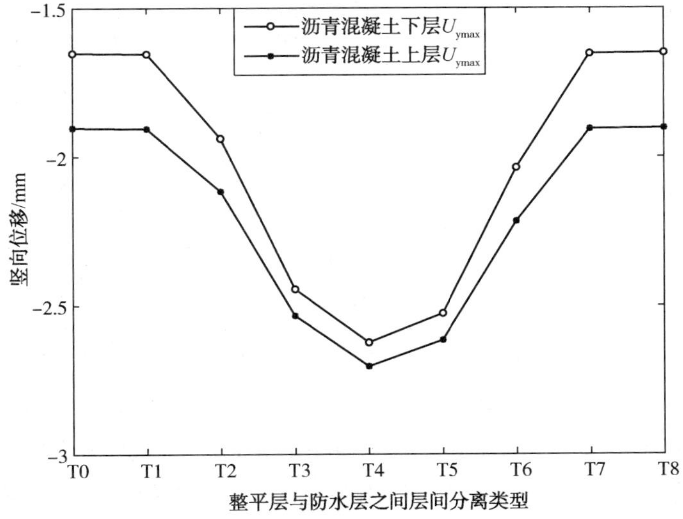

图5-11　第一类层间分离时第四种情况下沥青混凝土下层和上层的竖向位移

二、防水层与沥青混凝土下层之间存在分离现象

(1) 当防水层与沥青混凝土下层之间存在层间分离现象时，即第二类层间分离，当分离位置出现在单轴荷载左侧双轮下时，即第一种情况，假设此时防水层与沥青下层之间存在“L”型分离现象，计算后得沥青下层和沥青上层的拉应力以及剪应力的结果见表 5-7。

表 5-7　第二类层间分离时第一种情况下沥青混凝土下层和上层的应力值

沥青混凝土铺装层	层间分离类型	σ_{xmax}/MPa	σ_{zmax}/MPa	τ_{xymax}/MPa	τ_{yzmax}/MPa
沥青混凝土下层	L0	0. 023474	0. 093622	0. 151887	0. 256406
	L1	0. 023907	0. 169094	0. 151985	0. 289116
	L2	0. 032859	0. 247678	0. 168916	0. 322771
	L3	0. 177817	0. 307984	0. 205508	0. 265951
	L4	0. 241059	0. 519540	0. 226202	0. 334492
	L5	0. 415046	0. 777282	0. 326560	0. 373975
	L6	0. 379150	0. 909133	0. 243541	0. 440356
沥青混凝土上层	L0	0. 074672	0. 345156	0. 138848	0. 324740
	L1	0. 075602	0. 375319	0. 138848	0. 354981
	L2	0. 079850	0. 410790	0. 138848	0. 375705
	L3	0. 084717	0. 436174	0. 138848	0. 324853
	L4	0. 085862	0. 486616	0. 162599	0. 411095
	L5	0. 125185	0. 613887	0. 258905	0. 450229
	L6	0. 209737	0. 655718	0. 211555	0. 494093

对比表 5-7 中层间分离类型“L0”、“L1”、“L2”、“L4”和“L6”的应力计算结果可知，随着虚线框中层间分离区域面积从无到有，再逐渐增大，无论是沥青混凝土下层还是上层，它们的横向最大拉应力 σ_{xmax} 和纵向最大拉应力 σ_{zmax} 的值都在增大，它们的横向最大剪应力 τ_{xymax} 或者增大或者几乎保持不变，纵向最大剪应力 τ_{yzmax} 的值也在增大。

对比表 5-7 中层间分离类型“L2”和“L3”时的应力计算结果可知，沥青混凝

土下层横向最大拉应力 σ_{xmax} 增大了约 441%，纵向最大拉应力 σ_{zmax} 增大了约 24%，沥青混凝土下层横向最大剪应力 τ_{xymax} 增大了约 22%，纵向最大剪应力 τ_{yzmax} 减小约 18%；沥青混凝土上层横向最大拉应力 σ_{xmax} 增大了约 6%，纵向最大拉应力 σ_{zmax} 增大了约 6%，沥青混凝土上层横向最大剪应力 τ_{xymax} 保持不变，纵向最大剪应力 τ_{yzmax} 减小约 14%。

对比表 5-7 中层间分离类型“L3”和“L4”的应力计算结果可知，沥青混凝土下层的横向最大拉应力 σ_{xmax}、纵向最大拉应力 σ_{zmax}、横向最大剪应力 τ_{xymax} 以及纵向最大剪应力 τ_{yzmax} 都有增大，分别增大了约 36%、69%、10% 以及 26%；沥青混凝土上层横向最大拉应力 σ_{xmax}、纵向最大拉应力 σ_{zmax}、横向最大剪应力 τ_{xymax} 以及纵向最大剪应力 τ_{yzmax} 也都有不同程度的增大，分别增大了约 1%、12%、17% 以及 27%。

对比表 5-7 中层间分离类型“L4”和“L5”的应力计算结果可知，沥青混凝土下层的横向最大拉应力 σ_{xmax}、纵向最大拉应力 σ_{zmax}、横向最大剪应力 τ_{xymax} 以及纵向最大剪应力 τ_{yzmax} 都有增大，分别增大了约 72%、50%、44% 以及 12%；沥青混凝土上层横向最大拉应力 σ_{xmax}、纵向最大拉应力 σ_{zmax}、横向最大剪应力 τ_{xymax} 以及纵向最大剪应力 τ_{yzmax} 也都有不同程度的增大，分别增大了约 46%、26%、59% 以及 10%。

对比表 5-7 中层间分离类型“L5”和“L6”的应力计算结果可知，沥青混凝土下层的横向最大拉应力 σ_{xmax} 和横向最大剪应力 τ_{xymax} 分别减小了约 9% 和 25%，但沥青混凝土下层的纵向最大拉应力 σ_{zmax} 和纵向最大剪应力 τ_{yzmax} 分别增大了约 17% 和 18%；沥青混凝土上层横向最大拉应力 σ_{xmax}、纵向最大拉应力 σ_{zmax} 以及纵向最大剪应力 τ_{yzmax} 都有不同程度的增大，分别增大了约 68%、7% 以及 10%，沥青混凝土上层横向最大剪应力 τ_{xymax} 减小了约 18%。

从表 5-7 中还可以得知，对于第二类层间分离类型的第一种情况下的每个层间类型，沥青混凝土下层的横向最大剪应力 τ_{xymax} 的值都大于对应类型的沥青混凝土上层的横向最大剪应力 τ_{xymax} 的值，但沥青混凝土上层纵向最大剪应力 τ_{yzmax} 的值都大于对应类型沥青混凝土下层的纵向最大剪应力 τ_{yzmax} 的值。

(2) 当防水层与沥青混凝土下层之间存在层间分离现象时，即第二类层间分离，当分离位置出现在单轴荷载右侧双轮下时，即第二种情况。假设此时防水层与沥青混凝土下层存在“R”型分离现象，计算后得沥青下层和沥青上层的拉应力以及剪应力的结果见表 5-8。

表 5-8　第二类层间分离时第二种情况下沥青混凝土下层和上层的应力值

沥青混凝土铺装层	层间分离类型	σ_{xmax}/MPa	σ_{zmax}/MPa	τ_{xymax}/MPa	τ_{yzmax}/MPa
沥青混凝土下层	R0	0.023474	0.093622	0.151887	0.256406
	R1	0.023575	0.166872	0.151940	0.289142
	R2	0.030349	0.245427	0.168836	0.322789
	R3	0.175257	0.305806	0.205421	0.265997
	R4	0.238501	0.517361	0.226110	0.334475
	R5	0.412541	0.775166	0.326484	0.373945
	R6	0.376699	0.906895	0.243617	0.440320
沥青混凝土上层	R0	0.074672	0.345156	0.138848	0.324740
	R1	0.074774	0.372800	0.138879	0.354971
	R2	0.077341	0.408258	0.138893	0.375693
	R3	0.082130	0.433642	0.138912	0.324847
	R4	0.083447	0.484068	0.162559	0.411068
	R5	0.123011	0.611429	0.258848	0.450218
	R6	0.207937	0.653148	0.211567	0.494060

对比表 5-8 中层间分离类型“R0”、“R1”、“R2”、“R4”和“R6”的应力计算结果可知，随着虚线框中层间分离区域面积从无到有，再逐渐增大，无论是沥青混凝土下层还是上层，它们的横向最大拉应力 σ_{xmax} 和纵向最大拉应力 σ_{zmax} 的值都在增大，横向最大剪应力 τ_{xymax} 或者增大或者几乎保持不变，纵向最大剪应力 τ_{yzmax} 的值也都在增大。

对比表 5-8 中层间分离类型“R2”和“R3”时的应力计算结果可知，沥青混凝土下层横向最大拉应力 σ_{xmax} 增大了约 477%，纵向最大拉应力 σ_{zmax} 增大了约 25%，沥青混凝土下层横向最大剪应力 τ_{xymax} 增大了约 22%，纵向最大剪应力 τ_{yzmax} 减小约 18%；沥青混凝土上层横向最大拉应力 σ_{xmax} 增大了约 6%，纵向最大拉应力 σ_{zmax} 增大了约 6%，沥青混凝土上层横向最大剪应力 τ_{xymax} 几乎保持不变，纵向最大剪应力 τ_{yzmax} 减小约 14%。

对比表 5-8 中层间分离类型“R3”和“R4”的应力计算结果可知，沥青混凝土下层的横向最大拉应力 σ_{xmax}、纵向最大拉应力 σ_{zmax}、横向最大剪应力 τ_{xymax} 以及纵向最大剪应力 τ_{yzmax} 都有增大，分别增大了约 36%、69%、10%以及 26%；沥青混凝土上层横向最大拉应力 σ_{xmax}、纵向最大拉应力 σ_{zmax}、横向最大剪应力 τ_{xymax} 以及纵向最大剪应力 τ_{yzmax} 也都有不同程度的增大，分别增大了约 2%、12%、17%以及 27%。

对比表 5-8 中层间分离类型“R4”和“R5”的应力计算结果可知，沥青混凝土下层的横向最大拉应力 σ_{xmax}、纵向最大拉应力 σ_{zmax}、横向最大剪应力 τ_{xymax} 以及纵向最大剪应力 τ_{yzmax} 都有增大，分别增大了约 73%、50%、44%以及 12%；沥青混凝土上层横向最大拉应力 σ_{xmax}、纵向最大拉应力 σ_{zmax}、横向最大剪应力 τ_{xymax} 以及纵向最大剪应力 τ_{yzmax} 也都有不同程度的增大，分别增大了约 47%、26%、59%以及 10%。

对比表 5-8 中层间分离类型“R5”和“R6”的应力计算结果可知，沥青混凝土下层的横向最大拉应力 σ_{xmax} 和横向最大剪应力 τ_{xymax} 分别减小了约 9%和 25%，但沥青混凝土下层的纵向最大拉应力 σ_{zmax} 和纵向最大剪应力 τ_{yzmax} 分别增大了约 17%和 18%；沥青混凝土上层横向最大拉应力 σ_{xmax}、纵向最大拉应力 σ_{zmax} 以及纵向最大剪应力 τ_{yzmax} 都有不同程度的增大，分别增大了约 69%、7%以及 10%，沥青混凝土上层横向最大剪应力 τ_{xymax} 减小了约 18%。

从表 5-8 中还可以得知，对于第二类层间分离类型的第二种情况下的每个层间类型，沥青混凝土下层的横向最大剪应力 τ_{xymax} 的值都大于对应类型的沥青混凝土上层的横向最大剪应力 τ_{xymax} 的值，但沥青混凝土上层纵向最大剪应力 τ_{yzmax} 的值都大于对应类型沥青混凝土下层的纵向最大剪应力 τ_{yzmax} 的值。

(3) 当防水层与沥青混凝土下层之间存在层间分离现象时，即第二类层间分离，当分离位置出现在单轴荷载左右两侧双轮下时，即第三种情况，假设此时防水层与沥青混凝土下层存在“D”型分离现象，计算后得沥青下层和沥青上层的拉应力以及剪应力的结果见表 5-9。

对比表 5-9 中层间分离类型“D0”、“D1”、“D2”、“D4”和“D6”的应力计算结果可知，随着虚线框中层间分离区域面积从无到有，再逐渐增大，无论是沥青混凝土下层还是上层，它们的横向最大拉应力 σ_{xmax} 和纵向最大拉应力 σ_{zmax} 的值都在增大，它们的横向最大剪应力 τ_{xymax} 都在增大或者几乎保持不变，纵向最大剪应力 τ_{yzmax} 的值也都在增大。

表 5-9 第二类层间分离时第三种情况下沥青混凝土下层和上层的应力值

沥青混凝土铺装层	层间分离类型	σ_{xmax}/MPa	σ_{zmax}/MPa	τ_{xymax}/MPa	τ_{yzmax}/MPa
沥青混凝土下层	D0	0. 023474	0. 093622	0. 151887	0. 256406
	D1	0. 023907	0. 169094	0. 151985	0. 289116
	D2	0. 032859	0. 247678	0. 168916	0. 322771
	D3	0. 177817	0. 307984	0. 205508	0. 265951
	D4	0. 241059	0. 519540	0. 226202	0. 334492
	D5	0. 415046	0. 777282	0. 326560	0. 373975
	D6	0. 379150	0. 909133	0. 243541	0. 440356
沥青混凝土上层	D0	0. 074672	0. 345156	0. 138848	0. 324740
	D1	0. 075602	0. 375319	0. 138848	0. 354981
	D2	0. 079850	0. 410790	0. 138848	0. 375705
	D3	0. 084717	0. 436174	0. 138848	0. 324853
	D4	0. 085862	0. 486616	0. 162599	0. 411095
	D5	0. 125185	0. 613887	0. 258905	0. 450229
	D6	0. 209737	0. 655718	0. 211555	0. 494093

对比表 5-9 中层间分离类型“D2”和“D3”时沥青下层的应力计算结果可知，沥青混凝土下层横向最大拉应力 σ_{xmax} 增大了约 441%，纵向最大拉应力 σ_{zmax} 增大了约 24%，沥青混凝土下层横向最大剪应力 τ_{xymax} 增大了约 22%，纵向最大剪应力 τ_{yzmax} 减小了约 18%；沥青混凝土上层横向最大拉应力 σ_{xmax} 增大了约 6%，纵向最大拉应力 σ_{zmax} 增大了约 6%，沥青混凝土上层横向最大剪应力 τ_{xymax} 保持不变，纵向最大剪应力 τ_{yzmax} 减小了约 14%。

对比表 5-9 中层间分离类型“D3”和“D4”的应力计算结果可知，沥青混凝土下层的横向最大拉应力 σ_{xmax}、纵向最大拉应力 σ_{zmax}、横向最大剪应力 τ_{xymax} 以及纵向最大剪应力 τ_{yzmax} 都有增大，分别增大了约 36%、69%、10%以及 26%；沥青混凝土上层横向最大拉应力 σ_{xmax}、纵向最大拉应力 σ_{zmax}、横向最大剪应力 τ_{xymax} 以及纵向最大剪应力 τ_{yzmax} 也都有不同程度的增大，分别增大了约 1%、12%、

17%以及 27%。

对比表 5-9 中层间分离类型“D4”和“D5”的应力计算结果可知，沥青混凝土下层的横向最大拉应力 σ_{xmax}、纵向最大拉应力 σ_{zmax}、横向最大剪应力 τ_{xymax} 以及纵向最大剪应力 τ_{yzmax} 都有增大，分别增大了约 72%、50%、44%以及 12%；沥青混凝土上层横向最大拉应力 σ_{xmax}、纵向最大拉应力 σ_{zmax}、横向最大剪应力 τ_{xymax} 以及纵向最大剪应力 τ_{yzmax} 也都有不同程度的增大，分别增大了约 46%、26%、59%以及 10%。

对比表 5-9 中层间分离类型“R5”和“R6”的应力计算结果可知，沥青混凝土下层的横向最大拉应力 σ_{xmax} 和横向最大剪应力 τ_{xymax} 分别减小了约 9%和 25%，但沥青混凝土下层的纵向最大拉应力 σ_{zmax} 和纵向最大剪应力 τ_{yzmax} 分别增大了约 17%和 18%；沥青混凝土上层横向最大拉应力 σ_{xmax}、纵向最大拉应力 σ_{zmax} 以及纵向最大剪应力 τ_{yzmax} 都有不同程度的增大，分别增大了约 68%、7%以及 10%，沥青混凝土上层横向最大剪应力 τ_{xymax} 减小了约 18%。

从表 5-9 中还可以得知，对于第二类层间分离类型的第三种情况下的每个层间类型，沥青混凝土下层的横向最大剪应力 τ_{xymax} 的值都大于对应类型的沥青混凝土上层的横向最大剪应力 τ_{xymax} 的值，但沥青混凝土上层纵向最大剪应力 τ_{yzmax} 的值都大于对应类型沥青混凝土下层的纵向最大剪应力 τ_{yzmax} 的值。

（4）当防水层与沥青混凝土下层之间存在层间分离现象时，即第二类层间分离，在第四种情况下，假设此时防水层与沥青混凝土下层存在“T”型分离现象，计算后得沥青混凝土下层和上层的拉应力以及剪应力的结果如图 5-12 所示。

如图 5-12 所示，在第二类层间分离的第四种情况下，当层间分离区域在荷载区域外时，对沥青混凝土下层和上层的拉应力以及剪应力几乎无影响；当分离区域部分位于荷载区域内时（“T2”类型），横向最大剪应力 τ_{xymax} 除外，沥青混凝土下层和上层的拉应力以及剪应力都有不同程度的增大；沥青混凝土下层横向最大拉应力 σ_{xmax} 和纵向最大拉应力 σ_{zmax} 的变化幅度大于对应的层间分离类型时沥青混凝土上层横向最大拉应力 σ_{xmax} 和纵向最大拉应力 σ_{zmax} 的变化幅度；沥青混凝土下层和上层的纵向最大拉应力 σ_{zmax} 和纵向最大剪应力 τ_{yzmax} 都在“T4”类型时最大，相比“T3”和“T5”类型时沥青混凝土下层以及上层的横向最大拉应力 σ_{xmax} 的值，在“T4”类型时它们的值有所减小。

第二类层间分离时，第一种情况、第二种情况和第三种情况下沥青混凝土下层以及上层竖向位移在各类层间分离类型下的计算值见表 5-10。

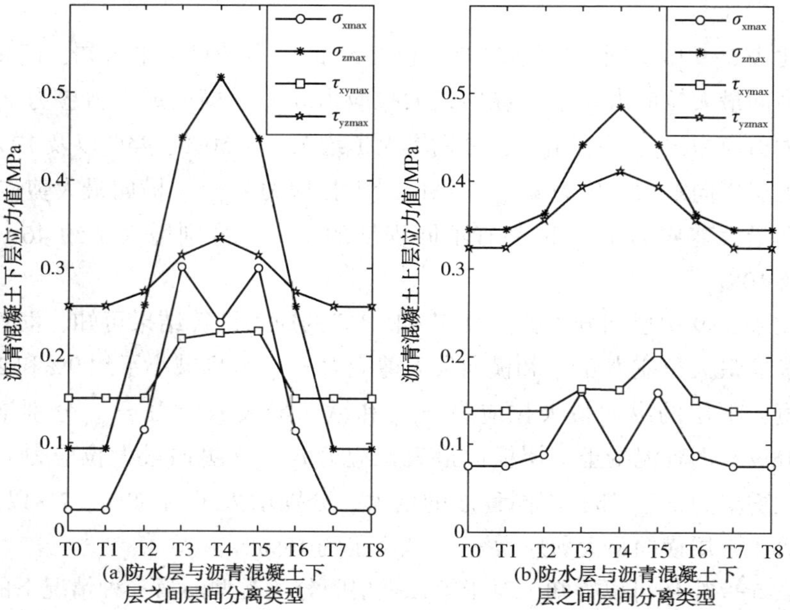

图 5-12 第二类层间分离时第四种情况下沥青混凝土下层和上层的应力值

表 5-10 第二类层间不同情况下各种层间分离类型时沥青混凝土上层和下层竖向位移

mm

层间分离类型标号	"L"型分离类型		"R"型分离类型		"D"型分离类型	
	下层竖向位移	上层竖向位移	下层竖向位移	上层竖向位移	下层竖向位移	上层竖向位移
0	-1. 654	-1. 905	-1. 654	-1. 905	-1. 654	-1. 905
1	-1. 654	-1. 905	-1. 808	-2. 014	-1. 654	-1. 905
2	-1. 694	-1. 905	-2. 022	-2. 185	-1. 694	-1. 905
3	-2. 010	-2. 151	-2. 338	-2. 479	-2. 010	-2. 151
4	-2. 308	-2. 382	-2. 636	-2. 709	-2. 308	-2. 382
5	-3. 681	-3. 756	-4. 009	-4. 083	-3. 681	-3. 756
6	-3. 265	-3. 325	-3. 592	-3. 652	-3. 265	-3. 325

从表 5-10 可以看出，无论是"L"型分离类型、"R"型分离类型，还是"D"型分离类型，从层间分离类型标号"0"到"5"，当层间分离区域面积保持不减时，沥青混凝土下层和上层竖向位移都保持不变或者增大。对比表 5-10 中层间分离类型标

号“4”、“5”和“6”时沥青混凝土下层和上层的竖向位移，可知层间分离类型标号为“4”和“6”时沥青混凝土下层和上层的竖向位移都小于层间分离类型标号为“5”时沥青混凝土下层和上层的竖向位移。从表 5-10 还可以看出，无论是“L”型分离类型、“R”型分离类型，还是“D”型分离类型，沥青混凝土上层的竖向位移都大于对应类型时沥青混凝土下层的竖向位移。“D”型分离类型时沥青混凝土下层和上层的竖向位移几乎和“L”型分离类型时沥青混凝土下层和上层的竖向位移完全相同，并且二者都小于或等于“R”型分离类型时沥青混凝土下层和上层的竖向位移。

第二类层间分离时第四种情况下沥青混凝土下层和上层的竖向位移如图 5-13所示，当分离区域位于荷载区域外时(见层间分离类型“T0”、“T1”、“T7”和“T8”)，沥青混凝土下层和上层的竖向位移几乎保持不变。当层间分离类型按“T1”、“T2”、“T3”和“T4”依次进行时，沥青混凝土下层和上层的竖向位移都在增大；当层间分离类型按“T4”、“T5”、“T6”和“T7”依次进行时，沥青混凝土下层和上层的竖向位移都在减小。从图 5-13 还可以看出，沥青混凝土上层的竖向位移都大于对应类型时沥青混凝土下层的竖向位移。

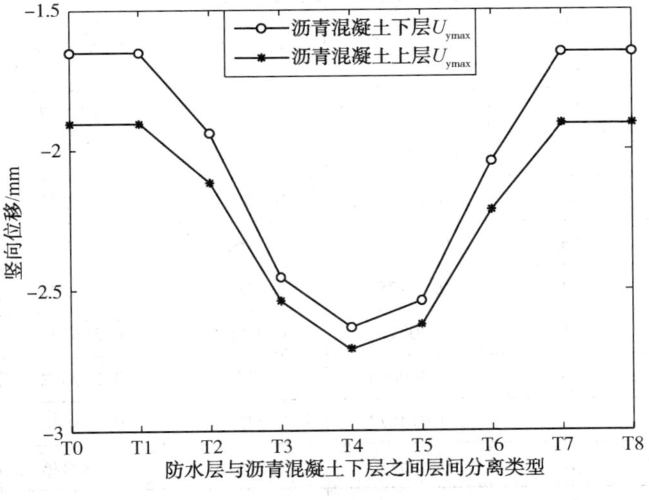

图 5-13　第二类层间分离时第四种情况下沥青混凝土下层和上层的竖向位移

三、沥青混凝土下层与沥青混凝土上层之间存在分离现象

(1) 当沥青混凝土下层和上层之间存在层间分离现象时，即为第三类层间分离，当分离位置出现在单轴荷载左侧双轮下时，即为第一种情况，假设此时沥青

混凝土下层和上层之间存在"L"型分离现象，计算后得沥青下层和沥青上层的拉应力以及剪应力的结果见表 5-11。

对比表 5-11 中层间分离类型"L0"、"L1"、"L2"、"L4"和"L6"的应力计算结果可知，随着虚线框中层间分离区域面积从无到有，再逐渐增大，无论是沥青混凝土下层还是上层，它们的横向最大拉应力 σ_{xmax} 和纵向最大拉应力 σ_{zmax} 的值都在增大，横向最大剪应力 τ_{xymax} 或者增大或者几乎保持不变，纵向最大剪应力 τ_{yzmax} 的值也在增大。

对比表 5-11 中层间分离类型"L2"和"L3"时的应力计算结果可知，沥青混凝土下层横向最大拉应力 σ_{xmax} 增大了约 109%，纵向最大拉应力 σ_{zmax} 增大了约 27%，沥青混凝土下层横向最大剪应力 τ_{xymax} 增大了约 7%，纵向最大剪应力 τ_{yzmax} 减小了约 6%；沥青混凝土上层横向最大拉应力 σ_{xmax} 增大了约 150%，纵向最大拉应力 σ_{zmax} 增大了约 12%，沥青混凝土上层横向最大剪应力 τ_{xymax} 增大了约 17%，纵向最大剪应力 τ_{yzmax} 减小了约 7%。

表 5-11　第三类层间分离时第一种情况下沥青混凝土下层和上层的应力值

沥青混凝土铺装层	层间分离类型	σ_{xmax}/MPa	σ_{zmax}/MPa	τ_{xymax}/MPa	τ_{yzmax}/MPa
沥青混凝土下层	L0	0.023474	0.093622	0.151887	0.256406
	L1	0.025142	0.165356	0.151985	0.282427
	L2	0.084932	0.233099	0.156232	0.336147
	L3	0.177463	0.296172	0.167012	0.315915
	L4	0.331786	0.328372	0.188292	0.406253
	L5	0.403177	0.383602	0.356224	0.528030
	L6	0.369088	0.630063	0.269052	0.476812
沥青混凝土上层	L0	0.074672	0.345156	0.138848	0.324740
	L1	0.086779	0.378161	0.139846	0.385107
	L2	0.106997	0.428316	0.157087	0.388489
	L3	0.267215	0.478443	0.183239	0.361507
	L4	0.444750	1.014980	0.220073	0.450917
	L5	1.435220	2.026080	0.468959	0.592125
	L6	0.831771	1.465020	0.318705	0.493791

对比表 5-11 中层间分离类型“L3”和“L4”的应力计算结果可知，沥青混凝土下层的横向最大拉应力 σ_{xmax}、纵向最大拉应力 σ_{zmax}、横向最大剪应力 τ_{xymax} 以及纵向最大剪应力 τ_{yzmax} 都有所增大，分别增大了约 87%、11%、13%以及 29%；沥青混凝土上层横向最大拉应力 σ_{xmax}、纵向最大拉应力 σ_{zmax}、横向最大剪应力 τ_{xymax} 以及纵向最大剪应力 τ_{yzmax} 也都有不同程度的增大，分别增大了约 66%、112%、20%以及 25%。

对比表 5-11 中层间分离类型“L4”和“L5”的应力计算结果可知，沥青混凝土下层的横向最大拉应力 σ_{xmax}、纵向最大拉应力 σ_{zmax}、横向最大剪应力 τ_{xymax} 以及纵向最大剪应力 τ_{yzmax} 都有所增大，分别增大了约 22%、17%、89%以及 30%；沥青混凝土上层横向最大拉应力 σ_{xmax}、纵向最大拉应力 σ_{zmax}、横向最大剪应力 τ_{xymax} 以及纵向最大剪应力 τ_{yzmax} 也都有不同程度的增大，分别增大了约 223%、100%、113%以及 31%。

对比表 5-11 中层间分离类型“L5”和“L6”的应力计算结果可知，沥青混凝土下层的横向最大拉应力 σ_{xmax} 和横向最大剪应力 τ_{xymax} 分别减小了约 8%和 24%，但沥青混凝土下层的纵向最大拉应力 σ_{zmax} 增大了约 64%，纵向最大剪应力 τ_{yzmax} 减小了约 10%；沥青混凝土上层横向最大拉应力 σ_{xmax}、纵向最大拉应力 σ_{zmax}、横向最大剪应力 τ_{xymax} 以及纵向最大剪应力 τ_{yzmax} 都有不同程度的减小，分别减小了约 42%、28%、32%以及 17%。

从表 5-11 中还可以得知，对于第三类层间分离类型，当第一种情况下层间分离类型数字标号大于“1”时，沥青混凝土上层的纵、横向最大拉应力的值和纵、横向剪应力的值都大于对应类型的沥青混凝土下层的纵、横向最大拉应力的值和纵、横向剪应力的值。

（2）当沥青混凝土下层和上层之间存在层间分离现象时，即为第三类层间分离，当分离位置出现在单轴荷载右侧双轮下时，即为第二种情况，假设此时沥青混凝土下层和上层之间存在“R”型分离现象，计算后得沥青下层和沥青上层的拉应力以及剪应力的结果见表 5-12。

对比表 5-12 中层间分离类型“R0”、“R1”、“R2”、“R4”和“R6”的应力计算结果可知，随着虚线框中层间分离区域面积从无到有，再逐渐增大，无论是沥青混凝土下层还是上层，它们的横向最大拉应力 σ_{xmax} 和纵向最大拉应力 σ_{zmax} 的值都在增大，它们的横向最大剪应力 τ_{xymax} 或者增大或者几乎保持不变，纵向最大剪应力 τ_{yzmax} 的值也在增大。

表 5-12　第三类层间分离时第二种情况下沥青混凝土下层和上层的应力值

沥青混凝土铺装层	层间分离类型	σ_{xmax}/MPa	σ_{zmax}/MPa	τ_{xymax}/MPa	τ_{yzmax}/MPa
沥青混凝土下层	R0	0.023474	0.093622	0.151887	0.256406
	R1	0.023474	0.163203	0.151939	0.282460
	R2	0.082334	0.230943	0.156110	0.336175
	R3	0.174826	0.293963	0.166886	0.316007
	R4	0.329164	0.326279	0.188168	0.406285
	R5	0.400936	0.381043	0.356165	0.528061
	R6	0.306540	0.627566	0.269142	0.476871
沥青混凝土上层	R0	0.074672	0.345156	0.138848	0.324740
	R1	0.084197	0.375648	0.138996	0.385090
	R2	0.104414	0.425796	0.157055	0.389496
	R3	0.264559	0.475789	0.183194	0.361509
	R4	0.442113	1.012280	0.220017	0.450915
	R5	1.432640	2.023450	0.468893	0.592128
	R6	0.829124	1.462440	0.318742	0.493788

对比表 5-12 中层间分离类型“R2”和“R3”时沥青下层的应力计算结果可知，沥青混凝土下层横向最大拉应力 σ_{xmax} 增大了约 112%，纵向最大拉应力 σ_{zmax} 增大了约 27%，沥青混凝土下层横向最大剪应力 τ_{xymax} 增大了约 7%，纵向最大剪应力 τ_{yzmax} 减小了约 6%；沥青混凝土上层横向最大拉应力 σ_{xmax} 增大了约 153%，纵向最大拉应力 σ_{zmax} 增大了约 12%，沥青混凝土上层横向最大剪应力 τ_{xymax} 增大了约 17%，纵向最大剪应力 τ_{yzmax} 减小了约 7%。

对比表 5-12 中层间分离类型“R3”和“R4”的应力计算结果可知，沥青混凝土下层的横向最大拉应力 σ_{xmax}、纵向最大拉应力 σ_{zmax}、横向最大剪应力 τ_{xymax} 以及纵向最大剪应力 τ_{yzmax} 都有所增大，分别增大了约 88%、11%、13%以及 29%；沥青混凝土上层横向最大拉应力 σ_{xmax}、纵向最大拉应力 σ_{zmax}、横向最大剪应力 τ_{xymax} 以及纵向最大剪应力 τ_{yzmax} 也都有不同程度的增大，分别增大了约 67%、113%、20%以及 25%。

对比表 5-12 中层间分离类型“R4”和“R5”的应力计算结果可知，沥青混凝土下层的横向最大拉应力 σ_{xmax}、纵向最大拉应力 σ_{zmax}、横向最大剪应力 τ_{xymax} 以及纵向最大剪应力 τ_{yzmax} 都有所增大，分别增大了约 22%、17%、89%以及 30%；沥青混凝土上层横向最大拉应力 σ_{xmax}、纵向最大拉应力 σ_{zmax}、横向最大剪应力 τ_{xymax} 以及纵向最大剪应力 τ_{yzmax} 也都有不同程度的增大，分别增大了约 224%、100%、113%以及 31%。

对比表 5-12 中层间分离类型“R5”和“R6”的应力计算结果可知，沥青混凝土下层的横向最大拉应力 σ_{xmax} 和横向最大剪应力 τ_{xymax} 分别减小了约 24%和 24%，但沥青混凝土下层的纵向最大拉应力 σ_{zmax} 增大了约 65%，纵向最大剪应力 τ_{yzmax} 减小了约 10%；沥青混凝土上层横向最大拉应力 σ_{xmax}、纵向最大拉应力 σ_{zmax}、横向最大剪应力 τ_{xymax} 以及纵向最大剪应力 τ_{yzmax} 都有不同程度的减小，分别减小了约 42%、28%、32%以及 17%。

从表 5-12 中还可以得知，对于第三类层间分离类型，当第二种情况下层间分离类型数字标号大于“1”时，沥青混凝土上层的纵、横向最大拉应力的值和纵、横向剪应力的值都大于对应类型的沥青混凝土下层的纵、横向最大拉应力的值和纵、横向剪应力的值。

(3) 当沥青混凝土下层和上层之间存在层间分离现象时，即为第三类层间分离，当分离位置出现在单轴荷载左右两侧双轮下时，即为第三种情况，假设此时沥青混凝土下层和上层之间存在“D”型分离现象，计算后得沥青下层和沥青上层的拉应力以及剪应力的结果见表 5-13。

表 5-13　第三类层间分离时第三种情况下沥青混凝土下层和上层的应力值

沥青混凝土铺装层	层间分离类型	σ_{xmax}/MPa	σ_{zmax}/MPa	τ_{xymax}/MPa	τ_{yzmax}/MPa
沥青混凝土下层	D0	0. 023474	0. 093622	0. 151887	0. 256406
	D1	0. 025140	0. 165353	0. 152413	0. 282459
	D2	0. 084928	0. 233093	0. 156231	0. 336174
	D3	0. 177450	0. 296162	0. 167012	0. 315979
	D4	0. 331766	0. 328361	0. 188289	0. 406266
	D5	0. 403163	0. 383273	0. 356017	0. 527948
	D6	0. 309021	0. 629851	0. 269093	0. 476982

续表

沥青混凝土铺装层	层间分离类型	σ_{xmax}/MPa	σ_{zmax}/MPa	τ_{xymax}/MPa	τ_{yzmax}/MPa
沥青混凝土上层	D0	0. 074672	0. 345156	0. 138848	0. 324740
	D1	0. 086779	0. 378164	0. 138925	0. 385100
	D2	0. 106998	0. 428323	0. 157082	0. 388497
	D3	0. 267229	0. 478461	0. 183213	0. 361516
	D4	0. 444787	1. 015020	0. 220025	0. 450837
	D5	1. 435330	2. 026190	0. 468691	0. 591755
	D6	0. 831978	1. 465530	0. 318539	0. 493796

对比表 5-13 中层间分离类型“D0”、“D1”、“D2”、“D4”和“D6”的应力计算结果可知，随着虚线框中层间分离区域面积从无到有，再逐渐增大，无论是沥青混凝土下层还是上层，它们的横向最大拉应力 σ_{xmax} 和纵向最大拉应力 σ_{zmax} 的值都在增大，它们的横向最大剪应力 τ_{xymax} 和纵向最大剪应力 τ_{yzmax} 的值也都在增大。

对比表 5-13 中层间分离类型“D2”和“D3”时沥青下层的应力计算结果可知，沥青混凝土下层横向最大拉应力 σ_{xmax} 增大了约 109%，纵向最大拉应力 σ_{zmax} 增大了约 27%，沥青混凝土下层横向最大剪应力 τ_{xymax} 增大了约 7%，纵向最大剪应力 τ_{yzmax} 减小了约 6%；沥青混凝土上层横向最大拉应力 σ_{xmax} 增大了约 150%，纵向最大拉应力 σ_{zmax} 增大了约 12%，沥青混凝土上层横向最大剪应力 τ_{xymax} 增大了约 17%，纵向最大剪应力 τ_{yzmax} 减小了约 7%。

对比表 5-13 中层间分离类型“D3”和“D4”的应力计算结果可知，沥青混凝土下层的横向最大拉应力 σ_{xmax}、纵向最大拉应力 σ_{zmax}、横向最大剪应力 τ_{xymax} 以及纵向最大剪应力 τ_{yzmax} 都有增大，分别增大了约 87%、11%、13%以及 29%；沥青混凝土上层横向最大拉应力 σ_{xmax}、纵向最大拉应力 σ_{zmax}、横向最大剪应力 τ_{xymax} 以及纵向最大剪应力 τ_{yzmax} 也都有不同程度的增大，分别增大了约 66%、112%、20%以及 25%。

对比表 5-13 中层间分离类型“D4”和“D5”的应力计算结果可知，沥青混凝土下层的横向最大拉应力 σ_{xmax}、纵向最大拉应力 σ_{zmax}、横向最大剪应力 τ_{xymax} 以及纵向最大剪应力 τ_{yzmax} 都有所增大，分别增大了约 22%、17%、89%以及 30%；沥青混凝土上层横向最大拉应力 σ_{xmax}、纵向最大拉应力 σ_{zmax}、横向最大剪应力

τ_{xymax}以及纵向最大剪应力τ_{yzmax}也都有不同程度的增大，分别增大了约223%、100%、113%以及31%。

对比表5-13中层间分离类型“D5”和“D6”的应力计算结果可知，沥青混凝土下层的横向最大拉应力σ_{xmax}和横向最大剪应力τ_{xymax}分别减小了约23%和24%，但沥青混凝土下层的纵向最大拉应力σ_{zmax}增大了约64%，纵向最大剪应力τ_{yzmax}减小了约10%；沥青混凝土上层横向最大拉应力σ_{xmax}、纵向最大拉应力σ_{zmax}、横向最大剪应力τ_{xymax}以及纵向最大剪应力τ_{yzmax}都有不同程度的减小，分别减小了约42%、28%、32%以及17%。

从表5-13中还可以得知，对于第三类层间分离类型，当第三种情况下层间分离类型数字标号大于“1”时，沥青混凝土上层的纵横向最大拉应力的值和纵横向剪应力的值都大于对应类型的沥青混凝土下层的纵横向最大拉应力的值和纵横向剪应力的值。

（4）当沥青混凝土下层和上层之间存在层间分离现象时，即第三类层间分离，在第四种情况下，假设此时沥青混凝土下层和上层之间存在“T”型分离现象，计算后得沥青混凝土下层和上层的拉应力以及剪应力的结果如图5-14所示。

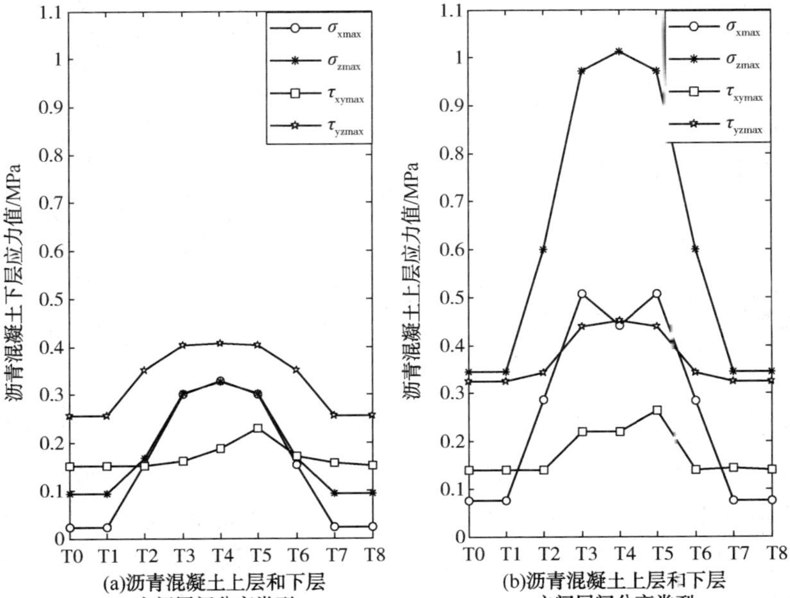

图5-14　第三类层间分离时第四种情况下沥青混凝土下层和上层的应力值

如图 5-14 所示，在第三类层间分离的第四种情况下，当层间分离区域在荷载区域外时，对沥青混凝土下层和上层的拉应力以及剪应力几乎无影响；当分离区域部分位于荷载区域内时(“T2”类型)，横向最大剪应力 τ_{xymax} 除外，沥青混凝土下层和上层的拉应力以及剪应力都有不同程度的增大；沥青混凝土下层横向最大拉应力 σ_{xmax} 和纵向最大拉应力 σ_{zmax} 的变化幅度大于对应的层间分离类型时沥青混凝土上层横向最大拉应力 σ_{xmax} 和纵向最大拉应力 σ_{zmax} 的变化幅度；沥青混凝土下层和上层的纵向最大拉应力 σ_{zmax} 和纵向最大剪应力 τ_{yzmax} 都在“T4”类型时最大，相比“T3”和“T5”类型时沥青混凝土下层以及上层的横向最大拉应力 σ_{xmax} 的值，在“T4”类型时它们的值有所减小。

第三类层间分离时，第一种情况、第二种情况和第三种情况下沥青混凝土下层以及上层竖向位移在各类层间分离类型下的计算值见表 5-14。

表 5-14　第二类层间不同情况下各种层间分离类型时沥青混凝土上层和下层竖向位移

mm

层间分离类型标号	“L”型分离类型		“R”型分离类型		“D”型分离类型	
	下层竖向位移	上层竖向位移	下层竖向位移	上层竖向位移	下层竖向位移	上层竖向位移
0	-1.654	-1.905	-1.654	-1.905	-1.654	-1.905
1	-1.654	-2.032	-1.669	-2.360	-1.669	-2.360
2	-1.654	-2.339	-1.692	-2.667	-1.692	-2.667
3	-1.654	-3.542	-1.960	-3.870	-1.960	-3.870
4	-1.654	-5.089	-1.967	-5.416	-1.967	-5.416
5	-2.057	-13.130	-2.392	-13.458	-2.392	-13.458
6	-1.743	-7.929	-2.074	-8.256	-2.074	-8.257

从表 5-14 可以看出，无论是“L”型分离类型、“R”型分离类型还是“D”型分离类型，从层间分离类型标号“0”到“5”，当层间分离区域的面积保持不减变化时，沥青混凝土下层和上层竖向位移都在增大。对比表 5-14 中层间分离类型标号“4”、“5”和“6”时沥青混凝土下层和上层的竖向位移，可知层间分离类型标号为“4”和“6”时沥青混凝土下层和上层的竖向位移都小于层间分离类型标号为“5”时沥青混凝土下层和上层的竖向位移。从表 5-14 可以看出，无论是“L”型分离类型、“R”型分离类型还是“D”型分离类型，沥青混凝土上层的竖向位移都大于

对应类型时沥青混凝土下层的竖向位移。从表 5-14 还可知，“D”型分离类型时沥青混凝土下层和上层的竖向位移和“R”型分离类型时沥青混凝土下层和上层的竖向位移几乎完全相同，并且二者都不小于“L”型分离类型时沥青混凝土下层和上层的竖向位移。

第三类层间分离时第四种情况下沥青混凝土下层和上层的竖向位移如图 5-15 所示，当分离区域位于荷载区域外时(见层间分离类型“T0”、“T1”、“T7”和“T8”)，沥青混凝土下层和上层的竖向位移几乎保持不变。当层间分离类型按“T1”、“T2”、“T3”和“T4”依次进行时，沥青混凝土下层和上层的竖向位移都在增大；当层间分离类型按“T4”、“T5”、“T6”和“T7”依次进行时，沥青混凝土下层和上层的竖向位移都在减小。从图 5-15 还可以看出，沥青混凝土上层的竖向位移明显都大于对应类型时沥青混凝土下层的竖向位移。

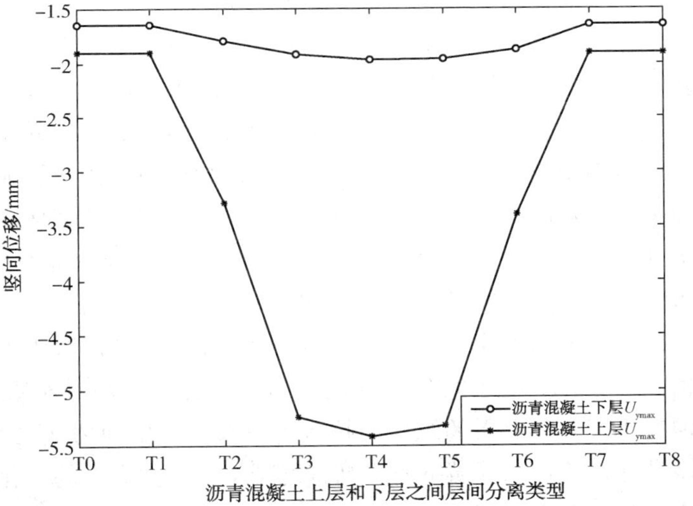

图 5-15　第三类层间分离时第四种情况下沥青混凝土下层和上层的竖向位移

层间黏结失效时，各种分离类型下沥青混凝土上层和下层的响应规律总结如下：

(1) 整平层与防水层之间存在分离缺陷时，无论层间存在“L”型分离情况或者“R”型分离情况，还是“D”型分离情况，当荷载区域下的分离面积从无到有，再逐渐增大时，沥青混凝土下层和上层的拉应力以及剪应力保持不变或者增大，并且当分离区域面积越大时，沥青混凝土下层纵向拉应力增大越明显，三种分离情况下各个应力的变化趋势基本相同。当部分分离区域位于荷载区域下时，沥青混凝土下层拉应力有明显增大。对于“L”型、“R”型和“D”型层间分离情况，沥青混凝土下层的横向最大剪应力的值都大于对应类型的沥青混凝土上层的横向最大剪应力的值，但沥青混凝土上层纵向最大剪应力的值都大于对应类型沥青混凝土下层的纵向最大剪应力的值。对于“T”型层间分离情况，当层间分离区域不在荷载区域内时，沥青混凝土下层和上层的拉应力以及剪应力几乎无影响；当层间分离区域在荷载区域下时，沥青混凝土下层拉应力变化幅度大于对应的沥青混凝土上层拉应力的变化幅度。第一类层间分离对沥青混凝土下层各个应力影响明显。

（2）当防水层和沥青混凝土下层之间存在分离缺陷时，有着和第一类层间分离类似的结果，这是因为防水层的厚度相对于沥青混凝土下层和整平层来说都相对较薄，防水层的弹性模量相对于沥青混凝土下层和整平层来说都相对较小的缘故。当沥青混凝土下层和上层之间存在分离缺陷时，无论层间存在“L”型分离情况或者“R”型分离情况，还是“D”型分离情况，当荷载区域下的分离面积从无到有，再逐渐增大时，沥青混凝土下层和上层的拉应力以及剪应力保持不变或者增大，并且分离区域面积越大对沥青混凝土上层纵向拉应力增大越明显，同时三种情况下各个应力的变化趋势基本相同。当部分分离区域位于荷载区域下时，沥青混凝土上层纵横向拉应力的值有明显变化。对于第三类层间分离时的“L”、“R”和“D”型层间分离情况，当第三种情况下层间分离类型数字标号大于“1”时，沥青混凝土上层的拉应力和剪应力的值都大于对应类型的沥青混凝土下层的拉应力和剪应力的值。对于“T”型层间分离情况，当层间分离区域在荷载作用区域外时，对沥青混凝土下层和上层的纵横向拉应力以及纵、横向剪应力几乎无影响；当层间分离区域在荷载作用区域下时，沥青混凝土上层拉应力的变化幅度大于对应的层间分离类型时沥青混凝土下层的拉应力的变化幅度。第三类层间分离对沥青混凝土上层各个应力影响明显。

（3）铺装层层间出现分离现象产生时，无论层间存在“L”型分离情况或者“R”型分离情况，还是“D”型分离情况，随着分离区域从无到有，以及分离区域面积的逐渐增大，沥青混凝土上层和下层竖向位移也在增大；当第一类层间分离现象产生时，“D”型分离类型和“R”型分离类型时沥青混凝土下层和上层的竖向位移几乎完全相同，并且二者都不小于“L”型分离类型时沥青混凝土下层和上层的竖向位移；当第二类层间分离现象产生时，“D”型分离类型和“L”型分离类型时沥青混凝土下层和上层的竖向位移几乎完全相同，并且二者都不大于“R”型分离类型时沥青混凝土下层和上层的竖向位移；当第三类层间分离现象产生时，“D”型分离类型和“R”型分离类型时沥青混凝土下层和上层的竖向位移几乎完全相同，并且二者都不小于“L”型分离类型时沥青混凝土下层和上层的竖向位移。无论三类层间分离类型的哪一类，当分离区域部分位于荷载区域下时，沥青混凝土上层和下层竖向位移变化明显，在“T”型分离情况下，沥青混凝土上层和下层竖向位移增减一致，沥青混凝土上层竖向位移大于沥青混凝土下层的竖向位移。

第四节　本章小结

本章首先计算并分析了黏弹性-接触类型下整平层与防水层之间摩擦系数变化、防水层与沥青混凝土下层之间摩擦系数变化，以及沥青混凝土上层与沥青混凝土下层之间摩擦系数变化时，沥青混凝土铺装层的响应规律，再计算并分析了黏弹性-接触类型下防水层与沥青混凝土下层之间黏结应力变化和沥青混凝土上层与沥青混凝土下层之间黏结应力变化时，沥青混凝土铺装层的响应规律，最后计算并分析了黏弹性-接触类型下整平层与防水层之间、防水层与沥青混凝土下层之间，以及沥青混凝土上层与沥青混凝土下层之间层间黏性失效产生层间分离时，沥青混凝土铺装层的响应规律，铺装层层间影响因素变化的结论如下：

（1）铺装层层间摩擦系数变化对沥青混凝土铺装层力学响应的影响。当整平层与防水层之间的摩擦系数或防水层与沥青混凝土下层之间的摩擦系数逐渐增大时，沥青混凝土上层和沥青混凝土下层的拉应力都有明显的减小，沥青混凝土上层和下层剪应力都有不同程度的增大，沥青混凝土下层应力变化比沥青混凝土上层应力变化明显。当沥青混凝土上层和下层之间摩擦系数逐渐增大时，沥青混凝土下层和上层剪应力明显增大，沥青混凝土上层纵向拉应力有明显的减小。当三类层间摩擦系数逐渐增大时，沥青混凝土上层和沥青混凝土下层竖向位移都有少量减小。建议增大层间摩擦系数以减小沥青混凝土铺装层上层和下层的纵向拉应力以及纵向剪应力，防止铺装层上层和下层受拉开裂，防止层间产生黏结失效，因剪应力过大而产生滑移。

（2）层间黏结应力变化对沥青混凝土铺装层力学响应的影响。随着防水层与沥青混凝土下层层间黏结应力的增大，沥青混凝土下层拉应力变化明显，沥青混凝土下层剪应力和沥青混凝土上层应力变化不明显，层间滑动区域面积和层间滑动量都在逐渐减小，层间最大滑动量在荷载作用区域的正下方。随着沥青混凝土上层和下层层间黏结应力的增大，沥青混凝土上层拉应力在增大，沥青混凝土下层拉应力减小明显，对沥青混凝土上层和下层剪应力影响不大，层间滑动区域面积和层间滑动量都在逐渐减小，层间最大滑动从荷载作用区域后端向荷载作用区域正下方移动。建议增大层间黏结应力，以减小沥青混凝土铺装层上层和下层的拉应力，防止沥青混凝土铺装层受拉破坏，减小铺装层层间滑动，防止层间因黏结失效而产生分离。

（3）铺装层层间黏结失效对沥青混凝土铺装层力学响应的影响。无论是三种层间分离类型中的哪种类型，也无论是“L”型、“R”型或者“D”型层间分离情况中的哪种情况，当荷载作用区域下方内的层间分离区域从无到有，再逐渐增大时，铺装层的拉应力和剪应力或者保持不变或者增大，铺装层的竖向位移逐渐增大，并且“R”型分离情况时的竖向位移不小于其他两种分离情况时的竖向位移。第一类和第二类层间分离类型对沥青混凝土下层应力影响显著，第三类层间分离类型对沥青混凝土上层应力影响显著。当部分分离区域位于荷载作用区域下方时，铺装层的拉应力有明显增大，从“T”型层间分离情况可知，分离区域和荷载作用区域的相对位置对铺装层的应力和竖向位移有明显影响，分离区域距离荷载区域越近或者部分位于荷载区域下方时，铺装层的应力和竖向位移变化越大。铺装层层间因黏结失效，出现层间分离现象，在荷载作用下，沥青混凝土铺装层内以及层间应力重新分布，导致分离区域附近沥青混凝土拉应力和剪应力发生明显变化，加速沥青混凝土变形和破坏，荷载作用区域与分离区域相对位置对沥青混凝土铺装层有显著影响。铺筑防水层，沥青混凝土铺装层上层和下层之前，将材料搅拌均匀，梁体表面清洁干净，严格按照施工步骤进行铺筑，充分压实各铺装层，防止层间产生黏结失效或者黏结应力不足。

第六章　移动车辆荷载和随机动荷载作用下铺装层应力规律

为了探讨车轮移动作用时沥青混凝土铺装层的动态响应，本章讨论移动荷载作用下沥青混凝土铺装层结构的应力变化规律。首先，对箱梁及其上沥青混凝土铺装层所构建的实体模型进行模态分析，通过 ANSYS 软件获得桥梁结构的自振频率，经计算得该结构的第一阶自振频率和第二阶自振频率分别为 $F_1=3.9149\text{Hz}$，$F_2=6.5197\text{Hz}$。假设该结构的第一振型的阻尼比和第二振型的阻尼比都是 0.05，则由第二章第四节式（2-115）计算后可得瑞利阻尼中的参数 $\alpha=0.2446$，参数 $\beta=0.0096$。此后，进行铺装层结构动力响应规律研究。本章首先计算并分析黏弹性-接触类型时移动常荷载作用下车辆行驶速度对铺装层力学响应的影响，以及层间分离缺陷对铺装层力学响应的影响，其次讨论研究了黏弹性-接触类型时移动随机荷载作用下车辆行驶速度对铺装层力学响应的影响，以及层间分离缺陷对铺装层力学响应的影响。最后，对移动常荷载的力学响应和移动随机荷载的力学响应进行比较分析。

第一节　移动车辆荷载作用下铺装层结构应力计算

一、车辆行驶速度对铺装层应力的影响

在不考虑路面平整度和冲击作用时，移动荷载以 0.2m 的间隔向前移动，车辆行驶速度分别取为 54km/h、72km/h、90km/h、108km/h 以及 126km/h 时沥青混凝土下层和上层的应力值以及竖向位移的数值计算结果见表 6-1。

从表 6-1 可知，当车辆行驶速度从 54km/h 增大到 126km/h，沥青混凝土下层各个最大应力值和竖向位移都在减小，其中横向最大拉应力 σ_{xmax} 减小约 29%，纵向最大拉应力 σ_{zmax} 减小约 49%，横向最大剪应力 τ_{xymax} 减小约 39%，纵向最大剪应力 τ_{yzmax} 减小约 43%，竖向位移 U_{ymax} 减小约 26%。当车辆行驶速度从 54km/h

增大到 126km/h，沥青混凝土上层各个最大应力值和竖向位移也都在减小，其中横向最大拉应力 σ_{xmax} 减小约 22%，纵向最大拉应力 σ_{zmax} 减小约 51%，横向最大剪应力 τ_{xymax} 减小约 39%，纵向最大剪应力 τ_{yzmax} 减小约 44%，竖向位移 U_{ymax} 减小约 28%。通过对比沥青混凝土下层与上层最大应力以及竖向位移减小的百分比可知，沥青混凝土上层各个最大应力值以及竖向位移的减小幅度和沥青混凝土下层对应的最大应力值以及竖向位移的减小幅度相差不多，或者说，速度变化对沥青混凝土下层和上层的应力以及竖向位移的影响基本相同。

表 6-1　不同行驶速度时沥青混凝土铺装层的应力值

沥青混凝土铺装层	速度/(km/h)	σ_{xmax}/MPa	σ_{zmax}/MPa	τ_{xymax}/MPa	τ_{yzmax}/MPa	U_{ymax}/mm
沥青混凝土下层	54	0. 073416	0. 150786	0. 372790	0. 192857	-2. 266
	72	0. 065632	0. 125968	0. 322341	0. 163712	-2. 079
	90	0. 060114	0. 106285	0. 283151	0. 141744	-1. 897
	108	0. 055534	0. 089910	0. 252152	0. 124405	-1. 759
	126	0. 051964	0. 076906	0. 227627	0. 110595	-1. 678
沥青混凝土上层	54	0. 117522	0. 294639	0. 285546	0. 232117	-2. 563
	72	0. 108264	0. 230778	0. 246961	0. 195338	-2. 333
	90	0. 101032	0. 189813	0. 216736	0. 167846	-2. 119
	108	0. 095300	0. 163057	0. 192737	0. 146837	-1. 957
	126	0. 091186	0. 145312	0. 173649	0. 130333	-1. 856

通过以上分析可知，在路面非常平整并且不考虑冲击效应的情况下，增大车辆的行驶速度可以减小沥青混凝土铺装层上层和下层的应力值和竖向位移，降低沥青混凝土铺装层所受拉力或受剪力，但随着行车速度的提高，驾驶人对道路上各种信息的辨认距离越来越短，对安全停车距离容易估计不足，从而延迟采取安全措施的时间，很容易发生交通事故。因而，在这种理想情况下，从一个侧面反映了车辆行驶速度对沥青混凝土桥面铺装层应力的影响。

二、层间分离缺陷对铺装层应力的影响

本节分析移动荷载从层间分离区域上通过时沥青混凝土铺装层应力的变化规律。根据第四章三种层间分离类型下分离区域出现在左侧双轮下、右侧双轮下以

及双侧双轮下时的计算结果，可知沥青混凝土下层与防水层之间出现分离区域的结论类似于防水层与整平层之间出现分离区域的结论，并且以分离区域出现在右侧双轮下时最具典型，本节将分别计算沥青混凝土下层与防水层之间存在分离缺陷和沥青混凝土上层与下层之间存在分离缺陷这两种类型下沥青混凝土下层和上层的应力，每种类型下的层间分离区域类型如图 6-1 中所示，并且这三种层间分离区域均出现在右侧双轮下，车辆行驶速度分 80km/h、100km/h 以及 120km/h 三种情况考虑。

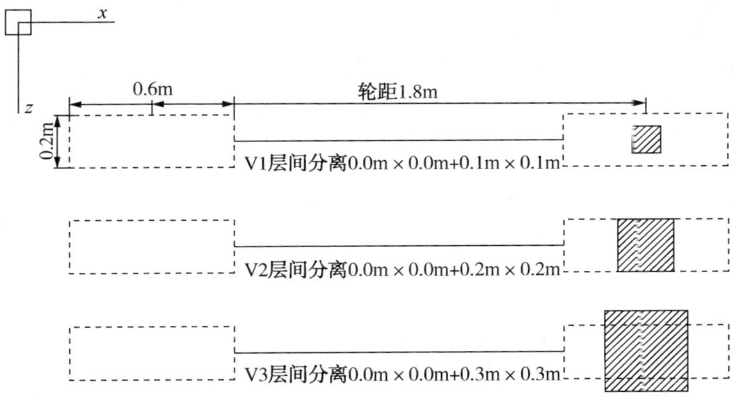

图 6-1　层间分离类型

（1）当车辆行驶速度为 80km/h 时，并且沥青混凝土下层与防水层之间存在分离缺陷时，沥青混凝土下层和上层的应力值见表 6-2。

表 6-2　沥青混凝土下层和上层的应力值

沥青混凝土铺装层	层间分离类型	σ_{xmax}/MPa	σ_{zmax}/MPa	τ_{xymax}/MPa	τ_{yzmax}/MPa
沥青混凝土下层	V1	0. 079985	0. 116801	0. 303795	0. 165172
	V2	0. 152373	0. 271080	0. 303893	0. 185663
	V3	0. 276428	0. 415796	0. 303987	0. 209994
沥青混凝土上层	V1	0. 104869	0. 210380	0. 232679	0. 194594
	V2	0. 104904	0. 210449	0. 232753	0. 224688
	V3	0. 104996	0. 294598	0. 232815	0. 244474

从表 6-2 可知，当沥青混凝土下层与防水层之间层间分离类型从 V1 转变为 V3 时，沥青混凝土下层各个最大应力值都有不同程度增大，其中横向最大拉应力 σ_{xmax} 增大约 251%，纵向最大拉应力 σ_{zmax} 增大约 256%，横向最大剪应力 τ_{xymax} 有微量增大，几乎保持不变，纵向最大剪应力 τ_{yzmax} 增大约 27%。从表 6-2 可知，当分离区域位于荷载区域内时，从层间分离类型 V1 到层间分离类型 V2，沥青混凝土上层的横向最大拉应力 σ_{xmax}、纵向最大拉应力 σ_{zmax} 以及横向最大剪应力 τ_{xymax} 都有微量增大，变化很小，但纵向剪应力 τ_{yzmax} 增大约 15%；当层间分离类型从 V2 转变为 V3，沥青混凝土上层的横向拉应力 σ_{xmax} 和横向剪应力 τ_{xymax} 都有微量增大，几乎保持不变，但纵向最大拉应力 σ_{zmax} 和纵向最大剪应力 τ_{yzmax} 分别增大了约 40% 和 8%；对于沥青混凝土上层，对比表 6-2 中层间分离类型为 V1、V2 和 V3 时的纵向最大拉应力，从层间分离类型为 V1 到 V2 时有微量增大，从层间分离类型 V2 到 V3 时大量增大，可知沥青混凝土上层纵向最大拉应力的变化会受到分离区域与荷载作用区域相对位置的影响。

（2）当车辆行驶速度为 80km/h 时，并且沥青混凝土上层与下层之间存在分离缺陷时，沥青混凝土下层和上层的应力值见表 6-3。

表 6-3　沥青混凝土下层和上层的应力值

沥青混凝土铺装层	层间分离类型	σ_{xmax}/MPa	σ_{zmax}/MPa	τ_{xymax}/MPa	τ_{yzmax}/MPa
沥青混凝土下层	V1	0. 080184	0. 116771	0. 303544	0. 167998
	V2	0. 189617	0. 193258	0. 303673	0. 226383
	V3	0. 277110	0. 274292	0. 303712	0. 290257
沥青混凝土上层	V1	0. 104854	0. 210365	0. 232329	0. 201656
	V2	0. 226452	0. 441964	0. 232527	0. 231287
	V3	0. 803221	1. 117770	0. 232624	0. 370562

从表 6-3 可知，当沥青混凝土下层与上层之间层间分离类型从 V1 转变为 V3 时，沥青混凝土下层的横向最大拉应力 σ_{xmax}、纵向最大拉应力 σ_{zmax} 及纵向剪应力 τ_{yzmax} 都在增大，分别增大了约 246%、135% 以及 73%，横向最大剪应力 τ_{xymax} 微量增大，几乎保持不变。当沥青混凝土下层与上层之间层间分离类型从 V1 转变为 V3 时，沥青混凝土上层的横向最大拉应力 σ_{xmax}、纵向最大拉应力 σ_{zmax} 及纵向剪应力 τ_{yzmax} 都在增大，分别增大了约 666%、435% 以及 84%，横向最大剪应力

τ_{xymax}微量增大，也几乎保持不变。

从以上分析可知，当沥青混凝土下层与防水层之间存在分离缺陷时，相比沥青混凝土上层纵、横向拉应力值的变化，沥青混凝土下层纵、横向拉应力有明显增大，这说明当沥青混凝土下层与防水层之间存在分离缺陷时，对沥青混凝土下层拉应力的影响大于对应的沥青混凝土上层的拉应力的影响；当沥青混凝土下层与防水层之间存在分离缺陷时，沥青混凝土下层和上层纵、横向剪应力的变化基本一致。

当沥青混凝土下层与上层之间存在分离缺陷时，沥青混凝土上层和下层的各个拉应力都有不同程度的增大，相比沥青混凝土下层纵、横向拉应力值的变化，沥青混凝土上层纵、横向拉应力有明显增大，这说明当沥青混凝土下层与上层之间存在分离缺陷时，对沥青混凝土上层拉应力的影响大于对应的沥青混凝土下层的拉应力的影响；当沥青混凝土下层与上层之间存在分离缺陷时，沥青混凝土下层和上层纵横向剪应力的变化基本一致。

(3)当车辆行驶速度为100km/h时，并且沥青混凝土下层与防水层之间存在分离缺陷时，沥青混凝土下层和上层的应力值见表6-4。

表6-4　沥青混凝土下层和上层的应力值

沥青混凝土铺装层	层间分离类型	σ_{xmax}/MPa	σ_{zmax}/MPa	τ_{xymax}/MPa	τ_{yzmax}/MPa
沥青混凝土下层	V1	0.079563	0.096808	0.265014	0.142419
	V2	0.136322	0.233032	0.265026	0.159010
	V3	0.250672	0.361355	0.265038	0.195628
沥青混凝土上层	V1	0.097661	0.173596	0.202726	0.166377
	V2	0.097697	0.173660	0.202727	0.191848
	V3	0.097760	0.250492	0.202730	0.208888

从表6-4可知，当沥青混凝土下层与防水层之间层间分离类型从V1转变为V3时，沥青混凝土下层各个最大应力值都有不同程度增大，其中横向最大拉应力σ_{xmax}增大约215%，纵向最大拉应力σ_{zmax}增大约273%，横向最大剪应力τ_{xymax}有微量增大，几乎保持不变，纵向最大剪应力τ_{yzmax}增大约37%。从表6-4可知，当分离区域位于荷载区域内时，从层间分离类型V1到层间分离类型V2，沥青混凝土上层的横向最大拉应力σ_{xmax}、纵向最大拉应力σ_{zmax}以及横

向最大剪应力 τ_{xymax} 都有微量增大，变化很小，但纵向剪应力 τ_{yzmax} 增大约 15%；当层间分离类型从 V2 转变为 V3 时，沥青混凝土上层的横向拉应力 σ_{xmax} 和横向剪应力 τ_{xymax} 都有微量增大，几乎保持不变，但纵向最大拉应力 σ_{zmax} 和纵向最大剪应力 τ_{yzmax} 分别增大了约 44% 和 9%；对于沥青混凝土上层，对比表 6-4 中层间分离类型为 V1、V2 和 V3 时的纵向最大拉应力，从层间分离类型为 V1 到 V2 时有微量增大，从层间分离类型 V2 到 V3 时大量增大，可知沥青混凝土上层纵向最大拉应力的变化会受到分离区域与荷载作用区域相对位置的影响。

（4）当行驶速度为 100km/h 时，移动荷载作用下沥青混凝土上层与下层之间存在分离缺陷时，沥青混凝土下层和上层的应力值见表 6-5。

表 6-5　沥青混凝土下层和上层的应力值

沥青混凝土铺装层	层间分离类型	σ_{xmax}/MPa	σ_{zmax}/MPa	τ_{xymax}/MPa	τ_{yzmax}/MPa
沥青混凝土下层	V1	0. 079545	0. 096780	0. 264699	0. 145121
	V2	0. 170031	0. 169832	0. 264896	0. 193309
	V3	0. 255734	0. 263259	0. 265000	0. 247223
沥青混凝土上层	V1	0. 097645	0. 173582	0. 202360	0. 170754
	V2	0. 194018	0. 362894	0. 202569	0. 212091
	V3	0. 691866	0. 962606	0. 202685	0. 339525

从表 6-5 可知，当沥青混凝土下层与上层之间层间分离类型从 V1 转变为 V3 时，沥青混凝土下层的横向最大拉应力 σ_{xmax}、纵向最大拉应力 σ_{zmax} 及纵向剪应力 τ_{yzmax} 都在增大，分别增大了约 221%、172% 以及 70%，横向最大剪应力 τ_{xymax} 微量增大，几乎保持不变。当沥青混凝土下层与上层之间层间分离类型从 V1 转变为 V3 时，沥青混凝土上层的横向最大拉应力 σ_{xmax}、纵向最大拉应力 σ_{zmax} 及纵向剪应力 τ_{yzmax} 都在增大，分别增大了约 609%、455% 以及 99%，横向最大剪应力 τ_{xymax} 微量增大，也几乎保持不变。

从以上分析可知，当沥青混凝土下层与防水层之间存在层间分离缺陷时，沥青混凝土下层和上层的拉应力以及剪应力都将有不同程度的增大，当沥青混凝土下层与防水层之间存在层间分离缺陷时，对比沥青混凝土上层和下层的应力值，可知对沥青混凝土下层应力的影响会更大些。当沥青混凝土下层与上层之间存在层间分离缺陷时，沥青混凝土下层和上层的拉应力以及剪应力也都有不同程度的增大，当沥青混凝土下层与上层之间存在层间分离缺陷时，对比沥青混凝土上层和下层的应力值，可知对沥青混凝土上层应力的影响会更大些。对比表 6-2 与表 6-4中沥青混凝土下层和上层的应力值，可知，当沥青混凝土下层与防水层之间存在层间分离缺陷时，行驶速度从 80km/h 增大到 100km/h 时，沥青混凝土下层和上层的拉应力值以及剪应力值都有不同程度的减小；对比表 6-3 与表 6-5 中沥青混凝土下层和上层的应力值，可知，当沥青混凝土下层与上层之间存在层间分离缺陷时，行驶速度从 80km/h 增大到 100km/h 时，沥青混凝土下层和上层的拉应力值以及剪应力值也都有不同程度的减小。

（5）车辆行驶速度为 120km/h 时，并且沥青下层与防水层之间存在分离缺陷时沥青混凝土下层和上层的应力值见表 6-6。

表 6-6　沥青混凝土下层和上层的应力值

沥青混凝土铺装层	层间分离类型	σ_{xmax}/MPa	σ_{zmax}/MPa	τ_{xymax}/MPa	τ_{yzmax}/MPa
沥青混凝土下层	V1	0. 078910	0. 080892	0. 235177	0. 124791
	V2	0. 124243	0. 204605	0. 235204	0. 138759
	V3	0. 231399	0. 321348	0. 235525	0. 180866
沥青混凝土上层	V1	0. 092389	0. 150516	0. 179542	0. 144822
	V2	0. 092428	0. 150580	0. 179566	0. 166853
	V3	0. 092491	0. 217498	0. 179790	0. 192353

从表 6-6 可知，当沥青混凝土下层与防水层之间层间分离类型从 V1 转变为 V3 时，沥青混凝土下层各个最大应力值都有不同程度增大，其中横向最大拉应力 σ_{xmax} 增大约 193%，纵向最大拉应力 σ_{zmax} 增大约 297%，横向最大剪应力 τ_{xymax} 有微量增大，几乎保持不变，纵向最大剪应力 τ_{yzmax} 增大约 45%。从表 6-6 可知，当分离区域位于荷载区域内时，从层间分离类型 V1 到层间分离类型 V2，沥青混凝土上层的横向最大拉应力 σ_{xmax}、纵向最大拉应力 σ_{zmax} 以及横向最大剪应力 τ_{xymax} 都有微量增大，变化很小，但纵向剪应力 τ_{yzmax} 增大约 15%；当层间分离类型从 V2 转变为 V3 时，沥青混凝土上层的横向拉应力 σ_{xmax} 和横向剪应力 τ_{xymax} 都有微量增大，几乎保持不变，但纵向最大拉应力 σ_{zmax} 和纵向最大剪应力 τ_{yzmax} 分别增大了约 45%和 15%；对于沥青混凝土上层，对比表 6-6 中层间分离类型为

V1、V2 和 V3 时的纵向最大拉应力，从层间分离类型为 V1 到 V2 时有微量增大，从层间分离类型 V2 到 V3 时大量增大，可知沥青混凝土上层纵向最大拉应力的变化会受到分离区域与荷载作用区域相对位置的影响。

（6）当车辆行驶速度为 120km/h 时，并且沥青混凝土上层与下层之间存在分离缺陷时，沥青混凝土下层和上层的应力值见表 6-7。

表 6-7　沥青混凝土下层和上层的应力值

沥青混凝土铺装层	层间分离类型	σ_{xmax}/MPa	σ_{zmax}/MPa	τ_{xymax}/MPa	τ_{yzmax}/MPa
沥青混凝土下层	V1	0. 078895	0. 080867	0. 234973	0. 126311
	V2	0. 154844	0. 151069	0. 235025	0. 167912
	V3	0. 237927	0. 245782	0. 235151	0. 224625
沥青混凝土上层	V1	0. 092373	0. 150502	0. 179272	0. 147600
	V2	0. 169772	0. 305233	0. 179381	0. 192343
	V3	0. 606650	0. 843702	0. 179507	0. 307972

从表 6-7 可知，当沥青混凝土下层与上层之间层间分离类型从 V1 转变为 V3 时，沥青混凝土下层的横向最大拉应力 σ_{xmax}、纵向最大拉应力 σ_{zmax} 及纵向剪应力 τ_{yzmax} 都在增大，分别增大了约 202%、204% 以及 78%，横向最大剪应力 τ_{xymax} 微量增大，几乎保持不变。当沥青混凝土下层与上层之间层间分离类型从 V1 转变为 V3 时，沥青混凝土上层的横向最大拉应力 σ_{xmax}、纵向最大拉应力 σ_{zmax} 及纵向剪应力 τ_{yzmax} 都在增大，分别增大了约 557%、461% 以及 109%，横向最大剪应力 τ_{xymax} 微量增大，也几乎保持不变。

从以上分析可知，在路面非常平整并且不考虑冲击效应的情况下，当沥青混凝土下层与防水层之间存在层间分离缺陷时，沥青混凝土下层和上层的拉应力以及剪应力都将有不同程度的增大，当沥青混凝土下层与防水层之间存在层间分离缺陷时，对比沥青混凝土上层和下层的应力值，可知对沥青混凝土下层应力的影响会更大些。当沥青混凝土下层与上层之间存在层间分离缺陷时，沥青混凝土下层和上层的拉应力以及剪应力也都有不同程度的增大，当沥青混凝土下层与上层之间存在层间分离缺陷时，对比沥青混凝土上层和下层的应力值，可知对沥青混凝土上层应力的影响会更大些。对比表 6-4 与表 6-6 中沥青混凝土下层和上层的应力值，可知，当沥青混凝土下层与防水层之间存在层间分离缺陷时，行驶速度从 100km/h 增大到 120km/h 时，沥青混凝土下层和上层的拉应力值以及剪应力值都有不同程度的减小；对比表 6-5 与表 6-7 中沥青混凝土下层和上层的应力值，可知，当沥青混凝土下层与上层之间存在层间分离缺陷时，行驶速度从 100km/h 增大到 120km/h 时，沥青混凝土下层和上层的拉应力值以及剪应力值也都有不同程度的减小。

在黏弹性-接触类型条件下，分析了不考虑铺装层平整度和冲击效应时车辆速度变化对沥青混凝土铺装层应力的影响规律，又研究了不同移动速度条件下沥青混凝土铺装层层间存在分离现象时沥青混凝土铺装层应力的变化规律，可知车辆移动速度的变化对沥青混凝土铺装层的响应是明显的，无论层间是否存在分离缺陷，当车辆行驶速度逐渐增大时，沥青混凝土上层和下层的拉应力、剪应力以及竖向位移都呈现减小趋势。

第二节　随机动荷载作用下铺装层结构应力计算

一、随机动荷载

由于桥面面层的不平整，面层会对在其上行驶的车辆产生随机激励，由此引起的随机动荷载是导致道路面层产生早期破坏和影响路面使用寿命的重要原因。路面随机激励位移的常用模拟方法有四种，它们分别是滤波白噪声法、基于离散时间随机序列的 AR/AMAR 法、谐波叠加法以及基于幂函数功率谱的快速傅里叶反变换生成法，其中，谐波叠加法建立在连续函数基础之上，方便使用而且计算准确。由谐波叠加法生成的路面随机激励位移可以用下式表示：

$$x_g(t) = \sum_{k=1}^{N} A_k \cos(\omega_k t + \varphi_k) \tag{6-1}$$

在式(6-1)中，$\varphi_k(k=1, 2, 3, \cdots, N)$表示均值为 0 且取值位于$[0, 2\pi]$之间相互对立的随机相位角，$N$ 表示用于建立路面随机激励的三角函数的项数，本书分析中 $N=200$，$\omega_k(k=1, 2, 3, \cdots, N)$表示角频率，通过下式计算：

$$\omega_k = 2\pi v n_k \tag{6-2}$$

$$n_k = n_l + k\Delta n(k=1, 2, 3, \cdots, N) \tag{6-3}$$

$$\Delta n = (n_r - n_l)/N \tag{6-4}$$

在式(6-2)中，n_k 表示位于区间$[n_l, n_r]$之间的空间频率，$n_l=0.53$ 表示空间频率下限，m^{-1}，$n_r=2.83$ 表示空间频率上限，m^{-1}，v 表示车辆行驶速度。

式(6-1)中系数 A_k 可以通过下式计算得到：

$$A_k^2=4G_d(n_k)\Delta n,\ k=1,\ 2,\ 3,\ \cdots,\ N \tag{6-5}$$

式(6-5)中，$G_d(n)$ 表示功率谱密度函数，功率谱密度函数和国际平整度指数 *IRI* 之间存在如下关系：

$$G_d(n)=\begin{cases}1.63K_0\ (n/n_0)^{-2}IRI^2,\ n_l\leqslant n\leqslant n_r\\0，其他\end{cases} \tag{6-6}$$

式(6-6)中，$K_0=10^{-6}\text{m}^3$，$n_0=0.1\text{m}^{-1}$，国际平整度指数 *IRI* 是目前国际上采用的路面平整度度量指标，其取值反映了道路的平顺程度。表 6-8 给出了路表状况与 *IRI* 取值之间的关系，可以看出随着 *IRI* 取值的增大，路面平整度越来越差，路面越来越不平顺。

表 6-8　路表状况评价等级

路面状况	绝对平整	轻度不平整	一般不平整	重度不平整	严重不平整
IRI	0	2	4 或 6	8	10

在实际计算中，总是先假定路面的状况，确定 *IRI* 的取值，然后根据式(6-1)~式(6-6)计算路面的随机激励位移，然后再求解第二章中第四节中的四分之一车辆模型的动力微分方程式(2-127)，就可以获得作用在沥青混凝土面层上的随机动荷载。当 *IRI*=6 时不同行驶速度条件下作用在沥青混凝土上层的随机动荷载如图 6-2 所示。

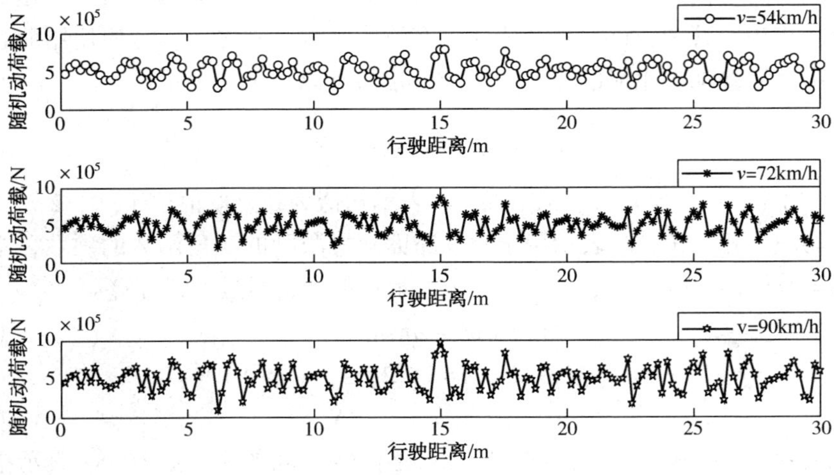

图 6-2　*IRI*=6 时不同车速下的随机动荷载

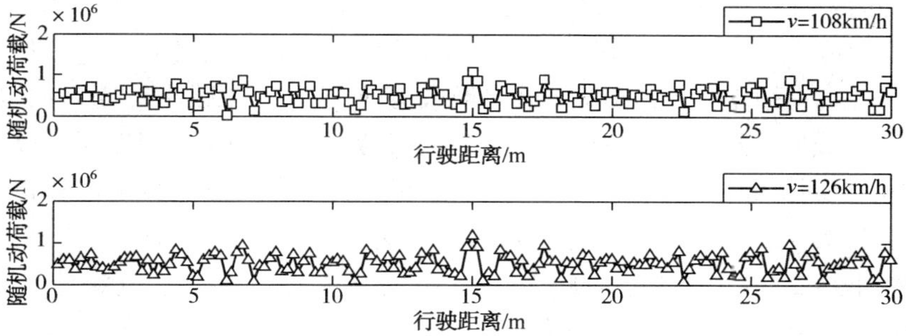

图 6-2　$IRI=6$ 时不同车速下的随机动荷载(续)

从图 6-2 可知，随着车辆行驶速度的增大，随机动荷载的波动幅度越大，车辆行驶速度越大，产生的随机动荷载极值越大。

二、车辆行驶速度对铺装层应力的影响

车辆行驶速度分别为 54km/h、72km/h、90km/h、108km/h 以及 126km/h 时沥青混凝土下层和上层的应力值以及竖向位移的计算结果见表 6-9。

表 6-9　$IRI=6$ 时不同行驶速度下沥青混凝土铺装层的应力值

沥青混凝土铺装层	速度/(km/h)	σ_{xmax}/MPa	σ_{zmax}/MPa	τ_{xymax}/MPa	τ_{yzmax}/MPa	U_{ymax}/mm
沥青混凝土下层	54	0.054640	0.149404	0.227710	0.095657	-1.043
	72	0.053239	0.145273	0.220358	0.098254	-1.014
	90	0.056357	0.153508	0.232194	0.103515	-0.995
	108	0.059553	0.161961	0.244681	0.108653	-1.072
	126	0.062811	0.170592	0.257741	0.112556	-1.166
沥青混凝土上层	54	0.059324	0.254230	0.282412	0.194067	-1.230
	72	0.057719	0.246466	0.273402	0.188149	-1.183
	90	0.061036	0.259933	0.288121	0.198457	-1.208
	108	0.064452	0.273948	0.303587	0.209210	-1.299
	126	0.067952	0.288436	0.319707	0.220349	-1.405

从表 6-9 可知，当车辆行驶速度从 54km/h 增大到 126km/h，沥青混凝土下层各个最大应力值和竖向位移都先减小后增大，速度为 72km/h 时沥青混凝土下

层各个应力最小，其中横向最大拉应力 σ_{xmax} 先减小约 2.6%，后增大约 18.0%，纵向最大拉应力 σ_{zmax} 先减小约 2.8%，后增大约 17.4%，横向最大剪应力 τ_{xymax} 先减小约 3.2%，后增大约 17.0%，纵向最大剪应力 τ_{yzmax} 先减小约 3.2%，后增大约 17.0%，竖向位移 U_{ymax} 先减小约 4.5%，后增大约 17.1%。当车辆行驶速度从 54km/h 增大到 126km/h，沥青混凝土上层各个最大应力值和竖向位移也都在减小，速度为 72km/h 时沥青混凝土上层各个应力也最小，其中横向最大拉应力 σ_{xmax} 先减小约 2.7%，后增大约 17.7%，纵向最大拉应力 σ_{zmax} 先减小约 3.1%，后增大约 17.0%，横向最大剪应力 τ_{xymax} 先减小约 3.2%，后增大约 17.0%，纵向最大剪应力 τ_{yzmax} 先减小约 3.2%，后增大约 16.9%，竖向位移 U_{ymax} 先减小约 3.8%，后增大约 18.8%。通过对比沥青混凝土下层与上层最大应力以及竖向位移减小的百分比可知，沥青混凝土上层各个最大应力值以及竖向位移的变化幅度和沥青混凝土下层对应的最大应力值以及竖向位移的变化幅度相差不多，或者说，在随机动荷载作用下，车辆速度变化对沥青混凝土下层和上层的应力以及竖向位移的影响基本相同。

从以上分析可知，对于实际中一般不平整的沥青混凝土桥面铺装层面层而言，当考虑到沥青混凝土铺装层平整度所产生随机激励对车辆动荷载的影响时，随着车辆行驶速度的提高，沥青混凝土铺装层上层和下层的应力和竖向位移都会先有少量的减小后增大的趋势，该规律有别于本章第一节移动车辆荷载作用下不考虑路面平整度时车辆行驶速度变化对沥青混凝土铺装层响应影响的结论，考虑时间桥面都存在一定的不平整性，故随机荷载分析更能反映铺装层的实际受力变形规律。

三、层间分离缺陷对铺装层应力的影响

本小节将分别计算沥青混凝土下层与防水层之间存在分离缺陷和沥青混凝土上层与下层之间存在分离缺陷这两种类型时沥青混凝土下层和上层的应力，层间分离区域类型如图 6-1 所示，并且各种层间分离区域均出现在右侧双轮下，车辆行驶速度分 80km/h、100km/h 以及 120km/h 三种情况考虑。

（1）当车辆行驶速度为 80km/h 时，并且沥青混凝土下层与防水层之间存在分离缺陷时，沥青混凝土下层和上层的应力值见表 6-10。

从表 6-10 可知，当沥青混凝土下层与防水层之间层间分离类型从 V1 转变为 V3 时，沥青混凝土下层各个最大应力值都有不同程度增大，其中横向最大拉应力 σ_{xmax} 增大约 474%，纵向最大拉应力 σ_{zmax} 增大约 381%，横向最大剪应力

τ_{xymax}增大约 127%，纵向最大剪应力τ_{yzmax}增大约 28%；沥青混凝土上层各个最大应力值也都有不同程度增大，沥青混凝土上层的横向最大拉应力σ_{xmax}增大约 494%，纵向最大拉应力σ_{zmax}增大约 180%，横向最大剪应力τ_{xymax}增大约 159%，纵向剪应力τ_{yzmax}增大约 83%。对比以上增大率可知，沥青混凝土下层横向最大拉应力增大量和沥青混凝土上层横向最大拉应力增大量相当，沥青混凝土下层纵向拉应力增大量明显大于沥青混凝土上层纵向拉应力增大量，沥青混凝土下层横向剪应力和纵向剪应力的增大量分别小于沥青混凝土上层横向剪应力和纵向剪应力的增大量；若沥青下层与防水层之间存在层间分离，将对沥青混凝土上层和下层的拉应力产生明显影响。

表 6-10　沥青混凝土下层和上层的应力值

沥青混凝土铺装层	层间分离类型	σ_{xmax}/MPa	σ_{zmax}/MPa	τ_{xymax}/MPa	τ_{yzmax}/MPa
沥青混凝土下层	V1	0. 073586	0. 126279	0. 122191	0. 233182
	V2	0. 232614	0. 407722	0. 186050	0. 268893
	V3	0. 422533	0. 607913	0. 276979	0. 298862
沥青混凝土上层	V1	0. 073568	0. 126255	0. 122943	0. 227780
	V2	0. 314309	0. 285769	0. 144037	0. 324516
	V3	0. 437040	0. 353168	0. 318540	0. 417496

（2）当车辆行驶速度为 80km/h 时，并且沥青混凝土上层与下层之间存在分离缺陷时，沥青混凝土下层和上层的应力值见表 6-11。

表 6-11　沥青混凝土下层和上层的应力值

沥青混凝土铺装层	层间分离类型	σ_{xmax}/MPa	σ_{zmax}/MPa	τ_{xymax}/MPa	τ_{yzmax}/MPa
沥青混凝土下层	V1	0. 069890	0. 214000	0. 109422	0. 281076
	V2	0. 069934	0. 263175	0. 135059	0. 326729
	V3	0. 182494	0. 462156	0. 215920	0. 347860
沥青混凝土上层	V1	0. 069877	0. 213993	0. 110746	0. 291676
	V2	0. 352044	0. 677648	0. 157264	0. 319321
	V3	1. 163310	1. 642030	0. 341522	0. 515321

从表 6-11 可知，当沥青混凝土下层与防水层之间层间分离类型从 V1 转变为 V3 时，沥青混凝土下层各个最大应力值都有不同程度增大，其中横向最大拉应力 σ_{xmax} 增大约 161%，纵向最大拉应力 σ_{zmax} 增大约 116%，横向最大剪应力 τ_{xymax} 约增大 97%，纵向最大剪应力 τ_{yzmax} 增大约 24%；沥青混凝土上层各个最大应力值也都有不同程度的增大，沥青混凝土上层的横向最大拉应力 σ_{xmax} 约增大 1565%，纵向最大拉应力 σ_{zmax} 约增大 667%，横向最大剪应力 τ_{xymax} 约增大 208%，纵向剪应力 τ_{yzmax} 增大约 77%。对比以上增大率可知，沥青混凝土下层横向最大拉应力的增大量和纵向拉应力增大量明显分别小于沥青混凝土上层横向最大拉应力的增大量和纵向拉应力增大量，沥青混凝土下层横向剪应力和纵向剪应力的增大量分别低于沥青混凝土上层横向剪应力和纵向剪应力的增大量；沥青混凝土上层与下层之间层间分离类型从 V2 变为 V3 时，将使沥青混凝土上层的拉应力大量增大，说明层间分离区域大小以及荷载与分离区域相对位置对沥青混凝土上层的拉应力会产生显著不利影响。

（3）当车辆行驶速度为 100km/h 时，并且沥青混凝土下层与防水层之间存在分离缺陷时，沥青混凝土下层和上层的应力值见表 6-12。

表 6-12　沥青混凝土下层和上层的应力值

沥青混凝土铺装层	层间分离类型	σ_{xmax}/MPa	σ_{zmax}/MPa	τ_{xymax}/MPa	τ_{yzmax}/MPa
沥青混凝土下层	V1	0. 076391	0. 130126	0. 118094	0. 225615
	V2	0. 235962	0. 404679	0. 179332	0. 258746
	V3	0. 440122	0. 597626	0. 270416	0. 281949
沥青混凝土上层	V1	0. 076373	0. 130102	0. 119585	0. 219585
	V2	0. 320861	0. 286938	0. 137272	0. 312091
	V3	0. 456008	0. 379310	0. 313025	0. 400508

从表 6-12 可知，当沥青混凝土下层与防水层之间层间分离类型从 V1 转变为 V3 时，沥青混凝土下层各个最大应力值都有不同程度的增大，其中横向最大拉应力 σ_{xmax} 增大约 476%，纵向最大拉应力 σ_{zmax} 增大约 359%，横向最大剪应力 τ_{xymax} 约增大 129%，纵向最大剪应力 τ_{yzmax} 增大约 25%；沥青混凝土上层各个最大应力值也都有不同程度的增大，沥青混凝土上层的横向最大拉应力 σ_{xmax} 增大约 497%，纵向最大拉应力 σ_{zmax} 增大约 192%，横向最大剪应力 τ_{xymax} 增大约 162%，

纵向剪应力 τ_{yzmax} 增大约 82%。对比以上增大率可知，沥青混凝土下层横向最大拉应力增大量和沥青混凝土上层横向最大拉应力增大量相当，沥青混凝土下层纵向拉应力增大量明显大于沥青混凝土上层纵向拉应力增大量，沥青混凝土下层横向剪应力和纵向剪应力的增大量分别小于沥青混凝土上层横向剪应力和纵向剪应力的增大量；若沥青下层与防水层之间存在层间分离，将对沥青混凝土上层和下层的拉应力产生明显影响。

（4）行驶速度为 100km/h 时，移动荷载作用下沥青混凝土上层与下层之间存在分离缺陷时沥青混凝土下层和上层的应力值见表 6-13。

表 6-13　沥青混凝土下层和上层的应力值

沥青混凝土铺装层	层间分离类型	σ_{xmax}/MPa	σ_{zmax}/MPa	τ_{xymax}/MPa	τ_{yzmax}/MPa
沥青混凝土下层	V1	0.070471	0.220153	0.106328	0.271539
	V2	0.070518	0.256295	0.130891	0.314573
	V3	0.190069	0.451640	0.213695	0.342801
沥青混凝土上层	V1	0.070457	0.220145	0.107676	0.278599
	V2	0.342734	0.644004	0.155246	0.330355
	V3	1.132410	1.602030	0.340964	0.532594

从表 6-13 可知，当沥青混凝土下层与防水层之间层间分离类型从 V1 转变为 V3 时，沥青混凝土下层各个最大应力值都有不同程度的增大，其中横向最大拉应力 σ_{xmax} 增大约 170%，纵向最大拉应力 σ_{zmax} 增大约 105%，横向最大剪应力 τ_{xymax} 约增大 101%，纵向最大剪应力 τ_{yzmax} 增大约 26%；沥青混凝土上层各个最大应力值也都有不同程度的增大，沥青混凝土上层的横向最大拉应力 σ_{xmax} 增大约 1507%，纵向最大拉应力 σ_{zmax} 增大约 628%，横向最大剪应力 τ_{xymax} 增大约 217%，纵向剪应力 τ_{yzmax} 增大约 91%。对比以上增大率可知，沥青混凝土下层横向最大拉应力的增大量和纵向拉应力增大量明显分别小于沥青混凝土上层横向最大拉应力的增大量和纵向拉应力增大量，沥青混凝土下层横向剪应力和纵向剪应力的增大量分别低于沥青混凝土上层横向剪应力和纵向剪应力的增大量；沥青混凝土上层与下层之间层间分离类型从 V2 变为 V3 时，将对沥青混凝土上层的拉应力大量增大，说明层间分离区域大小以及荷载与分离区域相对位置对沥青混凝土上层的拉应力会产生显著影响。

(5) 车辆行驶速度为 120km/h 时，并且沥青下层与防水层之间存在分离缺陷时，沥青混凝土下层和上层的应力值见表 6-14。

表 6-14 沥青混凝土下层和上层的应力值

沥青混凝土铺装层	层间分离类型	σ_{xmax}/MPa	σ_{zmax}/MPa	τ_{xymax}/MPa	τ_{yzmax}/MPa
沥青混凝土下层	V1	0. 080276	0. 133851	0. 116342	0. 216360
	V2	0. 237090	0. 400548	0. 171849	0. 247284
	V3	0. 454330	0. 583996	0. 262556	0. 281297
沥青混凝土上层	V1	0. 080259	0. 133826	0. 116341	0. 209893
	V2	0. 323299	0. 285050	0. 130273	0. 298093
	V3	0. 467825	0. 390075	0. 302443	0. 396127

从表 6-14 可知，当沥青混凝土下层与防水层之间层间分离类型从 V1 转变为 V3 时，沥青混凝土下层各个最大应力值都有不同程度的增大，其中横向最大拉应力 σ_{xmax} 增大约 466%，纵向最大拉应力 σ_{zmax} 增大约 336%，横向最大剪应力 τ_{xymax} 增大约 126%，纵向最大剪应力 τ_{yzmax} 增大约 30%；沥青混凝土上层各个最大应力值也都有不同程度的增大，沥青混凝土上层的横向最大拉应力 σ_{xmax} 增大约 483%，纵向最大拉应力 σ_{zmax} 增大约 191%，横向最大剪应力 τ_{xymax} 增大约 160%，纵向剪应力 τ_{yzmax} 增大约 89%。对比以上增大率可知，沥青混凝土下层横向最大拉应力增大量和沥青混凝土上层横向最大拉应力增大量相当，沥青混凝土下层纵向拉应力增大量明显大于沥青混凝土上层纵向拉应力增大量，沥青混凝土下层横向剪应力和纵向剪应力的增大量分别小于沥青混凝土上层横向剪应力和纵向剪应力的增大量；若沥青下层与防水层之间存在层间分离，将对沥青混凝土上层和下层的拉应力产生明显影响。

(6) 当车辆行驶速度为 120km/h 时，并且沥青混凝土上层与下层之间存在分离缺陷时，沥青混凝土下层和上层的应力值见表 6-15。

从表 6-15 可知，当沥青混凝土下层与防水层之间层间分离类型从 V1 转变为 V3 时，沥青混凝土下层各个最大应力值都有不同程度的增大，其中横向最大拉应力 σ_{xmax} 增大约 173%，纵向最大拉应力 σ_{zmax} 增大约 94%，横向最大剪应力 τ_{xymax} 增大约 99%，纵向最大剪应力 τ_{yzmax} 增大约 29%；沥青混凝土上层各个最大应力值也都有不同程度的增大，沥青混凝土上层的横向最大拉应力 σ_{xmax} 增大约

1421%，纵向最大拉应力 σ_{zmax} 增大约 586%，横向最大剪应力 τ_{xymax} 增大约 216%，纵向剪应力 τ_{yzmax} 增大约 104%。对比以上增大率可知，沥青混凝土下层横向最大拉应力的增大量和纵向拉应力增大量明显分别小于沥青混凝土上层横向最大拉应力的增大量和纵向拉应力增大量，沥青混凝土下层横向剪应力和纵向剪应力的增大量分别低于沥青混凝土上层横向剪应力和纵向剪应力的增大量；沥青混凝土上层与下层之间层间分离类型从 V2 变为 V3 时，将使沥青混凝土上层的拉应力大量增大，说明层间分离区域大小以及荷载与分离区域相对位置对沥青混凝土上层的拉应力会产生显著影响。

表 6-15　沥青混凝土下层和上层的应力值

沥青混凝土铺装层	层间分离类型	σ_{xmax}/MPa	σ_{zmax}/MPa	τ_{xymax}/MPa	τ_{yzmax}/MPa
沥青混凝土下层	V1	0.071876	0.226293	0.105472	0.260404
	V2	0.071921	0.252471	0.125888	0.300716
	V3	0.196315	0.438316	0.209850	0.334945
沥青混凝土上层	V1	0.071864	0.226285	0.105467	0.264975
	V2	0.331739	0.611295	0.151489	0.333292
	V3	1.093190	1.551210	0.333737	0.539665

从以上分析可知，当沥青混凝土下层与防水层之间存在层间分离缺陷时，沥青混凝土下层和上层的拉应力以及剪应力都有不同程度的增大，对比沥青混凝土上层和下层的应力值的变化率，可知对沥青混凝土下层纵向最大拉应力的影响更大些。当沥青混凝土下层与上层之间存在层间分离缺陷时，沥青混凝土下层和上层的拉应力以及剪应力也都有不同程度的增大，比较沥青混凝土上层和下层的应力值的变化率，可知对沥青混凝土上层拉应力的影响更大些。对比表 6-10、表 6-12 和表 6-14 中对应分离类型下沥青混凝土下层和上层的应力值，可知，当沥青混凝土下层与防水层之间存在层间分离缺陷时，车辆行驶速度分别从 80km/h 增大到 100km/h 再到 120km/h 时，各个层间分离类型下沥青混凝土上层和下层的横向最大拉应力都在增大，但最大剪应力都在减小。对比表 6-11、表 6-13 和表 6-15 中对应分离类型下沥青混凝土下层和上层的应力值，可知，当沥青混凝土下层与上层之间存在层间分离缺陷时，车辆行驶速度分别从 80km/h 增大到 100km/h 再到 120km/h 时，各个层间分离类型下沥青混凝土下层的横向最大拉应

力都在增大，但最大剪应力都在减小；各个层间分离类型下沥青混凝土上层的横向剪应力都在减小，但其他应力也有不同的增减量。

在黏弹性-接触类型条件下，研究了考虑铺装层平整度时随机动荷载作用下行驶速度变化对沥青混凝土铺装层应力的影响规律，以及不同移动速度条件下沥青混凝土铺装层层间存在分离现象时沥青混凝土铺装层应力的变化规律，分析得知随着车辆行驶速度的增大，沥青混凝土铺装层的拉应力、剪应力以及竖向位移都先有少量减小后逐渐增大趋势，当沥青混凝土桥面铺装层之间存在层间分离缺陷时，铺装层的应力都会增大，铺装层层间分离区域面积的大小以及分离区域与荷载的相对位置关系对铺装层拉应力大小有明显的影响。当沥青混凝土下层与防水层之间存在层间分离缺陷时，对沥青混凝土下层纵向最大拉应力的影响更大些；当沥青混凝土下层与上层之间存在层间分离缺陷时，对沥青混凝土上层横向和纵向拉应力的影响更大些。

第三节　本章小结

当桥面铺装层的平整度非常好时，移动车辆荷载的速度变化对沥青混凝土铺装层应力的影响明显，无论沥青混凝土桥面铺装层层间是否存在分离缺陷，车辆行驶速度逐渐增大时，铺装层的应力和竖向位移都存在减小趋势；当桥面铺装层的平整度一般时，随机动荷载的速度变化对沥青混凝土铺装层应力的影响也很显著，车辆行驶速度逐渐增大时，铺装层的应力和竖向位移先减小后增大趋势，速度为 72km/h 时铺装层应力最小，当铺装层层间存在分离缺陷并且行驶速度增大时，铺装层下层拉应力增大，剪应力在减小，铺装层上层应力增减变化不一。为了减小沥青混凝土桥面铺装层早期病害，不仅需要控制车辆的行驶速度，而且必须改善沥青混凝土材料的路用性能，尤其是沥青混凝土材料在高温下的力学性能，同时设置合理的桥面铺装层结构，增强层间黏结强度，减小层间分离缺陷，实现铺装层层间良好传力。

第七章 基于正交实验的铺装层应力多元回归分析

前面各章分别从静力荷载作用下单个材料因素变化、层间因素变化以及移动荷载作用下车辆速度变化和铺装层层间缺陷变化多个方面研究并分析了沥青混凝土桥面铺装层在材料黏弹性和铺装层层间接触状态下的力学响应变化规律，本章将研究并分析常温下沥青混凝土桥面铺装层视为弹性材料时铺装层层间接触状态下多个材料因素变化对铺装层应力的影响规律，寻找引起沥青混凝土铺装层不同应力变化的主要材料因素。首先根据正交实验设计方法制定材料因素的实验方案，然后根据实验方案计算沥青混凝土铺装层的应力值，将应力值视为实验指标，采用回归方式对铺装层应力与材料影响因素之间进行多元线性回归，并对回归方程和系数进行假设检验，得到影响各个应力变化的主要材料因素。

第一节 正交实验设计

在材料弹性和铺装层层间接触状态下，影响沥青混凝土桥面铺装层受力变形的材料因素有多个，比如沥青混凝土上层的弹性模量 E_1 和厚度 h_1，沥青混凝土下层的弹性模量 E_2 和厚度 h_2 以及防水层的弹性模量 E_3 和厚度 h_3 等，它们的变化将影响沥青混凝土桥面铺装层内内力的变化，为了计算并分析这些材料因素共同作用下沥青混凝土桥面铺装层内的应力规律，本节将通过正交实验方案设计方法，得出沥青混凝土桥面铺装层的应力与多个材料因素之间的回归方程，并对其回归系数进行假设检验。

正交实验设计是用来科学地、有效地设计多因素实验的一种方法，该方法利用一套规格化的正交表来安排实验，得到的实验结果再利用数理统计的方法进行处理，从而得出科学的结论。正交表是正交实验设计的基础，通常标准正交表会用 $L_n(q^m)$ 来表示。其中，n 表示要进行的实验次数，m 表示影响因素的个数，q 表示每个影响因素的实验水平数。正交实验设计的大致步骤可以总结为：首先选定实验指标，其次确定影响因素个数及其实验水平数，列出正交表，再次进行实验并记录结果，最后利用数学方法得到结论。

本书选定的实验指标为沥青混凝土铺装层横向最大拉应力 σ_{xmax}，纵向最大拉应力 σ_{zmax}，横向最大剪应力 τ_{xymax}，纵向最大剪应力 τ_{yzmax}。选定的影响因素为沥青混凝土上层的弹性模量 E_1 及其厚度 h_1，沥青混凝土下层的弹性模量 E_2 及其厚度 h_2 以及防水层的弹性模量 E_3 及其厚度 h_3，共 6 个影响因素，即影响因素个数 $m=6$，各个影响因素的实验水平见表 7-1，每个影响因素有 5 个实验水平，即水平数 $q=5$，从而根据正交表的定义方式可知实验次数 $n=25$，即正交表可以表示为 $L_{25}(5^6)$，正交实验设计方案见表 7-2。

表 7-1　影响因素实验水平表

影响因素 / 水平	沥青混凝土上层		沥青混凝土下层		防水层	
	弹性模量 E_1/GPa	厚度 h_1/m	弹性模量 E_2/GPa	厚度 h_2/m	弹性模量 E_3/GPa	厚度 h_3/m
1	1.2	0.030	1.0	0.040	0.1	0.001
2	1.3	0.035	1.1	0.045	0.2	0.002
3	1.4	0.040	1.2	0.050	0.3	0.003
4	1.5	0.045	1.3	0.055	0.4	0.004
5	1.6	0.050	1.4	0.060	0.5	0.005

表 7-2　正交实验方案表

影响因素 / 编号	沥青混凝土上层		沥青混凝土下层		防水层	
	弹性模量 E_1/GPa	厚度 h_1/m	弹性模量 E_2/GPa	厚度 h_2/m	弹性模量 E_3/GPa	厚度 h_3/m
实验 1	1.2	0.030	1.0	0.040	0.1	0.001
实验 2	1.2	0.035	1.1	0.045	0.2	0.002
实验 3	1.2	0.040	1.2	0.050	0.3	0.003
实验 4	1.2	0.045	1.3	0.055	0.4	0.004
实验 5	1.2	0.050	1.4	0.060	0.5	0.005
实验 6	1.3	0.040	1.0	0.055	0.2	0.005
实验 7	1.3	0.045	1.1	0.060	0.3	0.001
实验 8	1.3	0.050	1.2	0.040	0.4	0.002

续表

影响因素 编号	沥青混凝土上层		沥青混凝土下层		防水层	
	弹性模量 E_1/GPa	厚度 h_1/m	弹性模量 E_2/GPa	厚度 h_2/m	弹性模量 E_3/GPa	厚度 h_3/m
实验 9	1.3	0.030	1.3	0.045	0.5	0.003
实验 10	1.3	0.035	1.4	0.050	0.1	0.004
实验 11	1.4	0.050	1.0	0.045	0.3	0.004
实验 12	1.4	0.030	1.1	0.050	0.4	0.005
实验 13	1.4	0.035	1.2	0.055	0.5	0.001
实验 14	1.4	0.040	1.3	0.060	0.1	0.002
实验 15	1.4	0.045	1.4	0.040	0.2	0.003
实验 16	1.5	0.035	1.0	0.060	0.4	0.003
实验 17	1.5	0.040	1.1	0.040	0.5	0.004
实验 18	1.5	0.045	1.2	0.045	0.1	0.005
实验 19	1.5	0.050	1.3	0.050	0.2	0.001
实验 20	1.5	0.030	1.4	0.055	0.3	0.002
实验 21	1.6	0.045	1.0	0.050	0.5	0.002
实验 22	1.6	0.050	1.1	0.055	0.1	0.003
实验 23	1.6	0.030	1.2	0.060	0.2	0.004
实验 24	1.6	0.035	1.3	0.040	0.3	0.005
实验 25	1.6	0.040	1.4	0.045	0.4	0.001

第二节　多元线性回归和假设检验

通过有限元软件可以得到表 7-2 中各个实验下沥青混凝土桥面铺装层的各个应力指标的计算值，分别选取横向最大拉应力、纵向最大拉应力、横向最大剪应力和纵向最大剪应力的值作为因变量 σ，取沥青混凝土上层弹性模量 E_1、沥青混凝土上层厚度 h_1、沥青混凝土下层弹性模量 E_2、沥青混凝土下层厚度 h_2、防水层弹性模量 E_3 以及防水层厚度 h_3 为自变量，建立多元线性回归方程，形式如下：

$$\sigma=c_0+c_1E_1+c_2h_1+c_3E_2+c_4h_2+c_5E_3+c_6h_3 \tag{7-1}$$

式中，c_0、c_1、c_2、c_3、c_4、c_5、c_6 分别为回归系数。

一般地为了讨论因变量 y 与自变量 x_1，x_2，…，x_k 之间线性关系是否明显，即讨论所求的回归方程 $y=\beta_0+\beta_1x_1+\beta_2x_2+\cdots+\beta_kx_k$ 是否有显著意义，需要对回归方程和回归系数 $\beta_i(i=1,\ 2,\ \cdots,\ k)$ 进行假设检验。

一、回归方程的显著性检验

因变量 y 与自变量 x_1，x_2，…，x_k 之间是否存在线性关系？假设它们之间不存在线性关系，则有回归系数 $\beta_i(i=1,\ 2,\ \cdots,\ k)$ 均为 0，即相当于检验假设

$$H_0:\ \beta_1=\beta_1=\cdots=\beta_k=0 \tag{7-2}$$

是否成立。

为了对检验问题进行显著性检验，需要构造检验统计量，可以通过对总偏差平方和的分解来构造出相应的检验统计量。记总偏差平方和为：

$$S_{\mathrm{T}}=\sum_{i=1}^{n}(y_i-\bar{y})^2$$

回归平方和为：

$$S_{\mathrm{R}}=\sum_{i=1}^{n}(\hat{y}_i-\bar{y})^2$$

残差平方和为：

$$S_{\mathrm{e}}=\sum_{i=1}^{n}(y_i-\hat{y}_i)^2$$

其中，$y_i(i=1,\ 2,\ \cdots,\ n)$ 表示第 i 次实验时的因变量的试验值，$\bar{y}$ 表示因变量所有试验值的平均值，$\hat{y}_i(i=1,\ 2,\ \cdots,\ n)$ 表示通过回归方程得到的第 i 次试验的估计值。总偏差平方和等于回归平方和加上残差平方和，即有 $S_{\mathrm{T}}=S_{\mathrm{R}}+S_{\mathrm{e}}$ 成立。

假设回归方程的截断误差服从 $N(0,\ \delta^2)$（其中，δ^2 可以通过回归方式估计出），根据已证定理有：

（1）$\dfrac{S_{\mathrm{e}}}{\delta^2}\sim\chi^2(n-k-1)$。

（2）在检验问题的 H_0 成立的条件下，$\dfrac{S_{\mathrm{R}}}{\delta^2}\sim\chi^2(k)$。

（3）S_{R} 与 S_{e} 相互独立。

则在 H_0 成立的条件下有：

$$F=\frac{\frac{S_R}{k}}{\frac{S_e}{n-k-1}}\sim F(k,\ n-k-1)$$

对于给定的水平 α，可得检验问题的拒绝域为：

$$F>F_{\alpha}(k,\ n-k-1)$$

如果拒绝 H_0，即认为因变量 y 与自变量 x_1，x_2，…，x_k 之间存在线性关系。在计算时，通常会利用到方差分析表，通过列表方式给出统计量 F 检验的结论，方差分析见表 7-3。

表 7-3　方差分析表

方差源	S	自由度 df	均　方	F	显著性
回归平方和	S_R	m	$MS_R=S_R/m$		
残差平方和	S_e	$n-m-1$	$MS_e=S_e/(n-m-1)$	$F=MS_R/MS_e$	
总偏差平方和	S_T	$n-1$			

回归平方和占总偏差平方和的比例称为决定系数，通常用 R^2 来表示，即有

$$R^2=\frac{S_R}{S_T}=1-\frac{S_e}{S_T}$$

用来反映自变量解释因变量变异的比例。称 $R=\sqrt{R^2}$ 为样本的复相关系数或者多元相关系数，R 度量了因变量与 k 个自变量之间的相关程度，R 约接近 1，说明 S_e 越小，回归分析的效果越好。当以 R 作为检验统计量时，对于给定的水平 α，检验问题的拒绝域为：

$$R>R_{\alpha}=\sqrt{\frac{mF_{\alpha}}{n-m-1+mF_{\alpha}}}$$

其中，F_{α} 为给定水平 α 时 $F_{\alpha}(k,\ n-k-1)$ 的值。当 $R>R_{\alpha}$ 成立时，拒绝假设 H_0，即认为因变量 y 与自变量 x_1，x_2，…，x_k 之间存在线性关系。

二、回归系数的显著性检验

假如因变量 y 与自变量 x_1，x_2，…，x_k 之间存在线性关系，但每个自变量 x_i 是否都起着显著作用？如果自变量 x_i 对因变量 y 的作用不显著，则有 β_i 为 0，即相当于检验假设：

$$H_{0i}: \beta_i=0, (i=1, 2, \cdots, k) \tag{7-3}$$

是否成立。

假设回归方程的截断误差服从 $N(0, \delta^2)$，构造检验统计量 $T_i=\dfrac{\hat{\beta}_i}{\hat{\delta}\sqrt{c_{ii}}}$，其中 $\hat{\beta}_i$ 为回归方程中自变量 x_i 的回归系数，$\hat{\delta}=\sqrt{S_e/(n-k-1)}$ 为 δ 的回归值，c_{ii} 为矩阵 $(X^TX)^{-1}$ 中主对角线上的第 $i+1$ 个元素，矩阵 X 可以表示为：

$$X=\begin{bmatrix} 1 & x_{11} & \cdots & x_{1k} \\ 1 & x_{21} & \cdots & x_{2k} \\ \vdots & \vdots & \ddots & \vdots \\ 1 & x_{n1} & \cdots & x_{nk} \end{bmatrix}$$

其中，x_{ij} 为自变量 x_j 的第 i 个观测值。

当 H_{0i} 为真时，根据已有定理可知检验统计量 $T_i \sim t(n-k-1)$，对于给定的显著性水平 α，可得检验问题拒绝域为：

$$|T_i|>t_{\frac{\alpha}{2}}(n-k-1)$$

拒绝 H_{0i} 时，说明自变量 x_i 对因变量 y 的线性关系显著，对应变量 y 的影响大。

第三节　铺装层应力多元回归分析

一、沥青混凝土下层应力多元回归分析

根据表 7-2 给出的正交实验方案确定沥青混凝土铺装层的材料参数，铺装层层间黏结状态通过层间接触方式实现，再利用有限元软件进行计算，可以得到各个实验方案下沥青混凝土下层的横向最大拉应力、纵向最大拉应力、横向最大剪应力和纵向最大剪应力的计算值。

(1) 沥青混凝土下层横向最大拉应力 σ_{xmax} 在各个实验方案下的计算值见表 7-4。

结合表 7-2 给出的正交实验方案中各个影响因素的取值，利用式(7-1)对沥青混凝土下层横向最大拉应力 σ_{xmax} 进行多元线性回归，得到的回归模型为：

$$\sigma_{\text{xmax}}=0.1237+0.0101E_1-0.0936h_1+0.0781E_2-0.2856h_2-0.2728E_3+1.6865h_3 \tag{7-4}$$

表 7-4　沥青混凝土下层横向最大拉应力 σ_{xmax} 计算值

编　号	σ_{xmax}值	编　号	σ_{xmax}值	编　号	σ_{xmax}值
实验 1	0. 194817	实验 10	0. 232091	实验 19	0. 144419
实验 2	0. 139977	实验 11	0. 099324	实验 20	0. 139418
实验 3	0. 121251	实验 12	0. 101449	实验 21	0. 082157
实验 4	0. 113265	实验 13	0. 099702	实验 22	0. 211879
实验 5	0. 109763	实验 14	0. 201141	实验 23	0. 144785
实验 6	0. 123595	实验 15	0. 163735	实验 24	0. 130392
实验 7	0. 109236	实验 16	0. 092336	实验 25	0. 120506
实验 8	0. 104299	实验 17	0. 090404		
实验 9	0. 107466	实验 18	0. 239204		

沥青混凝土下层横向最大拉应力 σ_{xmax} 的计算值与其回归模型的模拟值如图 7-1所示。

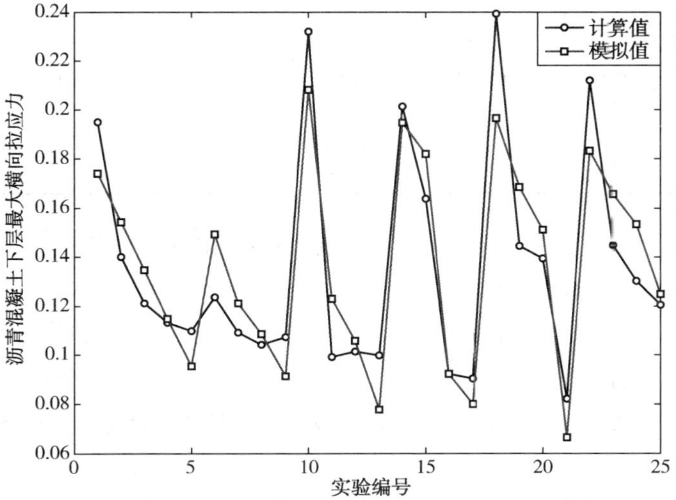

图 7-1　沥青混凝土下层横向最大拉应力的计算值与模拟值

采用 F 检验法对沥青混凝土下层横向最大拉应力 σ_{xmax} 的回归模型进行检验，

设显著性水平 α 的取值为0.05，则 $F_{\alpha}(k, n-k-1)=F_{0.05}(6, 18)=2.66$，列方差分析见表7-5。

表7-5　沥青混凝土下层横向最大拉应力的检验结果

方差源	S	自由度 df	均　方	F	显著性
回归平方和	0.040559	6	0.006760	13.77	显著
残差平方和	0.008844	18	0.000491		
总偏差平方和	0.049403	24			

F 值大于 $F_{0.05}(6, 18)$，拒绝假设式(7-2)，说明沥青混凝土下层横向最大拉应力与各个影响因素之间存在线性关系。经计算多元相关系数 $R=0.9061$，$R_{\alpha}=0.6855$，$R>R_{\alpha}$ 成立，拒绝假设式(7-2)，同样认为沥青混凝土下层横向最大拉应力与各个影响因素之间存在线性关系。

采用统计量 T 对回归模型式(7-4)中的回归系数进行检验时，$t_{\frac{\alpha}{2}}(n-k-1)=t_{0.025}(18)=2.10$，各个影响因素的回归系数所对应的统计量 $|T_i|(i=1, 2, \cdots, 6)$ 的值见表7-6。

表7-6　影响因素回归系数对应统计量的值

影响因素	沥青混凝土上层弹性模量	沥青混凝土上层厚度	沥青混凝土下层弹性模量	沥青混凝土下层厚度	防水层弹性模量	防水层层厚度
统计量	$\|T_1\|$	$\|T_2\|$	$\|T_3\|$	$\|T_4\|$	$\|T_5\|$	$\|T_6\|$
计算值	0.32	0.15	2.49	0.46	8.70	0.54

从表7-6可知，$|T_i|(i=1, 2, \cdots, 6)\neq 0$，说明各个影响因素对沥青混凝土下层横向最大拉应力都有影响，其中 $|T_3|>t_{0.025}(18)$，$|T_5|>t_{0.025}(18)$，说明相比其他影响因素，沥青混凝土下层弹性模量和防水层弹性模量对沥青混凝土下层横向最大拉应力有明显的影响。

(2) 沥青混凝土下层纵向最大拉应力 σ_{zmax} 在各个实验方案下的计算值见表7-7。

结合表7-2给出的正交实验方案中各个影响因素的取值，利用式(7-1)对沥青混凝土下层纵向最大拉应力 σ_{zmax} 进行多元线性回归，得到的回归模型为：

$$\sigma_{zmax}=0.4424+0.0169E_1+2.4398h_1+0.2535E_2-2.0856h_2-1.1775E_3+0.1666h_3 \qquad (7-5)$$

表 7-7　沥青混凝土下层纵向最大拉应力 σ_{zmax} 计算值

编　号	σ_{zmax}值	编　号	σ_{zmax}值	编　号	σ_{zmax}值
实验 1	0.655266	实验 10	0.775055	实验 19	0.533618
实验 2	0.439457	实验 11	0.342718	实验 20	0.370407
实验 3	0.352456	实验 12	0.223863	实验 21	0.206636
实验 4	0.303454	实验 13	0.20794	实验 22	0.666969
实验 5	0.270991	实验 14	0.697922	实验 23	0.442964
实验 6	0.409992	实验 15	0.583832	实验 24	0.386444
实验 7	0.330776	实验 16	0.223509	实验 25	0.338701
实验 8	0.322315	实验 17	0.209960		
实验 9	0.215515	实验 18	0.760470		

沥青混凝土下层纵向最大拉应力 σ_{zmax} 的计算值与其回归模型的模拟值如图 7-2所示。

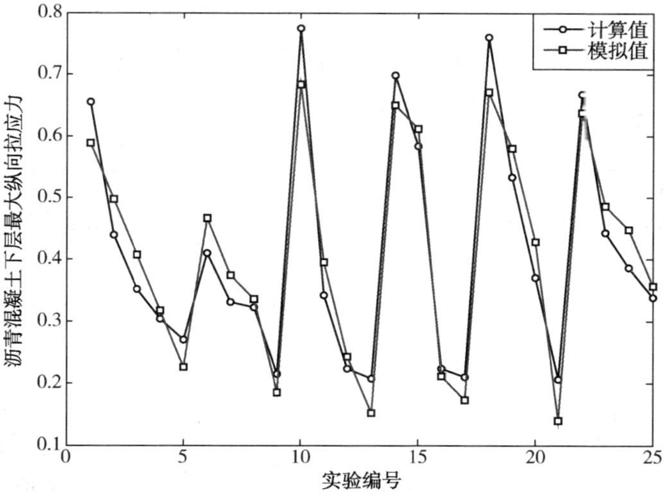

图 7-2　沥青混凝土下层纵向最大拉应力的计算值与模拟值

采用 F 检验法对沥青混凝土下层纵向最大拉应力 σ_{zmax} 的回归模型进行检验，设显著性水平 α 的取值为 0.05，则 $F_{\alpha}(k,\ n-k-1)=F_{0.05}(6,\ 18)=2.66$，列方差分析见表 7-8。

表 7-8　沥青混凝土下层纵向最大拉应力的检验结果

方差源	S	自由度 df	均　方	F	显著性
回归平方和	0.738368	6	0.123061	34.95	显著
残差平方和	0.063386	18	0.003521		
总偏差平方和	0.801754	24			

F 值大于 $F_{0.05}(6, 18)$，拒绝假设式(7-2)，说明沥青混凝土下层纵向最大拉应力与各个影响因素之间存在线性关系。经计算多元相关系数 $R=0.9597$，$R_\alpha=0.6855$，$R>R_\alpha$ 成立，拒绝假设式(7-2)，同样认为沥青混凝土下层纵向最大拉应力与各个影响因素之间存在线性关系。

采用统计量 T 对回归模型式(7-5)中的回归系数进行检验时，$t_{\frac{\alpha}{2}}(n-k-1)=t_{0.025}(18)=2.10$，各个影响因素的回归系数所对应的统计量 $|T_i|(i=1, 2, \cdots, 6)$ 的值见表 7-9。

表 7-9　影响因素回归系数对应统计量的值

影响因素	沥青混凝土上层弹性模量	沥青混凝土上层厚度	沥青混凝土下层弹性模量	沥青混凝土下层厚度	防水层弹性模量	防水层层厚度
统计量	$\lvert T_1\rvert$	$\lvert T_2\rvert$	$\lvert T_3\rvert$	$\lvert T_4\rvert$	$\lvert T_5\rvert$	$\lvert T_6\rvert$
计算值	0.20	1.45	3.02	1.24	14.03	0.02

从表 7-9 可知 $|T_i|(i=1, 2, \cdots, 6)\neq 0$，说明各个影响因素对沥青混凝土下层纵向最大拉应力都有影响，其中 $|T_3|>t_{0.025}(18)$，$|T_5|>t_{0.025}(18)$，说明相比其他影响因素，沥青混凝土下层弹性模量和防水层弹性模量对沥青混凝土下层纵向最大拉应力有明显的影响。

(3) 沥青混凝土下层横向最大剪应力 τ_{xymax} 在各个实验方案下的计算值见表 7-10。

结合表 7-2 给出的正交实验方案中各个影响因素的取值，利用式(7-1)对沥青混凝土下层横向最大剪应力 τ_{xymax} 进行多元线性回归，得到的回归模型为：

$$\tau_{xymax}=0.0767+0.0062E_1+0.1719h_1+0.0253E_2+1.6008h_2-0.0428E_3-0.0117h_3 \tag{7-6}$$

沥青混凝土下层横向最大剪应力 τ_{xymax} 的计算值与其回归模型的模拟值如图 7-3所示。

表 7-10　沥青混凝土下层横向最大剪应力 τ_{xymax} 计算值

编　号	τ_{xymax}值	编　号	τ_{xymax}值	编　号	τ_{xymax}值
实验 1	0. 175329	实验 10	0. 209913	实验 19	0. 223885
实验 2	0. 178781	实验 11	0. 174898	实验 20	0. 180154
实验 3	0. 187507	实验 12	0. 180531	实验 21	0. 183158
实验 4	0. 195542	实验 13	0. 193141	实验 22	0. 206458
实验 5	0. 202447	实验 14	0. 223885	实验 23	0. 207343
实验 6	0. 194127	实验 15	0. 180154	实验 24	0. 170734
实验 7	0. 198758	实验 16	0. 174898	实验 25	0. 184236
实验 8	0. 172396	实验 17	0. 180531		
实验 9	0. 172802	实验 18	0. 193141		

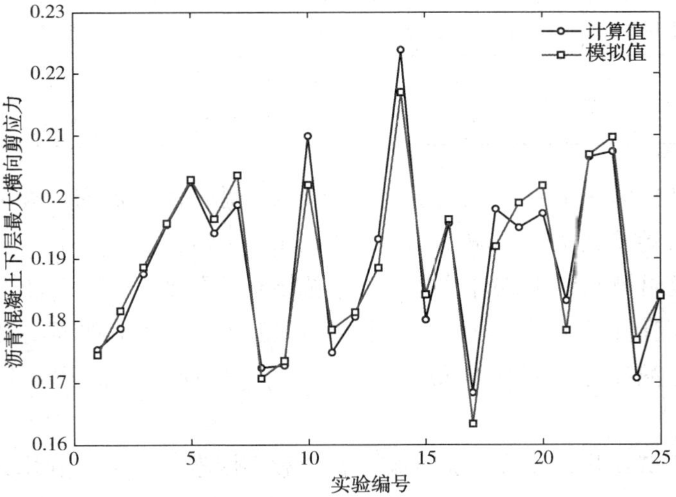

图 7-3　沥青混凝土下层横向最大剪应力的计算值与模拟值

采用 F 检验法对沥青混凝土下层横向最大剪应力 τ_{xymax} 的回归模型进行检验，设显著性水平 α 的取值为 0. 05，则 $F_{\alpha}(k,\ n-k-1)=F_{0.05}(6,\ 18)=2.66$，列方差分析见表 7-11。

表 7-11 沥青混凝土下层横向最大剪应力的检验结果

方差源	S	自由度 df	均　方	F	显著性
回归平方和	0.004498	6	0.000750	37.5	显著
残差平方和	0.000368	18	0.000020		
总偏差平方和	0.004866	24			

F 值大于 $F_{0.05}(6, 18)$，拒绝假设式(7-2)，说明沥青混凝土下层横向最大剪应力与各个影响因素之间存在线性关系。经计算多元相关系数 $R=0.9614$，$R_\alpha=0.6855$，$R>R_\alpha$ 成立，拒绝假设式(7-2)，同样认为沥青混凝土下层横向最大剪应力与各个影响因素之间存在线性关系。

采用统计量 T 对回归模型式(7-6)中的回归系数进行检验时，$t_{\frac{\alpha}{2}}(n-k-1)=t_{0.025}(18)=2.10$，各个影响因素的回归系数所对应的统计量 $|T_i|(i=1, 2, \cdots, 6)$ 的值见表 7-12。

表 7-12 影响因素回归系数对应统计量的值

影响因素	沥青混凝土上层弹性模量	沥青混凝土上层厚度	沥青混凝土下层弹性模量	沥青混凝土下层厚度	防水层弹性模量	防水层层厚度
统计量	$\|T_1\|$	$\|T_2\|$	$\|T_3\|$	$\|T_4\|$	$\|T_5\|$	$\|T_6\|$
计算值	0.97	1.34	3.96	12.51	6.70	0.02

从表 7-12 可知 $|T_i|(i=1, 2, \cdots, 6)\neq 0$，说明各个影响因素对沥青混凝土下层横向最大剪应力都有影响，其中 $|T_3|>t_{0.025}(18)$，$|T_4|>t_{0.025}(18)$，$|T_5|>t_{0.025}(18)$，说明相比其他影响因素，沥青混凝土下层弹性模量、沥青混凝土下层厚度和防水层弹性模量对沥青混凝土下层横向最大剪应力有明显的影响。

(4) 沥青混凝土下层纵向最大剪应力 τ_{yzmax} 在各个实验方案下的计算值见表 7-13。

结合表 7-2 给出的正交实验方案中各个影响因素的取值，利用式(7-1)对沥青混凝土下层纵向最大剪应力 τ_{yzmax} 进行多元线性回归，得到的回归模型为：

$$\tau_{yzmax}=0.1579-0.0054E_1-0.3895h_1+0.0289E_2+1.8597h_2-0.0135E_3+0.1341h_3 \tag{7-7}$$

沥青混凝土下层纵向最大剪应力 σ_{yzmax} 的计算值与其回归模型的模拟值如图 7-4所示。

表 7-13　沥青混凝土下层纵向最大剪应力 τ_{yzmax} 计算值

编　号	τ_{yzmax}值	编　号	τ_{yzmax}值	编　号	τ_{yzmax}值
实验 1	0.239528	实验 10	0.275917	实验 19	0.255725
实验 2	0.249065	实验 11	0.237351	实验 20	0.273027
实验 3	0.260212	实验 12	0.258953	实验 21	0.250021
实验 4	0.268765	实验 13	0.270525	实验 22	0.263213
实验 5	0.274810	实验 14	0.290145	实验 23	0.280117
实验 6	0.263080	实验 15	0.240797	实验 24	0.238495
实验 7	0.268829	实验 16	0.269897	实验 25	0.252214
实验 8	0.238396	实验 17	0.238607		
实验 9	0.256211	实验 18	0.254783		

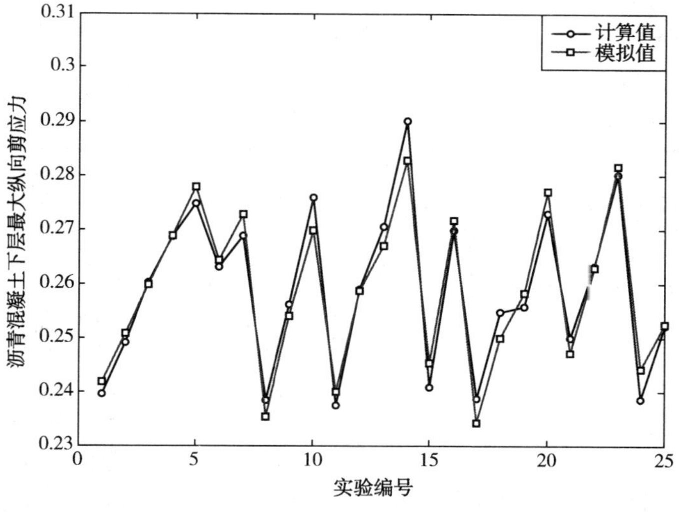

图 7-4　沥青混凝土下层纵向最大剪应力的计算值与模拟值

采用 F 检验法对沥青混凝土下层纵向最大剪应力 τ_{yzmax} 的回归模型进行检验，设显著性水平 α 的取值为 0.05，则 $F_{\alpha}(k, n-k-1)=F_{0.05}(6, 18)=2.66$，列方差分析见表 7-14。

表 7-14　沥青混凝土下层横向最大剪应力的检验结果

方差源	S	自由度 df	均　方	F	显著性
回归平方和	0.005037	6	0.000839	52.44	显著
残差平方和	0.000292	18	0.000016		
总偏差平方和	0.005328	24			

F 值大于 $F_{0.05}(6, 18)$，拒绝假设式(7-2)，说明沥青混凝土下层纵向最大剪应力与各个影响因素之间存在线性关系。经计算多元相关系数 $R=0.9722$，$R_\alpha=0.6855$，$R>R_\alpha$ 成立，拒绝假设式(7-2)，同样认为沥青混凝土下层纵向最大剪应力与各个影响因素之间存在线性关系。

采用统计量 T 对回归模型式(7-7)中的回归系数进行检验时，$t_{\frac{\alpha}{2}}(n-k-1)=t_{0.025}(18)=2.10$，各个影响因素的回归系数所对应的统计量 $|T_i|(i=1, 2, \cdots, 6)$ 的值见表 7-15。

表 7-15　影响因素回归系数对应统计量的值

影响因素	沥青混凝土上层弹性模量	沥青混凝土上层厚度	沥青混凝土下层弹性模量	沥青混凝土下层厚度	防水层弹性模量	防水层层厚度
统计量	$\|T_1\|$	$\|T_2\|$	$\|T_3\|$	$\|T_4\|$	$\|T_5\|$	$\|T_6\|$
计算值	0.95	3.42	5.07	16.33	2.37	0.24

从表 7-15 可知 $|T_i|(i=1, 2, \cdots, 6)\neq 0$，说明各个影响因素对沥青混凝土下层纵向最大剪应力都有影响，其中 $|T_2|>t_{0.025}(18)$，$|T_3|>t_{0.025}(18)$，$|T_4|>t_{0.025}(18)$，$|T_5|>t_{0.025}(18)$，说明沥青混凝土上层厚度、沥青混凝土下层弹性模量、沥青混凝土下层厚度和防水层弹性模量对沥青混凝土下层纵向最大剪应力有明显的影响。

表 7-16 列出了沥青混凝土下层实验指标与各个影响因素之间线性关系的显著性次序，排序时依据检验统计量 $|T_i|(i=1, 2, \cdots, 6)$ 的值大小进行，其中 1 表示最显著，即影响因素对实验指标的影响最大，随着数值的增加，显著程度逐次递减，6 表示最不显著，即影响因素对实验指标的影响最小。

从表 7-16 可知，对于沥青混凝土下层横向拉应力以及纵向拉应力来说，防水层弹性模量的显著性次序为 1，则防水层弹性模量对沥青混凝土下层纵横向拉应力的影响最为显著；对于沥青混凝土下层横向剪应力以及纵向剪应力来说，沥青混凝土下层厚度的显著性次序为 1，说明沥青混凝土下层厚度对沥青混凝土下层纵横向剪应力的影响最为显著；平均值中，相比其他影响因素，防水层弹性模量、沥青混凝土下层弹性模量和沥青混凝土下层厚度三者的值最小，说明它们三者对沥青混凝土下层应力的影响起关键作用。

表 7-16 沥青混凝土下层实验指标的影响因素排序表

影响因素 应　力	沥青混凝土上层弹性模量	沥青混凝土上层厚度	沥青混凝土下层弹性模量	沥青混凝土下层厚度	防水层弹性模量	防水层层厚度
σ_{xmax}	5	6	2	3	1	4
σ_{zmax}	5	3	2	4	1	6
τ_{xymax}	5	4	3	1	2	6
τ_{yzmax}	5	3	2	1	4	6
平均值	5	4	2. 25	2. 25	2	5. 5

二、沥青混凝土上层应力多元回归分析

根据表 7-2 给出的正交实验方案确定沥青混凝土铺装层的材料参数，铺装层层间黏结状态通过层间接触方式实现，再利用有限元软件进行计算，可以得到各个实验方案下沥青混凝土上层的横向最大拉应力、纵向最大拉应力、横向最大剪应力和纵向最大剪应力的计算值。

（1）沥青混凝土上层横向最大拉应力 σ_{xmax} 在各个实验方案下的计算值见表 7-17。

表 7-17 沥青混凝土上层横向最大拉应力 σ_{xmax} 计算值

编　号	σ_{xmax} 值	编　号	σ_{xmax} 值	编　号	σ_{xmax} 值
实验 1	0. 349622	实验 10	0. 343427	实验 19	0. 274476
实验 2	0. 266754	实验 11	0. 242489	实验 20	0. 284424
实验 3	0. 232536	实验 12	0. 251556	实验 21	0. 242001
实验 4	0. 211464	实验 13	0. 234748	实验 22	0. 336001
实验 5	0. 195771	实验 14	0. 329115	实验 23	0. 328033
实验 6	0. 271171	实验 15	0. 27425	实验 24	0. 280295
实验 7	0. 237614	实验 16	0. 259034	实验 25	0. 257088
实验 8	0. 215019	实验 17	0. 232383		
实验 9	0. 224942	实验 18	0. 347405		

结合表 7-2 给出的正交实验方案中各个影响因素的取值，利用式(7-1)对沥青混凝土上层横向最大拉应力 σ_{xmax} 进行多元线性回归，得到的回归模型为：

$$\sigma_{xmax}=0.2902+0.0960E_1-1.6847h_1-0.0045E_2-0.0195h_2-0.2744E_3+0.1157h_3 \tag{7-8}$$

沥青混凝土上层横向最大拉应力 σ_{xmax} 的计算值与其回归模型的模拟值如图 7-5所示。

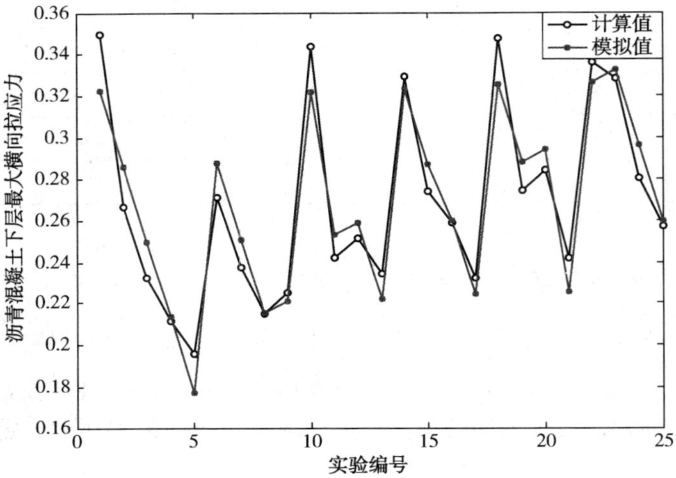

图 7-5　沥青混凝土上层横向最大拉应力的计算值与模拟值

采用 F 检验法对沥青混凝土上层横向最大拉应力 σ_{xmax} 的回归模型进行检验，设显著性水平 α 的取值为 0.05，则 $F_\alpha(k, n-k-1)=F_{0.05}(6, 18)=2.66$，列方差分析见表 7-18。

表 7-18　沥青混凝土上层横向最大拉应力的检验结果

方差源	S	自由度 df	均　方	F	显著性
回归平方和	0.045815	6	0.007636	29.03	显著
残差平方和	0.004726	18	0.000263		
总偏差平方和	0.050541	24			

F 值大于 $F_{0.05}(6, 18)$，拒绝假设式(7-2)，说明沥青混凝土上层横向最大拉应力与各个影响因素之间存在线性关系。经计算多元相关系数 $R=0.9521$，$R_\alpha=0.6855$，$R>R_\alpha$ 成立，拒绝假设式(7-2)，同样认为沥青混凝土上层横向最

大拉应力与各个影响因素之间存在线性关系。

采用统计量 T 对回归模型式(7-8)中的回归系数进行检验时，$t_{\frac{\alpha}{2}}(n-k-1)=t_{0.025}(18)=2.10$，各个影响因素的回归系数所对应的统计量 $|T_i|(i=1, 2, \cdots, 6)$ 的值如表 7-19 所示。

表 7-19 影响因素回归系数对应统计量的值

影响因素	沥青混凝土上层弹性模量	沥青混凝土上层厚度	沥青混凝土下层弹性模量	沥青混凝土下层厚度	防水层弹性模量	防水层层厚度
统计量	$\|T_1\|$	$\|T_2\|$	$\|T_3\|$	$\|T_4\|$	$\|T_5\|$	$\|T_6\|$
计算值	4.19	3.68	0.20	0.04	11.97	0.05

从表 7-19 可知 $|T_i|(i=1, 2, \cdots, 6)\neq 0$，说明各个影响因素对沥青混凝土上层横向最大拉应力都有影响，其中 $|T_1|>t_{0.025}(18)$，$|T_2|>t_{0.025}(18)$，$|T_5|>t_{0.025}(18)$，说明相比其他影响因素，沥青混凝土上层弹性模量、沥青混凝土上层厚度和防水层弹性模量对沥青混凝土上层横向最大拉应力有明显的影响。

(2) 沥青混凝土上层纵向最大拉应力 σ_{zmax} 在各个实验方案下的计算值见表 7-20。

表 7-20 沥青混凝土上层纵向最大拉应力 σ_{zmax} 计算值

编 号	σ_{zmax} 值	编 号	σ_{zmax} 值	编 号	σ_{zmax} 值
实验 1	0.702748	实验 10	0.601751	实验 19	0.461474
实验 2	0.514158	实验 11	0.435019	实验 20	0.468603
实验 3	0.415986	实验 12	0.470577	实验 21	0.412923
实验 4	0.353570	实验 13	0.399656	实验 22	0.564172
实验 5	0.310386	实验 14	0.553186	实验 23	0.561873
实验 6	0.489852	实验 15	0.483034	实验 24	0.512269
实验 7	0.398296	实验 16	0.454160	实验 25	0.425179
实验 8	0.384514	实验 17	0.425469		
实验 9	0.410851	实验 18	0.612728		

结合表 7-2 给出的正交实验方案中各个影响因素的取值，利用式(7-1)对沥青混凝土上层纵向最大拉应力 σ_{zmax} 进行多元线性回归，得到的回归模型为：

$$\sigma_{zmax}=0.9017+0.0993E_1-4.5585h_1-0.0986E_2-2.3294h_2-0.5146E_3+1.2243h_3 \tag{7-9}$$

沥青混凝土上层纵向最大拉应力 σ_{zmax} 的计算值与其回归模型的模拟值如图 7-6所示。

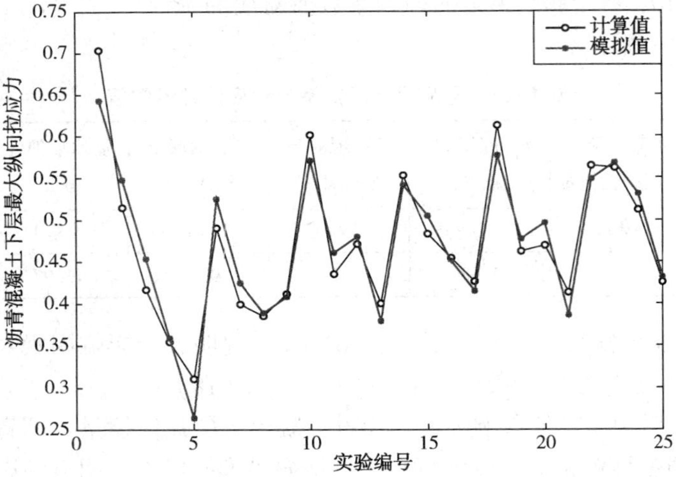

图 7-6　沥青混凝土上层纵向最大拉应力的计算值与模拟值

采用 F 检验法对沥青混凝土上层纵向最大拉应力 σ_{zmax} 的回归模型进行检验，设显著性水平 α 的取值为 0.05，则 $F_{\alpha}(k,\ n-k-1)=F_{0.05}(6,\ 18)=2.66$，列方差分析表如表 7-21 所示。

表 7-21　沥青混凝土上层纵向最大拉应力的检验结果

方差源	S	自由度 df	均　方	F	显著性
回归平方和	0.175022	6	0.029170		
残差平方和	0.016845	18	0.000936	31.16	显著
总偏差平方和	0.191867	24			

F 值大于 $F_{0.05}(6,\ 18)$，拒绝假设式(7-2)，说明沥青混凝土上层纵向最大拉应力与各个影响因素之间存在线性关系。经计算多元相关系数 $R=0.9551$，$R_{\alpha}=0.6855$，$R>R_{\alpha}$ 成立，拒绝假设式(7-2)，同样认为沥青混凝土上层纵向最大拉应力与各个影响因素之间存在线性关系。

采用统计量 T 对回归模型式(7-9)中的回归系数进行检验时，$t_{\frac{\alpha}{2}}(n-k-1)=t_{0.025}(18)=2.10$，各个影响因素的回归系数所对应的统计量 $|T_i|$ $(i=1,\ 2,\ \cdots,\ 6)$ 的值见表 7-22。

表 7-22　影响因素回归系数对应统计量的值

影响因素	沥青混凝土上层弹性模量	沥青混凝土上层厚度	沥青混凝土下层弹性模量	沥青混凝土下层厚度	防水层弹性模量	防水层层厚度
统计量	$\lvert T_1 \rvert$	$\lvert T_2 \rvert$	$\lvert T_3 \rvert$	$\lvert T_4 \rvert$	$\lvert T_5 \rvert$	$\lvert T_6 \rvert$
计算值	2. 29	5. 27	2. 28	2. 69	11. 89	0. 28

从表 7-22 可知 $\lvert T_i \rvert$（$i=1, 2, \cdots, 6$）$\neq 0$，说明各个影响因素对沥青混凝土上层纵向最大拉应力都有影响，其中 $\lvert T_1 \rvert > t_{0.025}(18)$，$\lvert T_2 \rvert > t_{0.025}(18)$，$\lvert T_3 \rvert > t_{0.025}(18)$，$\lvert T_4 \rvert > t_{0.025}(18)$，$\lvert T_5 \rvert > t_{0.025}(18)$，说明相沥青混凝土上层弹性模量、沥青混凝土上层厚度、沥青混凝土下层弹性模量、沥青混凝土下层厚度和防水层弹性模量对沥青混凝土上层纵向最大拉应力有明显的影响。

（3）沥青混凝土上层横向最大剪应力 τ_{xymax} 在各个实验方案下的计算值如表 7-23所示。

表 7-23　沥青混凝土上层横向最大剪应力 τ_{xymax} 计算值

编　号	τ_{xymax}值	编　号	τ_{xymax}值	编　号	τ_{xymax}值
实验 1	0. 116568	实验 10	0. 158004	实验 19	0. 182496
实验 2	0. 131751	实验 11	0. 16379	实验 20	0. 117612
实验 3	0. 147027	实验 12	0. 102166	实验 21	0. 14574
实验 4	0. 16008	实验 13	0. 124521	实验 22	0. 192927
实验 5	0. 171596	实验 14	0. 174608	实验 23	0. 11812
实验 6	0. 148162	实验 15	0. 16809	实验 24	0. 124145
实验 7	0. 16084	实验 16	0. 120482	实验 25	0. 143801
实验 8	0. 163781	实验 17	0. 129514		
实验 9	0. 105578	实验 18	0. 180089		

结合表 7-2 给出的正交实验方案中各个影响因素的取值，利用式(7-1)对沥青混凝土上层横向最大剪应力 τ_{xymax}进行多元线性回归，得到的回归模型为：

$$\tau_{xymax}=-0.0142-0.0022E_1+3.1401h_1+0.0317E_2+0.4216h_2-0.0698E_3-0.1624h_3 \tag{7-10}$$

沥青混凝土上层横向最大剪应力 τ_{xymax} 的计算值与其回归模型的模拟值如图 7-7所示。

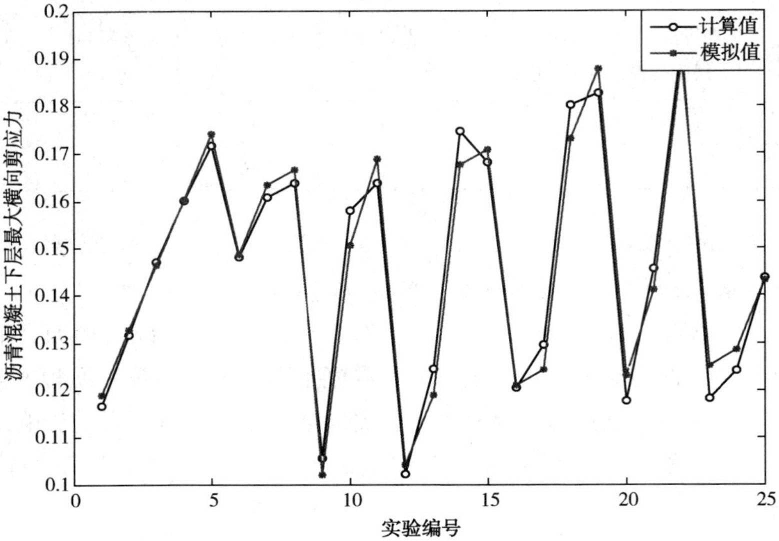

图 7-7　沥青混凝土上层横向最大剪应力的计算值与模拟值

采用 F 检验法对沥青混凝土上层横向最大剪应力 τ_{xymax} 的回归模型进行检验，设显著性水平 α 的取值为 0. 05，则 $F_{\alpha}(k,\ n-k-1)=F_{0.05}(6,\ 18)=2.66$，列方差分析见表 7-24。

表 7-24　沥青混凝土上层横向最大剪应力的检验结果

方差源	S	自由度 df	均　方	F	显著性
回归平方和	0. 015486	6	0. 002581	103. 24	显著
残差平方和	0. 000447	18	0. 000025		
总偏差平方和	0. 015933	24			

F 值大于 $F_{0.05}(6,\ 18)$，拒绝假设式(7-2)，说明沥青混凝土上层横向最大剪应力与各个影响因素之间存在线性关系。经计算多元相关系数 $R=0.9859$，$R_{\alpha}=0.6855$，$R>R_{\alpha}$ 成立，拒绝假设式(7-2)，同样认为沥青混凝土上层横向最大剪应力与各个影响因素之间存在线性关系。

采用统计量 T 对回归模型式(7-10)中的回归系数进行检验时，$t_{\frac{\alpha}{2}}(n-k-1)=t_{0.025}(18)=2.10$，各个影响因素的回归系数所对应的统计量 $|T_i|$ $(i=1,\ 2,\ \cdots,\ 6)$ 的值见表 7-25。

表 7-25　影响因素回归系数对应统计量的值

影响因素	沥青混凝土上层弹性模量	沥青混凝土上层厚度	沥青混凝土下层弹性模量	沥青混凝土下层厚度	防水层弹性模量	防水层层厚度
统计量	$\vert T_1 \vert$	$\vert T_2 \vert$	$\vert T_3 \vert$	$\vert T_4 \vert$	$\vert T_5 \vert$	$\vert T_6 \vert$
计算值	0.31	22.28	4.50	2.99	9.90	0.23

从表 7-25 可知 $|T_i|$ $(i=1, 2, \cdots, 6)\neq 0$，说明各个影响因素对沥青混凝土上层横向最大剪应力都有影响，其中 $|T_2|>t_{0.025}(18)$，$|T_3|>t_{0.025}(18)$，$|T_4|>t_{0.025}(18)$，$|T_5|>t_{0.025}(18)$，说明沥青混凝土上层厚度、沥青混凝土下层弹性模量、沥青混凝土下层厚度和防水层弹性模量对沥青混凝土上层横向最大剪应力有明显的影响。

（4）沥青混凝土上层纵向最大剪应力 τ_{yzmax} 在各个实验方案下的计算值见表 7-26。

表 7-26　沥青混凝土上层纵向最大剪应力 τ_{yzmax} 计算值

编　号	τ_{yzmax} 值	编　号	τ_{yzmax} 值	编　号	τ_{yzmax} 值
实验 1	0.344724	实验 10	0.353453	实验 19	0.329813
实验 2	0.342339	实验 11	0.318185	实验 20	0.355667
实验 3	0.338831	实验 12	0.346617	实验 21	0.320864
实验 4	0.334731	实验 13	0.343412	实验 22	0.328828
实验 5	0.333994	实验 14	0.345325	实验 23	0.351244
实验 6	0.334326	实验 15	0.330758	实验 24	0.336305
实验 7	0.331152	实验 16	0.337433	实验 25	0.33502
实验 8	0.321935	实验 17	0.326343		
实验 9	0.35159	实验 18	0.331881		

结合表 7-2 给出的正交实验方案中各个影响因素的取值，利用式(7-1)对沥青混凝土上层纵向最大剪应力 τ_{yzmax} 进行多元线性回归，得到的回归模型为：

$$\tau_{yzmax}=0.3545-0.0112E_1-1.19091h_1+0.0258E_2+0.3845h_2-0.0138E_3-0.0834h_3 \tag{7-11}$$

沥青混凝土上层纵向最大剪应力 τ_{yzmax} 的计算值与其回归模型的模拟值如图 7-8所示。

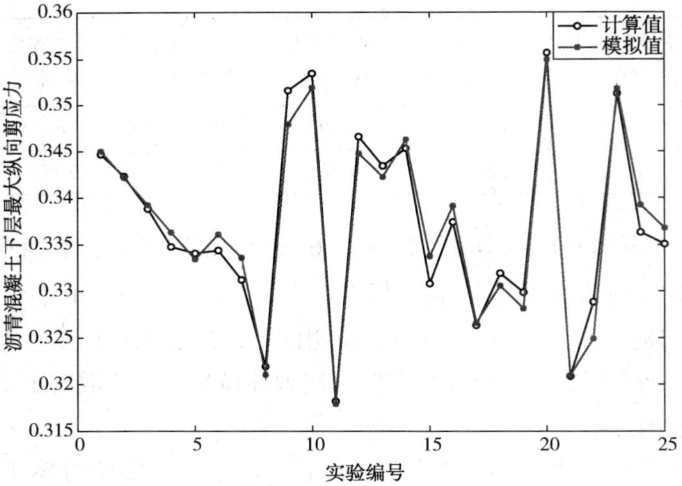

图 7-8　沥青混凝土上层纵向最大剪应力的计算值与模拟值

采用 F 检验法对沥青混凝土上层纵向最大剪应力 τ_{yzmax} 的回归模型进行检验，设显著性水平 α 的取值为 0.05，则 $F_{\alpha}(k,\ n-k-1)=F_{0.05}(6,\ 18)=2.66$，列方差分析见表 7-27。

表 7-27　沥青混凝土上层横向最大剪应力的检验结果

方差源	S	自由度 df	均　方	F	显著性
回归平方和	0.002449	6	0.000408	102.00	显著
残差平方和	0.000079	18	0.000004		
总偏差平方和	0.002528	24			

F 值大于 $F_{0.05}(6,\ 18)$，拒绝假设式(7-2)，说明沥青混凝土上层纵向最大剪应力与各个影响因素之间存在线性关系。经计算多元相关系数 $R=0.9843$，$R_{\alpha}=0.6855$，$R>R_{\alpha}$ 成立，拒绝假设式(7-2)，同样认为沥青混凝土上层纵向最大剪应力与各个影响因素之间存在线性关系。

采用统计量 T 对回归模型式(7-11)中的回归系数进行检验时，$t_{\frac{\alpha}{2}}(n-k-1)=t_{0.025}(18)=2.10$，各个影响因素的回归系数所对应的统计量 $|T_i|$ $(i=1,\ 2,\ \cdots,\ 6)$ 的值见表 7-28。

从表 7-28 可知 $|T_i|$ $(i=1,\ 2,\ \cdots,\ 6)\neq 0$，说明各个影响因素对沥青混凝

土下层横向最大剪应力都有影响，其中 $|T_1|>t_{0.025}(18)$，$|T_2|>t_{0.025}(18)$，$|T_3|>t_{0.025}(18)$，$|T_4|>t_{0.025}(18)$，$|T_5|>t_{0.025}(18)$，说明沥青混凝土上层弹性模量、沥青混凝土上层厚度、沥青混凝土下层弹性模量、沥青混凝土下层厚度和防水层弹性模量对沥青混凝土上层纵向最大剪应力有明显的影响。

表 7-28　影响因素回归系数对应统计量的值

影响因素	沥青混凝土上层弹性模量	沥青混凝土上层厚度	沥青混凝土下层弹性模量	沥青混凝土下层厚度	防水层弹性模量	防水层层厚度
统计量	$\|T_1\|$	$\|T_2\|$	$\|T_3\|$	$\|T_4\|$	$\|T_5\|$	$\|T_6\|$
计算值	3.79	20.13	8.74	6.50	4.65	0.28

表 7-29 列出了沥青混凝土上层实验指标与各个影响因素之间线性关系的显著性次序，排序时依据检验统计量 $|T_i|(i=1, 2, \cdots, 6)$ 的值大小进行，其中 1 表示最显著，即影响因素对实验指标的影响最大，随着数值的增加，显著程度逐次递减，6 表示最不显著，即影响因素对实验指标的影响最小。

表 7-29　沥青混凝土上层实验指标的影响因素排序表

应　力	影响因素					
	沥青混凝土上层弹性模量	沥青混凝土上层厚度	沥青混凝土下层弹性模量	沥青混凝土下层厚度	防水层弹性模量	防水层层厚度
σ_{xmax}	2	3	4	6	1	5
σ_{zmax}	4	2	5	3	1	6
τ_{xymax}	5	1	3	4	2	6
τ_{yzmax}	5	1	2	3	4	6
平均值	4	1.75	3.5	4	2	5.75

从表 7-29 可知，对于沥青混凝土上层横向拉应力以及纵向拉应力来说，防水层弹性模量的显著性次序为 1，则防水层弹性模量对沥青混凝土上层纵、横向拉应力的影响最为显著；对于沥青混凝土上层横向剪应力以及纵向剪应力来说，沥青混凝土上层厚度的显著性次序为 1，说明沥青混凝土上层厚度对沥青混凝土上层纵、横向剪应力的影响最为显著；平均值中，相比其他影响因素，防水层弹性模量和沥青混凝土上层厚度二者的值最小，说明它们二者对沥青混凝土上层应力的影响起关键作用。

第四节　本章小结

本章以沥青混凝土铺装层的计算应力为实验指标，以沥青混凝土铺装层弹性材料参数为影响因素，通过正交实验设计方法安排实验方案，计算了沥青混凝土为弹性材料以及铺装层层间为接触状态时沥青混凝土铺装层的各个应力值，采用多元线性回归方法对沥青混凝土下层和沥青混凝土上层各个实验指标进行多元线性回归，并对其回归方程和回归系数进行了假设检验分析。通过结果分析可知，沥青混凝土上层和下层各个应力的回归方程显著性成立，能够依据沥青混凝土铺装层材料参数的取值较好地预测沥青混凝土铺装层的应力；材料因素中防水层弹性模量、沥青混凝土下层弹性模量及其厚度对沥青混凝土下层应力有明显影响；材料因素中防水层弹性模量和沥青混凝土上层厚度对沥青混凝土上层应力有明显影响。

附　　表

附表 1　8 月 11 日重庆鹅公岩大桥夏季铺装温度第二次调查表

时　间	铺装层 4cm 处温度/℃	铺装层 8cm 处温度/℃	空气温度/℃	时　间	铺装层 4cm 处温度/℃	辅装层 8cm 处温度/℃	空气温度/℃
0:16	39.5	39.3	33.9	12:16	51.2	45.4	42.6
0:46	39.4	38.9	34.0	12:46	52.9	46.8	43.2
1:16	38.9	38.5	33.7	13:16	54.6	48.2	44.1
1:46	38.3	38.2	33.1	13:46	55.4	49.4	42.5
2:16	38.1	37.9	32.5	14:16	56.5	50.5	43.1
2:46	37.7	37.5	32.3	14:46	57.2	51.2	43.4
3:16	37.3	37.2	32.2	15:16	57.5	51.9	41.6
3:46	37.1	37.0	31.3	15:46	57.2	52.2	43.7
4:16	36.9	36.4	32.1	16:16	56.9	52.2	42.1
4:46	36.6	36.4	31.0	16:46	56.4	52.2	41.3
5:16	36.4	36.1	30.9	17:16	54.6	51.7	41.0
5:46	36.1	35.8	30.9	17:46	52.1	50.4	40.0
6:16	35.9	35.6	30.3	18:16	50.5	49.1	40.2
6:46	35.7	35.4	30.3	18:46	49.1	48.2	38.8
7:16	35.6	35.2	30.8	19:16	47.5	47.1	38.0
7:46	35.9	35.2	32.5	19:46	46.0	46.1	37.1
8:16	36.7	35.4	33.9	20:16	44.7	44.9	36.5
8:46	37.8	36.1	34.8	20:46	44.0	44.3	35.8
9:16	39.5	36.9	36.9	21:16	43.4	43.6	35.7
9:46	41.6	38.2	37.8	21:46	41.8	42.5	35.8
10:16	43.6	39.7	38.5	22:16	42.0	42.1	35.6

续表

时 间	铺装层 4cm 处温度/℃	铺装层 8cm 处温度/℃	空气温度/℃	时 间	铺装层 4cm 处温度/℃	铺装层 8cm 处温度/℃	空气温度/℃
10:46	45.7	41.2	39.2	22:46	41.4	41.2	35.7
11:16	47.1	42.4	41.1	23:16	41.1	40.2	34.1
11:46	49.3	43.9	41.3	23:46	40.6	41.1	33.4

参 考 文 献

[1] 何亚斌．混凝土连续梁桥沥青铺装应力分析与结构组合研究[D]．西安：西安建筑科技大学，2009.

[2] 李明国．混凝土梁桥沥青铺装结构分析与材料优化研究[D]．西安：长安大学，2010.

[3] 王文强．大跨径-大悬臂矮塔斜拉桥桥面铺装技术研究[D]．西安：长安大学，2015.

[4] 肖维．五河口大桥沥青混凝土铺装层力学分析及结构组合研究 [D]．南京：东南大学，2006.

[5] 宗海，戚兆臣，章登精．日本浇注式沥青混凝土钢桥面铺装概览[J]．中国高新技术企业，2010(22)：163-166.

[6] 张付军．大型钢桥面铺装用环氧沥青混合料的疲劳性能研究[D]．长沙：中南大学，2010.

[7] 武贤慧，张登良．纤维增强沥青混凝土低温性能研究[J]．公路交通科技，2005，22(2)：7-9.

[8] 陈太泉．水泥混凝土桥沥青铺装层力学分析与设计[D]．武汉：武汉理工大学，2007.

[9] 于颖．水泥混凝土桥桥面铺装受力机理分析 [D]．重庆：重庆交通大学，2008.

[10] 中交公路规划设计院有限公司．JTG D60—2004 公路桥涵设计通月规范[S]．北京：人民交通出版社，2004.

[11] 黄晓明．水泥混凝土桥面沥青铺装层技术研究现状综述[J]．交逭运输工程学报，2014，14(1)：1-10.

[12] Huber G. A., Decker D. S. Engineering Properties of Asphalt Mixtures and the Relationship to Their Performance[C]. ASTM, 1995.

[13] Park S. W., Kim Y. R., Schapery R. A. A Viscoelastic Continuum Damage Model and Its Application to Uniaxial Behavior of Asphalt Concrete[J]. Mechanics of Materials, 1996, 24(4): 241-255.

[14] Lu Y., Wright P. Numerical Approach of Visco-elastoplastic Analysis for Asphalt Mixtures [J]. Computers &Structures, 1998, 69(2): 139-147.

[15] Deshpande V., Cebon D. Uniaxial Experiments on Idealized Asphalt Mixes[J]. Journal of Materials in Civil Engineering, 2000, 12(3): 262-271.

[16] Fwa T., Tan S., Zhu L. Reexamining C-φ Concept for Asphalt Paving Mix Design[J]. Journal of Transportation Engineering, 2001, 127(1): 67-73.

[17] Nilsson R. Viscoelastic Pavement Analysis Using VEROAD[J]. TRITA-IP FR, 2001, 91: 1-34.

[18] Olsson J. Computational Road Mechanics-with Emphasis on FE-analysis of Rutting[M].

Chalmers University of Technology, 2003: 25-30.

[19] Oeser M., Möller B. 3D Constitutive Model for Asphalt Pavements[J]. International Journal of Pavement Engineering, 2004, 5(3): 153-161.

[20] Krishnan J. M., Rajagopal K. R. Thermodynamic Framework for the Constitutive Modeling of Asphalt Concrete: Theory and Applications [J]. Journal of Materials in Civil Engineering, 2004, 16(2): 155-166.

[21] Huang B., Mohammad L. N., Wathugala G. W. Application of ATemperature Dependent Viscoplastic Hierarchical Single Surface Model for Asphalt Mixtures [J]. Journal of Materials in Civil Engineering, 2004, 16(2): 147-154.

[22] Schwartz C. W., Gibson N. H., Schapery R. A., et al. Viscoplasticity modeling of asphalt concrete behavior [A]. 15th Engineering Mechanics Division Conference[C]. American Society of Civil Engineers, 2004, 144-159.

[23] Liu C., Yuan D. Temperature Distribution in Layered Road Structures[J]. Journal of Transportation Engineering, 2000, 126(1): 93-95.

[24] Hermansson Å. Modeling of Frost Heave and Surface Temperatures in Roads[D]. Luleå: Luleå tekniska universitet, 2002.

[25] Luca J., Mrawira D. New Measurement of Thermal Properties of Superpave Asphalt Concrete [J]. Journal of Materials in Civil Engineering, 2005, 17(1): 72-79.

[26] Kettil P., Lenhof B., Runesson K., et al. Simulation of Inelastic Deformation in Road Structures due to Cyclic Mechanical and Thermal Loads[J]. Computers &Structures, 2007, 85(1): 59-70.

[27] Coleri E., Harvey J. T., Yang K., et al. Investigation of Asphalt Concrete Rutting Mechanisms by X-ray Computed Tomography Imaging and Micromechanical Finite Element Modeling[J]. Materials and Structures, 2013, 46(6): 1027-1043.

[28] Saadeh S., Masad E., Little D. Characterization of Asphalt Mix Response under Repeated Loading Using Anisotropic Nonlinear Viscoelastic-viscoplastic Model[J]. Journal of Materials in Civil Engineering, 2007, 19(10): 912-924.

[29] Ahmed M. U., Tarefder R. A., Islam M. R., et al. A Study on Cross-anisotropy of Unbound Layers of Pavement Considering Nonlinearity [J]. International Journal of Pavement Research and Technology, 2014, 7(4): 263-272.

[30] Said S. F., Hakim H., Oscarsson E., et al. Prediction of Flow Rutting in Asphalt Concrete Layers[J]. International Journal of Pavement Engineering, 2011, 12(6): 519-532.

[31] Said S. F., Hakim H. Asphalt Concrete Rutting Predicted Using the PEDRO Model[J]. International Journal of Pavement Engineering, 2016, 17(3): 245-252.

[32] Ban H., Im S., Kim Y. R. Nonlinear Viscoelastic Approach to Model Damage-associated Per-

formance Behavior of Asphaltic Mixture and Pavement Structure[J]. Canadian Journal of Civil Engineering, 2013, 40(4): 313-323.

[33] Huang C. W., Al-Rub R. K. A., Masad E. A., et al. Numerical Implementation and Validation of a Nonlinear Viscoelastic and Viscoplastic Model for Asphalt Mixes[J]. International Journal of Pavement Engineering, 2011, 12(4): 433-447.

[34] Zhao Y., Ni Y., Wang L., et al. Viscoelastic Response Solutions of Multilayered Asphalt Pavements[J]. Journal of Engineering Mechanics, 2014, 140(10): 2729-2737.

[35] Bosurgi G., Perlongo W. Numerical Analysis of Fatigue Cracks Growth in Flexible Pavements with the Elastoplastic Fracture Mechanics Method[J]. Structure & Infrastructure Engineering, 2014, 10(8): 1027-1037.

[36] Zhu H., Sun L. Mechanistic Rutting Prediction Using a Two-Stage Viscoelastic -Viscoplastic Damage Constitutive Model of Asphalt Mixtures[J]. Journal of Engineering Mechanics, 2013, 139(11): 1577-1591.

[37] Beainy F., Commuri S., Zaman M., et al. Viscoelastic-Plastic Model of Asphalt-Roller Interaction[J]. International Journal of Geomechanics, 2013, 13(5): 581-594.

[38] Huang C. W., Al-Rub R. K. A., Masad E. A., et al. Three-Dimensional Simulations of Asphalt Pavement Permanent Deformation Using a Nonlinear Viscoelastic and Viscoplastic Model [J]. Journal of Materials in Civil Engineering, 2011, 23(1): 56-68.

[39] Lv P., Tian R., Liu X. Dynamic Response Solution in Transient State of Viscoelastic Road under Moving Load and Its Application[J]. Journal of Engineering Mechanics, 2010, 136(2): 168-173.

[40] Romanoschi S., Metcalf J. Characterization of Asphalt Concrete Layer Interfaces[J]. Transportation Research Record Journal of the Transportation Research Board, 2001, 1778: 132-139.

[41] Romanoschi S., Metcalf J. Effects of Interface Condition and Horizontal Wheel Loads on the Life of Flexible Pavement Structures [J]. Transportation Research Record Journal of the Transportation Research Board, 2001, 1778: 123-131.

[42] Kruntcheva M. R., Collop A. C., Thom N. H. Effect of Bond Condition on Flexible Pavement Performance[J]. Journal of Transportation Engineering, 2005, 131(11): 880-888.

[43] Kruntcheva M. R., Collop A. C., Thom N. H. Properties of Asphalt Concrete Layer Interfaces [J]. Journal of Materials in Civil Engineering, 2006, 18(3): 467-471.

[44] Ziari H., Khabiri M. M. Interface Condition Influence on Prediction of Flexible Pavement Life [J]. Journal of Civil Engineering and Management, 2007, 13(1): 71-76.

[45] Santagata F. A., Partl M. N., Ferrotti G., et al. Layer Characteristics Affecting Interlayer Shear Resistance in Flexible Pavements[J]. Journal of the Association of Asphalt Paving Technologists, 2012, 77: 221-256.

[46] Leng Z., Ozer H., Al-Qadi I., et al. Interface Bonding Between Hot-Mix Asphalt and Various Portland Cement Concrete Surfaces: Laboratory Assessment [J]. Transportation Research RecordJournal of the Transportation Research Board, 2008, 2057: 46-53.

[47] Hu X., Walubita L. F. Effects of Layer Interfacial Bonding Conditions on the Mechanistic Responses in Asphalt Pavements[J]. Journal of Transportation Engineering, 2010, 137(1): 28-36.

[48] Kim H., Arraigada M., Raab C., et al. Numerical and Experimental Analysis for the Interlayer Behavior Of Double-Layered Asphalt Pavement Specimens[J]. Journal of Materials in Civil Engineering, 2010, 23(1): 12-20.

[49] Hariyadi E. S., Aurum K. P., Subagio B. S. Theoretical Study of Bonding Condition at the Interface between Asphalt Pavement Layers[J]. Journal of the Eastern Asia Society for Transportation Studies, 2013, 10: 1590-1597.

[50] Chun S., Kim K., Greene J., et al. Evaluation of Interlayer Bonding Condition on Structural Response Characteristics of Asphalt Pavement Using Finite Element Analysis and Full-Scale Field Tests[J]. Construction and Building Materials, 2015, 96: 307-318.

[51] Hariyadi E. S., Utami R. Predicting Bonding Condition Between Asphalt Pavement Layers from Measured and Computed Deflection using Layer Moduli Backcalculation[J]. Journal of the Eastern Asia Society for Transportation Studies, 2015, 11: 1700-1709.

[52] Wu S., Chen H., Zhang J., et al. Effects of Interlayer Bonding Conditions Between Semi-rigid Base Layer And Asphalt Layer on Mechanical Responses of Asphalt Pavement Structure[J]. International Journal of Pavement Research and Technology, 2017, 1: 1-8.

[53] Ai C., Cheng M., Yang T., et al. Bending Fatigue Test and Interlayer Pavement Models for Beams of Asphalt Mixture[J]. Journal of Highway & Transportation Research & Development, 2012, 6(4): 23-27.

[54] Hu X., Walubita L. F. Effects of Layer Interfacial Bonding Conditions on the Mechanistic Responses in Asphalt Pavements[J]. Journal of Transportation Engineering, 2011, 137(1): 28-36.

[55] Yang B., Zhang Z. Q., Li P. L., et al. Influence of Bonding Conditions between Asphalt Layers on Asphalt Pavement Design Parameters[J]. Journal of Wuhan University of Technology, 2011, 33(12): 37-40.

[56] Ktari R., Fouchal F., Millien A., et al. Surface Roughness: A Key Parameter In Pavement Interface Design[J]. European Journal of Environmental and Civil Engineering, 2017, 1: 1-16.

[57] Liu L., Hao P. W. Effect of Bonding Condition between Asphalt Layers on Behavior of Pavement. The Twelfth COTA International Conference of Transportation Professionals[C]. American Society of Civil Engineers, 2012: 2955-2964.

[58] 郑健龙. Burgers 黏弹性模型在沥青混合料疲劳特性分析中的应月[J]. 交通科学与工程, 1995, (3): 32-42.
[59] 郑健龙, 钱国平, 应荣华. 沥青混合料热黏弹性本构关系试验测定及其力学应用[J]. 工程力学, 2008, 25(1): 34-41.
[60] 张久鹏, 黄晓明, 高英等. 沥青混合料永久变形的三轴重复荷载试验方法[J]. 建筑材料学报, 2008, 11(5): 616-620.
[61] 钱国平, 郑健龙, 周志刚, 等. 沥青混合料增量型热黏弹性本构关系研究[J]. 应用力学学报, 2006, 23(3): 338-343.
[62] 栗培龙, 张争奇, 王秉纲. 基于 AMPT 的沥青混合料的黏弹性动态响应特性[J]. 公路交通科技, 2016, 33(1): 1-6.
[63] 彭妙娟, 许志鸿. 沥青路面永久变形的非线性本构模型研究[J]. 中国科学物理学力学天文学（中文版）, 2006, 36(4): 415-426.
[64] 彭妙娟, 许志鸿. 沥青路面永久变形的非线性黏弹-弹塑性本构模型[J]. 交通运输工程学报, 2007, 7(5): 41-47.
[65] 张久鹏, 黄晓明, 赵永利. 沥青路面车辙处沥青迁移规律及其黏弹性力学机理[J]. 武汉理工大学学报（交通科学与工程版）, 2008, 32(4): 596-598.
[66] 丁和平, 何杰, 赵池航, 等. 非均布动载荷下沥青路面黏弹性有限元分析[J]. 武汉理工大学学报, 2011, 33(2): 67-71.
[67] 赵岩荆, 房涛, 倪富健, 等. 薄层沥青混凝土在桥面铺装中的力学响应[J]. 交通运输工程学报, 2010, 10(3): 1-9.
[68] 刘黎萍, 胡晓, 孙立军, 等. 基于抗剪性能的混凝土桥沥青铺装设计方法[J]. 同济大学学报: 自然科学版, 2013, (1): 89-94.
[69] 张磊, 刘振清, 黄卫. 钢桥面热塑性沥青混合料铺装车辙预估方法[J]. 公路交通科技, 2005. 22(12): 84-87.
[70] 杨军, 丛菱, 朱浩然, 等. 钢桥面沥青混合料铺装车辙有限元分析[J]. 工程力学, 2009, (5): 110-115.
[71] 徐世法, 朱照宏. 高等级道路沥青路面车辙的预估方法[J]. 土木工程学报, 1993, (6): 28-36.
[72] 郑健龙, 吕松涛, 田小革. 沥青混合料黏弹性参数及其应用[J]. 郑州大学学报工学版, 2004, 25(4): 8-11.
[73] 封基良, 黄晓明. 沥青黏结料黏弹性参数确定方法的研究[J]. 公路交通科技, 2006, 23(5): 16-22.
[74] 葛秀萍, 黄志义, 王金昌. 玄武岩纤维高黏沥青桥面黏弹性分析[J]. 低温建筑技术, 2015, 37(8): 3-6.
[75] 屈吕文, 曾志远, 王福建, 等. 长寿命沥青路面结构黏弹性力学响应分析[J]. 中外公

路，2012，32(5)：73-77.
[76] 张永宏，汤丽军，张亮. 强柔性高模量基层沥青路面黏弹性力学分析[J]. 中外公路，2014，34(2)：105-108.
[77] 张肖宁. 沥青与沥青混合料的黏弹力学原理及应用[M]. 北京：人民交通出版社，2006.
[78] 刘立新. 沥青混合料黏弹性力学及材料学原理[M]. 北京：人民交通出版社，2006.
[79] Seible F., Latham C. Analysis and Design Models for Structural Concrete Bridge Deck Overlays [J]. Journal of Structural Engineering, 1990, 116(10): 2711-2727.
[80] 徐勤武，胡长顺，王虎. 混凝土桥面复合式铺装层受力分析和设计[J]. 长安大学学报：自然科学版，2007，27(4)：28-32.
[81] 张占军，胡长顺，王秉纲. 水泥混凝土桥面沥青混凝土铺装结构设计方法研究[J]. 中国公路学报，2001，14(1)：56-59.
[82] 高健. 采用不同防水黏结层的水泥混凝土桥桥面铺装受力分析[D]. 西安：西安建筑科技大学，2011.
[83] 张攀. 桥面铺装结构层应力分析及结构优化组合的研究[D]. 天津：河北工业大学，2011.
[84] 徐伟，郑国梁，张肖宁. 混凝土桥面沥青铺装层受力敏感性分析[J]. 公路交通科技，2004，21(1)：8-11.
[85] 王虎，徐勤武. 混凝土桥水泥混凝土铺装荷载应力[J]. 长安大学学报（自然科学版），2005，25(3)：11-15.
[86] 胡晓，贾璐，胡小弟等. 混凝土桥面沥青铺装结构的剪切分析[J]. 公路工程，2007，32(4)：136-141.
[87] 甄晓霞. 大跨径钢桥桥面铺装体系力学行为研究[D]. 广州：华南理工大学，2010.
[88] 陈团结，钱振东，黄卫. 大跨径钢桥面铺装层动力响应研究[J]. 公路交通科技，2008，25(5)：68-72.
[89] 胡晓，贾璐，孙立军. 非均布荷载下层间接触条件对桥面沥青铺装层的力学响应分析[J]. 上海公路，2007，(1)：34-36.
[90] 白雪梅. 层间接触状态对沥青路面结构力学响应的影响[J]. 重庆交通大学学报：自然科学版，2009，28(2)：215-218.
[91] 张艳红，王晓帆. 层间接触条件对沥青路面力学响应的影响[J]. 长安大学学报：自然科学版，2012，32(5)：7-11.
[92] 宋学艺，朱金鹏，张健，等. 沥青路面基面层间接触状态对路面力学响应的影响分析[J]. 公路工程，2014，39(5)：131-135.
[93] 李彦伟，穆柯，石鑫，等. 基面层间接触状态对沥青路面力学响应影响[J]. 长安大学学报：自然科学版，2014，34(2)：38-44.
[94] 侯伟. 轮载与层间接触状态对沥青路面力学响应的影响[J]. 重庆交通大学学报（自然科

学版)，2010，29(5)：718-721.

[95] 林丽蓉，高一鸣，胡小弟. 实测轮载下层间接触条件对沥青路面的力学影响分析[J]. 中外公路，2014，34(2)：93-97.

[96] 柳浩，谭忆秋，宋宪辉，等. 沥青路面基-面层间结合状态对路面应力响应的影响分析[J]. 公路交通科技，2009，26(3)：1-6.

[97] 刘丽，郝培文，徐金枝. 黏层状况对沥青路面层间剪切疲劳性能的影响[J]. 公路交通科技，2012，29(10)：11-15.

[98] 何锐，武书华，管勤，等. 沥青路面层间黏结性能影响因素试验研究[J]. 中外公路，2015，35(4)：272-276.

[99] 朱俊，雷茂锦，张航，等. 基于层间剪切的沥青路面黏层力学性能研究[J]. 武汉理工大学学报：交通科学与工程版，2013，37(4)：775-779.

[100] 罗要飞，张争奇，张苛. 车辆超载作用下层间接触条件变化对沥青路面性能的影响[J]. 武汉大学学报：工学版，2016，49(4)：552-558.

[101] 万晨光，申爱琴，郭寅川，等. 桥面铺装混凝土调平层与沥青面层接触状态研究[J]. 建筑材料学报，2016，19(2)：262-266.

[102] 刘鹏程，翁兴中，张广显，等. 层间接触对环氧沥青混凝土复合道面结构性能的影响[J]. 材料导报，2015，29(6)：139-144.

[103] 龚曙光，黄云清. 有限元分析与 ANSYS APDL 编程及高级应用[M]. 北京：机械工业出版社，2009：234-243.

[104] 吴志阳. 温度和动载作用下连续梁桥桥面铺装层力学分析[D]. 呼和浩特：内蒙古工业大学，2014.

[105] 王润富，陈国荣. 度场和温度应力[M]. 北京：科学出版社，2005：95-103.

[106] 汪剑. 大跨预应力混凝土箱梁桥非荷载效应及预应力损失研究[D]. 长沙：湖南大学，2006.

[107] 朱伯芳. 大体积混凝土温度应力与温度控制[M]. 北京：中国电力出版社，1999：8-12.

[108] 武立群. 混凝土箱梁和空心高墩温度场及温度效应研究[D]. 重庆：重庆大学，2012.

[109] 汪凡. 基于流变学本构模型和动力有限元分析的沥青路面车辙计算[D]. 重庆：重庆交通大学，2009.

[110] 李洪印. 不同黏弹性本构模型对沥青路面永久变形的影响分析[J]. 公路与汽运，2016，(3)：106-108.

[111] 杨挺青. 黏弹性力学[M]. 武汉：华中理工大学出版社，1990：8-13.

[112] 徐世法，朱照宏. 按黏弹性理论预估沥青路面车辙[J]. 同济大学学报：自然科学版，1990，18(3)：299-305.

[113] 张裕卿，黄晓明. 重复荷载下沥青混合料永久变形的黏弹性力学模型[J]. 公路交通科技，2008，25(4)：1-6.

[114] 胡曼. 基于沥青混合料黏弹塑性本构模型实验研究与车辙计算[D]. 重庆：重庆交通大学，2011.
[115] 陈静云，周长红，王哲人. 沥青混合料蠕变试验数据处理与黏弹性计算[J]. 东南大学学报：自然科学版，2007，37(6)：1091-1095.
[116] 潘晓明，余俊，杨钊，等. 一种将线性黏弹微分型本构方程应用到 ABAQUS 的方法[J]. 华侨大学学报：自然科学版，2010，31(5)：570-575.
[117] 王丰胜. 基于 Burgers 黏弹性模型的沥青路面蠕变变形规律三维有限元分析[J]. 工业建筑，2014，44(03)：104-109.
[118] 胡小弟，孙立军，刘兆金. 沥青路面非均布荷载下层间接触条件不同时力学响应的三维有限元分析[J]. 公路交通科技，2003，20(3)：1-4.
[119] 纪小平，李兵，王宇. 不同层间接触条件对沥青路面力学特性的影响分析[J]. 交通科技与经济，2007，9(6)：31-33.
[120] 胡钢. 层间接触状态对路面结构力学响应的影响[J]. 公路，2015，60(3)：34-40.
[121] 张久鹏，武书华，裴建中，等. 基于剪切弹性柔量的基-面层间接触状态及路面力学响应分析[J]. 公路交通科技，2013，30(1)：6-11.
[122] 贾锦绣. 沥青路面与桥面铺装抗剪特性研究[D]. 西安：长安大学，2011.
[123] 王新敏，李义强，许宏伟. ANSYS 结构分析单元与应用[M]. 北京：人民交通出版社 2011：375-384.
[124] Al-Jumaili M. A. H. Finite Element Modelling of Asphalt Concrete Pavement Reinforced with Geogrid by Using 3-D Plaxis Software[J]. International Journal of Materials Chemistry and Physics，2016，2(2)：62-70.
[125] 马培建，王佳蓉，王选仓. 基于摩尔-库伦理论的沥青路面层间抗剪强度[J]. 长安大学学报（自然科学版），2012，32(2)：34-38.
[126] 谢祚水，王自力，吴建国. 计算结构力学[M]. 武汉：华中科技大学出版社，2004：152-156.
[127] 邹兰林. 基于实测数据库修正的板桥动力综合评定系统研究[D]. 西安：长安大学，2008.
[128] 许涛，黄晓明，高雪池. 移动荷载作用下沥青混凝土桥面铺装层动力响应分析[J]. 公路交通科技，2007，24(10)：6-10.
[129] 韩飞，王虎，淡丹辉，等. 考虑桥面不平整度的铺装层动力响应研究[J]. 同济大学学报(自然科学版)，2017，45(9)：1284-1289.
[130] 中交公路规划设计院有限公司. JTG D60-2004 公路桥涵设计通用规范[S]. 北京：人民交通出版社，2004.
[131] 王乾，童申家，王选仓，等. 桥面铺装温度场与温度应力分析[J]. 西安建筑科技大学学报(自然科学版)，2009，41(2)：219-224.

[132] 李辉，陈翾，黄晓明，等. 混凝土箱梁桥面铺装结构温度场有限元分析[J]. 中外公路，2008，28(1)：142-146.

[133] 张松涛，李民. ANSYS 在分析混凝土结构温度场及温度应力中的应用[J]. 中国水运（理论版），2006，4(5)：54-56.

[134] 凌桂龙，李战芬. ANSYS14. 0 从入门到精通[M]. 北京：清华大学出版社，2013：322-323.

[135] 逯彦秋，张肖宁，王圣保. 钢箱梁桥沥青混凝土铺装层温度场的模拟分析[J]. 沈阳建筑大学学报自然科学版，2006，22(5)：750-754.

[136] 逯彦秋，张肖宁，唐伟霞. 桥面铺装层温度场的 ANSYS 模拟[J]. 华南理工大学学报（自然科学版），2007，35(2)：59-63.

[137] 逯彦秋，陈宜言，孙占琦，等. 钢桥桥面铺装层的温度场分布特征[J]. 华南理工大学学报（自然科学版），2009，37(8)：116-121.

[138] 胡长顺，王秉纲. 复合式路面设计原理与施工技术[M]. 北京：人民交通出版社，1999：49-50.

[139] Chun S., Kim K., Greene J., et al. Evaluation of Interlayer Bonding Condition on Structural Response Characteristics of Asphalt Pavement Using Finite Element Analysis and Full-scale Field Tests[J]. Construction & Building Materials, 2015, 96: 307-318.

[140] 徐赵东，马乐为. 结构动力学[M]. 北京：科学出版社，2007：30.

[141] 彭俊生，罗永坤，彭地. 结构动力学、抗震计算与 SAP 2000 应用[M]. 成都：西南交通大学出版社，2007：38.

[142] Li Q., Liu J. Q., Liu H. Random Dynamic Response Analysis of Asphalt Pavement Based on the Vehicle-Pavement Interaction[J]. Applied Mechanics & Materials, 2015, 744-746: 1288-1297.

[143] 李金辉，何杰，李旭宏. 车辆随机及移动荷载作用下路面动态响应[J]. 长安大学学报：自然科学版，2015，35(2)：38-45.

[144] 张永林，钟毅芳. 车辆路面不平度输入的随机激励时域模型[J]. 农业机械学报，2004，35(2)：9-12.

[145] Han F., Wang H., Dan D. H. Dynamic response of bridge deck pavement[J]. Transport, 2017, 2017(11): 31-38.

[146] Han F., Dan D. H., Wang H. A Study on Dynamic Amplification Factor and Structure Parameter of Bridge Deck Pavement Based on Bridge Deck Pavement Roughness[J]. Advances in Civil Engineering, 2018, 2018(4): 1-8.

[147] 傅梅珍. 基于铺装一体化的正交异性钢—混凝土组合桥面系模型试验与理论研究[D]. 西安：长安大学，2015.

[148] Wu S., Chen H., Zhang J., et al. Effects of interlayer bonding conditions between semi-rigid

base layer and asphalt layer on mechanical responses of asphalt pavement structure[J]. International Journal of Pavement Research & Technology, 2017, 10(3): 274-281.

[149] 赵喜林，李德宜，龚谊承等，应用数理统计[M]. 武汉：武汉大学出版社，2009: 201-208.

[150] Wang X. T., Feng J. H., Wang H., et al. Stress Regression Analysis of Asphalt Concrete Deck Pavement Based on Orthogonal Experimental Design and Interlayer Contact. International Symposium on Application of Materials Science and Energy Materials[C]. The United Kingdom IOP Publishing, 2018: 136-142.